Der Zerfall der Sowjetunion

Brennpunkt Geschichte
herausgegeben von Imanuel Geiss

Imanuel Geiss, Klaus Verfuß,
Hartmann Wunderer

Der Zerfall der Sowjetunion

unter Mitarbeit von
Gabriele Intemann

Verlag Moritz Diesterweg
Frankfurt am Main

Abbildungsnachweis:
Umschlagbild: AP, Peter Dejong
diGraph GmbH, Breuberg-Hainstadt: S. 32, 49, 75, 79, 85

ISBN 3-425-07355-9

Satz: Fotosatz Otto Gutfreund GmbH, Darmstadt
Druck und Bindearbeiten: Appl, Wemding

Inhaltsverzeichnis

Vorwort

Für die zeitgenössische Geschichtsschreibung ist die Ostwende 1989/91 eine ständige Herausforderung, den wachsenden historischen Erklärungsbedarf seit dem Sturz des europäischen Kommunismus wenigstens annähernd zu befriedigen. Seine historischen Voraussetzungen rational und allgemeinverständlich zu verdeutlichen, wird Einübung in sinnvoll angewandte Historie. Keineswegs will der bescheidene Versuch mit Darstellungen zur Geschichte Rußlands und der Sowjetunion[1] konkurrieren. Aber die Fülle der Fakten birgt für Nichtspezialisierte leicht die Gefahr, den Wald vor lauter Bäumen nicht zu sehen. Da die meisten Werke vor 1989/91 erschienen, fehlen ihnen die Perspektiven, die sich im historischen Nachhinein aufdrängen. Andererseits trat der scheinbar urplötzliche Kollaps eine Lawine jüngster Literatur los, von der wir bisher erst einen Vorgeschmack erhielten.[2] Neuerscheinungen konzentrieren sich auf die Sowjetperiode, bedürfen einer orientierenden Einordnung in die ältere Geschichte bis 1917, die erst langfristige Mechanismen und Kontinuitäten, Strukturen und Prozesse sichtbar macht.

Die eigene Methode ist makrohistorisch: Vieles ist als bekannt oder leicht nachschlagbar vorausgesetzt. Dennoch ist alles durch Einordnung symbolträchtiger Details in weitere historische Zusammenhänge illustriert. Politische, geistes-, wirtschafts- und sozialgeschichtliche Dimensionen gehören zusammen. Die Zeittafel am Ende erlaubt eine andersgeartete Orientierung im Zeitstrom. Der Quellenteil soll einige Aussagen untermauern und vertiefen. Weitere Details können sich Leser aus Monographien zur Geschichte Rußlands und der Sowjetunion selbst erarbeiten und besser einordnen. Die Bibliographie mit weiterführender Literatur sollte im Umfang überschaubar und brauchbar bleiben.

Arbeitsteilig verfaßten Klaus Verfuß und Hartmann Wunderer als eigenständige Fortschreibungen detailliertere Ausschnitte aus der Gesamtproblematik der Sowjetunion und ihres Untergangs: Klaus Verfuß die Kapitel über die Gorbatschow- und Jelzin-Ära 1985 bis 1994 (IV. 1–3) und Hartmann Wunderer die auf regionale Ausschnitte fokussierten Kapitel über ausgewählte Folgeprobleme des Zerfalls der Sowjetunion: nationale Minderheiten, ökologische „Altlasten" und die Migrationsproblematik (IV. 4–6). Für ihren Anteil steuerten sie auch die entsprechenden Quellen bei. Gabriele Intemann erstellte die Gesamtchronologie, Bibliographie sowie den Dokumententeil für das Manuskript von Imanuel Geiss, auf das sie zudem einen kritischen Blick warf.

Frau Angelika Kuhn, Bremen, hat Teile des Textes sowie mehrere Korrekturgänge in den Computer übertragen, Frau Freda v. Riedesel, Frankfurt/Main, einen Teil des handschriftlichen Textes in den PC in eine erste Reinfassung geschrieben. Beiden Damen sei an dieser Stelle gedankt.

Bremen, Wiesbaden, April 1995

Imanuel Geiss
Klaus Verfuß
Hartmann Wunderer

Einleitung

Die Dringlichkeit der historischen Erklärung erwächst aus der Dramatik des atemberaubenden Vorgangs: Immerhin löschte der Untergang der Sowjetunion die Ergebnisse der Oktoberrevolution 1917 aus und veränderte die Weltsituation so umstürzend wie einst die Oktoberrevolution selbst. Die meisten heutigen Zeitgenossen sind mit der Sowjetunion als unerschütterlicher Selbstverständlichkeit aufgewachsen. Ihr Untergang ist eine der gewaltigen Veränderungen, die meist mit Gewalt – Krieg oder Bürgerkrieg – verbunden waren. Bisher lief der Sturz des Sowjetkommunismus zwar ohne das Maß an Gewalt ab, das bei der welthistorischen Größe des Vorgangs zu erwarten gewesen wäre. Aber der Nachfolgekrieg zwischen Armenien und Aserbeidschan ab 1988, der Jugoslawienkrieg[4] als direkte Folge des Untergangs der Sowjetunion und der jüngste Krieg in Tschetschenien könnten sich als Vorboten einer künftigen Eskalation erweisen.

Ideologische oder nationale Häme wäre fehl am Platze, schon gar nicht für einen deutschen Historiker, der sich unter der historisch-moralischen Verantwortung der Deutschen für den Zweiten Weltkrieg und die Leiden gerade in der früheren Sowjetunion weiß. Die Folgen sind jetzt schon so bestürzend, daß auch dem schärfsten Antikommunisten jegliche Schadenfreude im Halse steckenbleiben müßte. Vielmehr soll die nüchterne Analyse des welthistorischen Prozesses Verständnis für die Schwierigkeiten des russischen Volkes wecken, sich Zugang zur gleichberechtigten Teilnahme an der industriellen Zivilisation zu verschaffen. Dieses Grundmotiv jeder „nationalen" Geschichte schlägt in Rußland besonders stark durch, mit Konflikten, die Weltgeschichte gemacht haben. Hauptziel der Analyse ist keine lückenlose Geschichte Rußlands und der Sowjetunion, was bei dem geringen Umfang der historischen Skizze vermessen wäre. Vielmehr geht es darum, in gebotener Kürze den Zusammenbruch der Sowjetunion aus der russisch-sowjetischen Geschichte und ihren Besonderheiten systematisierend zu erklären. Wichtige Konstanten mit langfristigen Wirkungen (*„longue durée"*) sind:

- elementare Bedingungen des Raumes und des Klimas, die Weite der nordeuropäisch-nordasiatischen Tiefebene;
- Bedeutung von Zivilisation und Macht in ihren mannigfachen Ausformungen und spezifischen Auswirkungen auf Rußland;
- Altrußlands Teilhabe am „orientalischen" Staatstyp an den Rändern der großen Weltzivilisationen bis zum Ende der Tataren-Tributsoberherrschaft (1480);
- seine räumliche und geistige Distanz zu den Zentren der mittelalterlichen (Byzanz) wie modernen industriellen Zivilisation im lateinischen Westen (England, Frankreich; USA);
- ständige Auseinandersetzung mit dem Westen, zwischen Nachahmung, punktueller Übernahme einiger Faktoren zur eigenen Modernisierung und Ablehnung;
- strukturelle Kontinuität autokratisch-totalitärer Zentralisation, in Spannung zu besonders extremer Anarchie, wenn die Zentrale zusammenbricht;
- Spannung zwischen Zentrum und Peripherie: Seit der Kiewer Rus stand Rußland zunächst unter dem machtpolitischen Druck aus dem Osten und Süden, bis es sich den Tataren unterwarf und selbst expansiv wurde, auch nach Westen.

So kann eine rationale historische Analyse auf zahlreiche Faktoren zurückgreifen, innere wie äußere, universale wie spezifisch russisch-sowjetische: Erst Kenntnis der älteren Geschichte Rußlands bis 1917 enthüllt tiefere Gründe für Aufstieg und Fall des Sowjetkommunismus. Allgemeine historische Mechanismen (Wechsel von Machtzentrum und Machtvakuum, von Expansion und Kollaps, von politischer Zusammenfassung und Fragmentierung) verbinden sich mit spezifischen Merkmalen des russischen „Sonderwegs" – Weite des Raums, Autokratie, Ferne von den Zivilisationszentren. Das *Imperium Sovieticum* ging an üblichen Mechanismen zugrunde, an der Überdehnung seiner Kräfte, gefolgt von einer entscheidenden Niederlage an der Peripherie (Afghanistankrieg) nach außen und Konflikten nach innen. Der Abfall unterworfener Vasallen (Satellitenstaaten) und annektierter Provinzen leitete den inneren Zusammenbruch ein. Verwundeter russischer Nationalstolz könnte sich daran aufrichten, daß es anderen Völkern im Prinzip nicht anders ging.

Alle diese Konstanten tauchten als Grundthemen in vielfachen Variationen immer wieder auf. Ihnen entwächst die chronologische Einteilung russisch-sowjetischer Geschichte: Zur breit gefaßten Vorgeschichte zählen die Kiewer Rus als Tributsoberherrschaft der Waräger und der Mongolen über die russischen Fürstentümer. Auf den souveränen altrussischen Staat der Rurikiden und Romanows, unterbrochen durch die stilprägende „Smuta" (1598–1613), folgen die Sowjetperiode und das postkommunistische Rußland. In der Skizze überwiegen unvermeidlich destruktive bis selbstzerstörerische Aspekte, denn es geht um den Umbruch von 1991, dem andere Umbrüche vorausgegangen waren (1240, 1598–1613, 1881, 1917, 1929–38, 1941–45). Wer nicht einem konspirativen Geschichtsbild aufsitzen und katastrophale Zusammenbrüche nur als Folge von Verschwörungen und Verrat sehen will, muß sich auf strukturell-prozessuale weitreichende Erklärungen einlassen, in denen objektiven Kontinuitäten größerer Erklärungswert zukommt als kurzfristigen subjektiven oder ideologischen Momenten.

Selbst der redliche Versuch zur Objektivität gerät leicht in die Gefahr subjektiver Voreingenommenheit, je mehr sich die Analyse der Zeitgeschichte nähert. Für die Geschichte der Sowjetperiode droht die Gefahr, vom Versuch zur strukturierenden Erklärung in die Aneinanderreihung wichtiger Fakten abzugleiten, eben wegen der mangelnden zeitlichen Distanz. Gegen solche Schwächen helfen eigene Beobachtungen und Erfahrungen auf Reisen zu Kongressen und Tagungen im früheren Ostblock ab 1965, ferner Prognosen seit Beginn des Afghanistankrieges über den Kollaps der Sowjetunion[5]: Afghanistankrieg und polnische Dauerkrise signalisierten den Anfang vom Ende der Sowjetunion, aus Gründen, die inzwischen Geschichte geworden sind.

I. Grundlagen

1. Historische Rahmenbedingungen

Spezifische Besonderheiten der Identität Rußlands oder des russischen „Sonderwegs" werden erst durch strukturelle Kontinuitäten deutlich. Sie werden als historische Rahmenbedingungen zum chronologischen Durchgang systematisierend vorangestellt. Im Fortschreiten vom Allgemeinen zum Besonderen führen sie die welthistorische Perspektive ein und machen Rußlands Geschichte plausibler – von der Weite des Raums zwischen lateinischem Westen und China bis zur Nachfolgeproblematik an der Staatsspitze.

„Tyrannei der Entfernungen": Rußland zwischen Europa und Asien

Auch Rußlands Entwicklung wird geprägt von seiner geographischen Lage im fließenden Übergang von Osteuropa zu Asien.[6] Rußland entwickelte sich an der Peripherie des byzantinisch-orthodoxen wie des lateinischen Europas, ferner Asiens. Der Raum gewinnt eine eigene Qualität: „Tyrannei der Entfernungen", von einem australischen Historiker für die europäische Besiedlung seines Kontinents beschworen[7], läßt sich sinngemäß auch auf Rußland übertragen: Weite des kontinentalen Raumes und abweisendes Klima gaben elementare Bedingungen vor, die den politischen Prozeß bestimmen. Schier unendliche Ebenen, Sümpfe, Wälder, Tundren und Steppen waren bis zur Industrialisierung nur locker verbunden durch wenige natürliche Verkehrswege, isoliert vom Meer im Westen und Süden. Andererseits verführte die nordasiatisch-nordeuropäische Tiefebene zwischen Pazifik und Atlantik zur weiträumigen Expansion, schon weil Rußland, wie noch die meisten Binnenmächte, den Zugang zum eisfreien Meer erzwingen wollte.

Geographisch zerfiel der Raum russischer Geschichte bis ca. 1800 von Süd nach Nord in drei große Zonen – Steppe, Wald und Tundra. Der Überwindung der enormen Entfernungen in Ost-West-Richtung dienten Pferde für die zentralasiatischen Reitervölker bis zur frühen Neuzeit in der Steppe, später, in langen Wintern, Schlitten der Russen, gezogen von der Troika, einem Dreiergespann zäher Pferde. Vehikel zur Nord-Süd-Verbindung wurde das Schiff, schon früh mit genialer Verwertung des Fluß- und Seensystems zwischen Ostsee und Schwarzem Meer, auf dem „Weg von der Warägern zu den Griechen". Den ökologischen Zonen entsprach die ethnisch-kulturelle Verteilung der Völker und Stämme: Reiter- und Nomadenvölker in den Steppen aus Zentralasien griffen immer wieder bis zum Ostrand Europas. Im Nordwesten siedelten ostslawische, im Norden finnische Bauern, in subarktischen Wäldern und in der Taiga lebten Stämme von Fischfang und Pelzjagd. Zwischen Polen–Litauen im fernen Westen und China im Fernen Osten Eurasiens wuchsen die Russen zum quantitativ stärksten seßhaften und politisch-militärisch (qualitativ) mächtigsten Volk heran. Ihr „Manifest Destiny" wurde es, die Weiten mit ihrer imperialen Macht auszufüllen.

Auch die Russen wurden von ihren Nachbarn mit geprägt – vom lateinischen Europa im Westen und vom vielfach gegliederten (turkmongolischen, persischen, indischen, chinesischen) Asien im Osten: Rußland war den Zivilisationszentren Europas nahe genug, um vom orthodoxen Byzanz zu profitieren, aber zu weit entfernt, um sich der

Zivilisation im lateinischen Westen angleichen zu können. Frühe Staatlichkeit und Gesellschaftsstruktur begannen als Kombination östlicher und westlicher Faktoren: In der eurasischen Tiefebene und Steppe dominierten lockere Tributsoberherrschaften orientalischen Typs sich abwechselnder Reitervölker über dünne Bevölkerungen, ohne feste Grenzen und Bürokratien zur Eintreibung festgelegter Steuern.[8] Mit den Warägern um 850 traten an die Stelle hochmobiler Reiternomaden skandinavische Wassernomaden, die von befestigten Plätzen („gorod") an den Strömen nach Süden, vor allem am Dnjepr, ihr Umland kontrollierten. Die Kiewer Rus war identisch mit dem russischen Fluß- und Seensystem. Die Tributsoberherrschaft der Tataren über Rußland (1240–1480) war somit kein historischer Betriebsunfall, sondern langfristige Konsequenz aus der Struktur des Raumes zwischen Polen und China. Grundlagen der geistlich-geistigen und politischen Kultur lieferte das orthodoxe und autokratische Byzanz, die erste Funktionselite mit den Warägern das südliche Skandinavien. Zudem legte die Weite der Ebenen einen autokratisch-despotischen Zentralismus nahe, der allein in der Lage schien, die Heterogenität der Völker zusammenzuzwingen und -zuhalten: Dazu mußte alles in Rußland groß sein, um überhaupt wahrgenommen zu werden. Russisch-sowjetische Gigantomanie schlug zuletzt in Unhantierbarkeit und Unregierbarkeit um.

Rußlands Kreuz: Im Schnittpunkt des doppelten Kulturgefälles Süd–Nord und West–Ost

Dem Primat der großen Weltzivilisationen ordnet sich auch die russisch-sowjetische Geschichte unter: Rußlands Parforcejagden zur Überwindung des zivilisatorischen Vorsprungs älterer Kulturzentren und ihr hartnäckiges Scheitern seit der Neuzeit begründen eine deprimierende Kontinuität. Räumliche Kulturferne mündete in das Süd-Nord- und West-Ost-Zivilisationsgefälle, das Europa seit der Antike durchzieht: Europa bezog seine Hochkultur über Griechen und Römer ursprünglich aus dem alten Orient, von Süden (Griechenland, Rom), seit den römischen Eroberungen Galliens und Britanniens in einem welthistorischen Schwenk auch von Westen. Norden und Osten blieben dagegen auf Jahrhunderte Peripherie. Die Randlage zu Europas Zivilisationszentren schuf Rußlands Crux im Schnittpunkt des doppelten Zivilisations- und Wohlstandsgefälles: Im „Prozeß der Zivilisation" entstand zuerst das klassische Süd-Nord-Gefälle, das sich in der Neuzeit spätestens mit der Industrialisierung zu einem Nord-Süd-Gefälle umwälzte. Dagegen blieb seit 2000 Jahren mehr oder weniger offen ein West-Ost-Gefälle.

Nach Stalins Tod wandten sich Völker lateinischer Prägung, die früher katholisch waren oder heute noch sind, zuerst und am heftigsten gegen den Sowjetkommunismus: Deutsche in der DDR am 17. Juni 1953, Polen und Ungarn ab 1956, Letten, Litauer und Esten ab 1988, der Fall der Berliner Mauer 1989 leiteten den Sturz des Sowjetreichs von seinem lateinischen Westrand her. Die Erklärung führt zur tiefen europäischen Strukturgrenze – seit der endgültigen Teilung des Römischen Reiches 395 und dem Großen Schisma 1054, zwischen lateinischem Westen und orthodoxem Osten/Südosten Europas. Langfristige Strukturen und Prozesse werden wieder sichtbar, die mit archaischer Wucht durchschlagen. Insgesamt nahm der lateinische Westen, bei allen nationalen Unterschieden, eine andere Entwicklung als die orthodoxen Völker Europas: Er entfaltete über ein Jahrtausend sich von unten selbstorganisierende, -bestimmende und -regierende Gesellschaften autonomer Individuen, bis zur modernen parlamentarischen Demokratie auf der Grundlage der Industrialisierung[9]. Dagegen konservierte die Orthodoxie einen hierarchischen, von oben autokratisch regierten religiös-integralen Untertanenverband. Autokratie, Regieren durch Ukas übten individuell Zaren und Stalin, kollektiv die Oligarchie des Politbüros aus.

Seine räumliche Distanz zum lateinischen Europa verbannte das orthodoxe Rußland in die kulturelle und geistlich-geistige Isolierung: Die Kiewer Rus erhielt mit dem Christentum 988 aus dem Süden den Zutritt zur Zivilisation, beschränkt auf in Orthodoxie erstarrte kirchliche Kult- und Kulturformen von Byzanz, das nach der Niederlage gegen die Seldschuken bei Mantzikert 1071 als Kulturzentrum 1453 erlosch. Von Byzanz blieb es weitgehend durch den südrussischen Steppengürtel isoliert, in dem bis 1783 Reitervölker die Verbindung zu Konstantinopel unsicher machten. Die Tataren regierten die russischen Fürstentümer zwar ab 1240 nur mit indirekter Tributsoberherrschaft, blieben aber für 2½ Jahrhunderte prägend. Nach dem Fall Konstantinopels 1453 traten die Großfürsten von Moskau bewußt in die autokratische Tradition von Byzanz ein, religiös überhöht von der Ideologie von Moskau als Drittes Rom, aus dem, nach Rom und Konstantinopel, nun das Heil der Welt kommen werde (Dok. Nr. 6). Rußland war seit 1480 die einzige souveräne orthodoxe Macht, da die orthodoxen Südslawen dem osmanischen Sultan unterstanden. Rückeroberung Konstantinopels wurde seit dem griechischen Projekt Katharinas 1781 (Dok. Nr. 8) zum großen Traum russischer Expansion.

Ideologisch trennten Rußland vom Westen ganze Welten: Rom verkörperte den Abfall vom wahren Glauben. Das Schisma von 1054 erhob Rußlands räumliche Distanz zu den Kulturzentren der Moderne zur geistlich-geistigen Potenz, zumal die Türken das alte Rußland nach Süden, Polen nach Westen isolierten. Nach dem Untergang von Byzanz 1453 schieden Frankreich und England – Ausgangsland der industriellen und politischen Revolution, des modernen Liberalismus und Parlamentarismus – als Zivilisationszentren aus, an denen sich der gewünschte Anschluß an die Moderne hätte orientieren können, sie wurden für Rußland Anathema. Zuletzt hastete es neuen Groß- und Weltmächten hinterher – Deutschland, den USA, Japan.

Rußland wurde zum riesigen Sisyphos, der im Versuch, den Entwicklungsrückstand mit aller Macht rasch aufzuholen, seinen Fels nicht eine schiefe Ebene hinaufrollen muß, sondern gleich zwei, dazu in verschiedene Richtungen – Süd–Nord und West–Ost. Die doppelte Sisyphosarbeit spornte zu übermenschlichen Anstrengungen an, die stets in Zusammenbrüchen endeten, um so katastrophaler, je forcierter Rußland sein Entwicklungs-Andreaskreuz überwinden wollte. Kein aufgeklärter oder sozialistischer Voluntarismus konnte die strukturellen Hindernisse durchbrechen, schon gar nicht in so kurzen Fristen, die sich hektischer Aktionismus seit Peter dem Großen setzte.

So führte „Tyrannei der Entfernungen" zur Tyrannei der Zwangsherrschaft: Zaristische Autokratie wie persönliche Despotie des Generalsekretärs (Stalin) oder oligarchisch-kollektive des Politbüros trieben Rußlands Expansion in alle Richtungen über ethnisch, kulturell und religiös ganz disparate Völker voran. Aber an ihrer gigantischen Expansion, ihrer zum Selbstzweck erhobenen Größe erstickte zuletzt das zaristische wie das sowjetische Rußland, gerade auch an der Heterogenität des Vielvölkerreiches, das sich auf Dauer durch Zwang nicht zusammenhalten ließ. Andererseits holte Rußland in seinem häufigen Schwanken zwischen dem Status als Machtvakuum und Machtzentrum die dialektische Kehrseite übermäßiger Zentralisierung immer wieder ein: Chaos lauerte stets hinter der Fassade erzwungener Einheit. Nach Niederlagen und dem Kollaps autokratischer Hyperzentralisierung schlug Anarchie – Antimaterie zum autokratischen Zwangsstaat – in Rußland besonders vehement durch.

Einher gehen Wechselbäder zwischen Hochgefühlen messianischen Erlösungsanspruchs (orthodoxer wie kommunistischer Spielart) und tiefen Depressionen nach dem scheinbar unerklärlichen Sturz, ein chronischer Verfolgungskomplex gegenüber dem Rest der Welt: Am Absturz ist das böse Ausland mit gigantischen antirussischen Weltverschwörungen schuld – der lateinische Westen, Juden, Deutsche, der Westen im Kalten Krieg, unterstützt von Verrätern im eigenen Lager. Xenophobische Selbstisolierung und chronisches Mißtrauen gegen Ausländer als Agenten und Spione seit moskowitischer Zeit sind logische Folge.

Das Doppelkontinuum Autokratie und Expansion

In ihrer Aufholjagd gingen Regime seit Iwan IV. durch Eroberungen in alle Richtungen über Leichen. Aufholen erschien nur möglich durch Anspannung aller Kräfte und straffe Zentralisierung. Für zaristische Autokratie wie sowjetische Diktatur diente technokratische Modernisierung nur dem Machterwerb und -erhalt, entfaltete keine Eigendynamik wie im Westen mit Industralisierung und Demokratisierung. Daher waren innere Konflikte auch Modernisierungskrisen zur Gewinnung, Stabilisierung oder Wiederherstellung von Macht auf dem Weg zur modernen Groß- und Weltmacht.

Andererseits erwarb Rußland genug Modernität, um seit dem 18. Jahrhundert dem inzwischen zurückgefallenen welthistorischen Osten (China) und Süden (Zentralasien, Persien, Osmanisches Reich) als relativ „entwickelte" Großmacht imperialistisch entgegenzutreten. So erklärt sich im europäischen West-Ost-Gefälle die russische Ambivalenz: Ähnlich wie Deutsche und Polen plagt Russen ein akuter Minderwertigkeitskomplex gegenüber zivilisatorisch-technisch höher entwickelten Nationen im Westen, den sie nach Osten durch einen Überlegenheitskomplex gegenüber niedergehenden Großreichen kompensierten. Auch Rußland hat seine *„mission civilisatrice"*.

Extensive Expansion in alle Richtungen, geradezu als Flucht vor der intensiven Entwicklung der eigenen Gebiete, wurde fast Selbstzweck russischer Macht: Seit Iwan I. trug bisher noch jeder russische Herrscher bis Stalin, Paul I. und Lenin ausgenommen, zur territorialen Ausdehnung bei. Gebietsverluste des Ersten Weltkrieges machte die Sowjetunion unter Stalin 1945 wieder wett, weit über die Grenzen des zaristischen Rußland hinaus. Gewaltsame Expansion nach außen sollte die gewaltigen Distanzen zum traditionellen Kulturzentrum überwinden – gen Süden nach Konstantinopel, gen Westen zur Ostsee, über Polen auch nach Deutschland. Mit der Ideologie der Weltrevolution zur Erlösung der Menschheit, wie säkularisiert und aufgeschoben seit Stalin auch immer, setzte der Sowjetkommunismus Moskaus autokratisch-expansive Tradition fort.

Gegen Rußlands Expansion sind in der Neuzeit Invasionen aus dem Westen zu setzen – die Invasion Polens gegen Ende der Smuta-Periode (1610–13), Schwedens unter Karl XII. (1709), Frankreichs unter Napoleon I. (1812), Deutschlands in den beiden Weltkriegen (1914–18, 1941–44), ferner die Interventionskriege und der sowjetisch-polnische Krieg (1918–20). Nach Anfangserfolgen liefen sie sich alle in der Tiefe des Raums tot.

Rußlands verzweifelter Versuch, aus der doppelt schiefen Bahn am Ende der europäischen Entwicklungs- und Wohlstandshierarchie auszubrechen, wird zu einem Leitmotiv des russischen Sonderwegs: Reformen, Revolutionen, Eroberungskriege in alle Richtungen dienten alle demselben Zweck, doch ein Autokrat nach dem anderen scheiterte – Iwan IV., Peter der Große, Lenin, Stalin und Breschnew, zuletzt der wohlmeinende Gorbatschow, indem er den Linkstotalitarismus durch Zivilisierung der Macht aufgab. Jeder Anlauf zum Ausbruch gen Westen stürzte das russische Volk und die von ihm beherrschten Nachbarvölker in noch schlimmeres Elend. Bis zur liberalen Reformperiode unter Alexander II. entfernte sich das Zarenreich, strukturell wie ideologisch, immer weiter vom Westen, obwohl es seit dem Frieden von Nystad 1721 europäische Großmacht war und Peter der Große Reformen nach westlichem Muster einführte.

Fremde Funktionseliten und ihr mörderischer Austausch

Rußlands Rückständigkeitsgeographie erklärt eine weitere Kontinuität seines Sonderweges mit tragischen Folgen: Seine Funktions- und Herrschaftseliten kamen meist von außen – Waräger als Gründer der mittelalterlichen Rus, baltische Barone, Spezialisten aus dem Westen seit Peter dem Großen, später auch für den „Aufbau des Sozialismus" in der UdSSR. Übernahmen aus dem doppelt ungeliebten Westen – Hort der lateinischen Schismatiker und der technisch-industriellen Modernen – blieben auf punktuell-technokratische Innovationen beschränkt. Modernisierungshelfer aus dem Ausland nahm Mütterchen Rußland zur Brust und nährte sie durch übliche Assimilation in wenigen Generationen mit russischem Patriotismus, fraß aber auch immer wieder fremd gebliebene Eliten in chaotischen Zuckungen.

Gewaltsame Ausschaltung ursprünglich von außen kommender Funktionseliten mit Massenmord und Ersetzung durch eine neue einheimische Elite ist ein bedrückendes Leitmotiv der russischen Geschichte – Menschen geopfert auf dem Altar des Fortschritts zur indigenen Entwicklung. In Umbruchzeiten fanden Rußlands Funktionseliten immer wieder ein schreckliches Ende – der Bojarenadel als Nachfahren der Waräger unter Iwan dem Schrecklichen mit der Opritschina (1565–76); der neue Gutsadel und das westlich gebildete Bürgertum seit der Oktoberrevolution 1917; Altbolschewiki, ausländische Spezialisten und Kommunisten in Stalins großen Säuberungen (1936–38). Modernisierung in selbstzerstörerischen Aderlässen war so erst recht unmöglich. Reformen Alexanders II. seit der Bauernbefreiung 1861 führten zwar punktuell rechtsstaatliche Elemente ein, mit der Revolution von 1905/06 und der Gewährung einer Verfassung sogar verfassungsstaatliche, rissen aber die innere Kluft zwischen „Westlern" und „Slawophilen" auf. Danach zerschlugen die Bolschewiki alle Ansätze zur modernen Zivilgesellschaft.

Träger der russischen Revolutionen war die schmale Schicht der Intelligenzija, teilweise aus nichtrussischen Minderheiten, die im Zarismus besonders diskriminiert waren, wie Letten und (säkularisierte) Juden: Lenin war tatarisch-wolgadeutscher Abstammung, Stalin georgischer, Trotzki Jude, Djerdjinski Pole. Ihre Bildung war formal westlich, da sich der Marxismus als radikaler Erbe und Vollstrecker der Französischen Revolution gab. Die Bolschewiki vernichteten die inzwischen heimische Führungsschicht durch „Liquidierung" (= Ermordung) oder drängten sie ins Exil, Stalin beseitigte die neue Elite mit Massenmorden an den eigenen Partei- und Armeekadern. Aus Überlebenden und von unten nachdrängenden, nur technisch gebildeten Apparatschiki formierte sich die Nomenklatura. Nirgends wurden Funktionseliten so oft und brutal „liquidiert" wie in Rußland, nirgends war die Kluft zwischen ihnen und „Massen" oder

„Leuten", wie Soldaten der Sowjetarmee bis zuletzt im angeblich egalitären, tatsächlich streng hierarchischen Sowjetkommunismus hießen, so groß. In der unfriedlichen Koexistenz zwischen Funktionseliten und einheimischen „Massen" zeichnen sich langfristige Kontinuitäten ab, die Teile der heutigen Misere in den postsowjetischen Nachfolgestaaten erklären. Dennoch sind ihre „Ethnokratien" (Vladimir Volkov), die sich aus der alten „Nomenklatura" gelöst haben, zum Tigerritt der Modernisierung verdammt.

Nochmals spitzte sich Rußlands Entwicklungscrux im Mangel an Nachfolgeregelungen zu – für jedes System das heikelste Problem: Bisher kannte Rußland nur selten eine zivilisierte Nachfolge wie bei Nomadenvölkern.[10] Meist entschied ein blutiger Machtkampf, wer an die Spitze des Riesenreichs trat. Umgekehrt zeigte Normalisierung der Nachfolge das nahe Ende des Ancien régime an, in der Thronfolge von Nikolaus I. zu Alexander II. 1855, nach dessen Ermordung durch terroristische Revolutionäre, von Alexander III. zu Nikolaus II. 1894 und von Breschnew zu Gorbatschow in der Agonie des Sowjetregimes 1982–85.

2. Anfänge des alten Rußland: Tributsoberherrschaften, von den Skythen zu den Tataren, bis 1480

Entgegen üblicher Periodisierung erscheint der Vorlauf zum souveränen altrussischen Staat als einheitliche, vielfältig untergliederte Großperiode, von der Vorgeschichte über Waräger und mittelalterliche Kiewer Rus bis zum Ende der Tatarenherrschaft 1480: Strukturelle Gemeinsamkeit ist der „orientalische" Staat – lockere Tributsoberherrschaft mit Dezentralisierung, ausgeübt durch wechselnde Suzeräne – Skythen, Goten, Waräger, Tataren. Bis 1480 stand altrussische Staatlichkeit, auch der Waräger, dem orientalischen Staat näher als dem Fiskal- und zentralisierten Territorialstaat des lateinischen Europa, der unsere Staatsvorstellung prägt.

Vorgeschichte: Skythen und Ostslawen

Rußlands Vorgeschichte ist so diffus wie die Fülle unterschiedlicher Stämme und Völker, weit entfernt von den großen Zentren mediterraner Hochkultur und imperialer Macht in der eurasischen Antike. Schon für Herodot und die alten Griechen war das spätere Rußland Heimat der „Hyperboräer", der „Hinterwäldler", nur vage und peripher mit der mediterranen Zivilisation verbunden, in rauhen Klimazonen, über die kaum Kenntnisse nach Griechenland drangen. Ausstrahlungen der Zivilisation erreichten Rußland spät, wegen gigantischer Entfernungen und natürlicher Hindernisse. Aus Faktoren der barbarischen Peripherie und der mediterranen Zivilisation formierte sich allmählich das Russentum. Rußlands Zivilisationsferne entspricht auch der Verlauf seiner Vorgeschichte: Nur Pelze, Sklaven, Getreide und Rohstoffe konnten seine Vorfahren den Macht- und Zivilisationszentren liefern. Im Tundra- und Taigagürtel kamen nomadisierende Jäger und Sammler sowie Rentierzüchter über Clan- und kleinere Stammesverbände nicht hinaus. Das Niveau halbseßhafter Stammesgesellschaften, fragmentiert und politisch schwach, erreichten im Waldgürtel nur Wanderbauern mit extensiver Landwirtschaft – im Norden finnische Stämme um Christi Geburt, weiter südlich Protoslawen und baltische Stämme.

Das erste namentlich faßbare Volk sind die Kimmerer, unsicherer Herkunft. Sie wurden in den mediterranen alten Orient von den (vermutlich) indoeuropäischen Skythen abgedrängt, die um 800 v. Chr. aus Zentralasien kamen, ihrerseits verdrängt von der chinesischen Expansion. Die Skythen, schon von Herodot als antike Randkultur beschrieben (Buch IV), teilten sich in einen agrarischen Flügel an der Küste des Schwarzen Meeres und in Nomaden bleibende Reitervölker, die von der Steppe aus weite Teile des Waldlands dominierten, mit Ausstrahlungen bis Brandenburg. Im Osten folgte auf sie später das iranische Reitervolk der Sarmaten.

Der Unterschied in Zivilisationsnähe oder -ferne steuerte die weitere Entwicklung: Die Steppenvölker zogen als Tribute agrarische Produkte der Waldzone und Sklaven ein und lieferten sie über die griechischen, im Mittelalter genuesischen Schwarzmeerstädte in die Zivilisationszentren. Den Skythen folgten seit dem 3. Jahrhundert n. Chr. germanische Stämme aus Schweden, vor allem Goten, als quasiaristokratische Oberschicht über die noch wenig gegliederte Urbevölkerung. Die Goten setzten die Tradition lockerer Tributsoberherrschaft fort und übernahmen Elemente der Reitervölker aus der Steppe. Ihre Tributsoberherrschaft über protoslawische und finnische Stämme beendeten 375 aus Zentralasien nach Westen abgedrängte Hunnen, die so die germanische Völkerwanderung in Gang setzten. Reste der Goten hielten sich im Rückzugsgebiet des Jailagebirges auf der Krim bis ins 16. Jahrhundert. Finnische und ostslawische Stämme gerieten unter wechselnde Tributsherren – Khasaren (624–965), Petschenegen (889–1122), Kumanen/Kyptschak (1061–1237), Mongolen/Tataren (1237/40–1783). Von der Steppe aus errichteten sie Tributsoberherrschaften bis tief in den Waldgürtel. Tribute blieben Produkte des Landes (Wachs, Honig, Leinen, Pelze) und Sklaven.

Nach anfänglichem Schwanken fiel den Ostslawen in ihrer zentralen Position in der Waldzone seit der Neuzeit die Vorherrschaft zu. Sozial und politisch wurden sie angeführt von nordgermanischen Warägern aus dem Norden (Südschweden), kulturell und geistlich-kirchlich geprägt von der griechischen Orthodoxie aus dem Süden. Aus der Kombination aller fünf Großfaktoren (Ostslawen, finnische Stämme, Waräger, griechische Orthodoxie, zentralasiatische Reitervölker) ging das Russentum hervor, ab 1328 zentriert um Moskau. Mit seinem Aufstieg zum quantitativ (nach Bevölkerungszahl) und qualitativ (Ausbildung, soziale, politische und militärische Organisation) stärksten Faktor ihrer Region errang es auf ständig wachsendem Raum die Hegemonie.

Waräger und Kiewer Rus, 882–1240: Orthodoxie und Wechsel zwischen Machtzentrum und Machtvakuum

Auf den Spuren der Goten zogen 500 Jahre später Waräger, Wikinger aus Schweden, auf dem Wasserweg nach Konstantinopel, über die großen russischen Ströme, vor allem den Dnjepr. Die Nestor-Chronik berichtet in halblegendärer Form über ihre Anfänge (Dok. Nr. 1). Die Waräger entstammten dem ebenfalls noch zivilisationsfernen Norden, waren aber die besten Kriegstechniker ihrer Zeit. Stadtgründungen und Schutzherrschaften über ostslawische und finnische Stämme schufen die Basis zum späteren Rußland: Nur militärische Gewalt über barbarische Unterschichten, mit äußerlichem Kulturfirnis der Orthodoxie, hielt über ein Jahrtausend ganz heterogene Kräfte zusammen. Strukturgeschichtlich traten die Waräger als halbe Wassernomaden in die Kontinuität nomadischer Tributsoberherrschaften ein, wurden aber auf Dauer seßhaft.

Kiew am unteren Dnjepr (ca. 860) und Nowgorod (862) als befestigte Stützpunkte auf dem „Weg von den Warägern zu den Griechen" wurden zwei Brennpunkte des frühmittelalterlichen Rußland. Ihre politische Zusammenfassung durch Ruriks Nachfolger Oleg (882) bereitete den Rahmen zur Kiewer „Rus" (vielleicht vom finnischen „Ruotsi" = die „Roten" für die Schweden wegen ihrer oft rötlichen Haar- und Gesichtsfarbe). Die Kiewer Rus war kein zentralistischer Staat, sondern, in modernen Kategorien, eine lockere Konföderation von Stadtfürstentümern samt Umland mit den Warägern als Führungsschicht, ab 988 mit dem Großfürsten in Kiew. Sie schwankte häufig zwischen politischer Einheit unter einem starken Herrscher (882–972, 980–1016, 1036–1068, 1113–1165) und Zerfall in einzelne Fürstentümer, zuletzt mit gleichzeitig mehreren Großfürsten außerhalb Kiews. Städte („gorod", neuruss.: „grad") gruppierten sich um eine befestigte Anhöhe („Kreml"). Ihre Fürsten waren Nachfahren Ruriks. Mit städtischen Volksversammlungen („veče") kannten die altrussischen Städte nach 1050 einen Ansatz kommunaler Selbstverwaltung. Wichtigste Verkehrswege boten das Flüsse- und Seensystem zwischen Ostsee und Schwarzem Meer, mit den Waldaihöhen als strategisch wichtiger Drehscheibe, wo große Ströme u. a. nach Süden zum Schwarzen Meer (Dnjepr) und Kaspischen Meer (Wolga) ihre Quelle haben. Schiffe und Boote blieben bis zur frühen Neuzeit wichtigstes Vehikel zum Transport von Gütern und Menschen, für friedliche wie kriegerische Zwecke.

Die mittelalterlichen Russen beherrschten im wesentlichen nur das zentrale Waldland, während die Steppe bis zum späten 18. Jahrhundert Domäne der zentralasiatischen Reitervölker blieb, zuletzt der Tataren. Nachdem drei Versuche der Waräger/Russen gescheitert waren, mit ihren Langschiffen Konstantinopel zu erobern (907, 941, 1043), mußten sie sich mit Handelsverträgen bescheiden und beschränkten ihre Expansion auf den riesigen Kontinentalraum vor ihrer Haustür. Erstes Opfer wurde 965 das Khasarenreich nördlich des Kaukasus, dessen Oberschicht ca. 740 die jüdische Religion angenommen hatte. Die Unterwerfung der Donaubulgaren scheiterte an der Intervention von Byzanz (971). Auf dem Rückzug überfielen Petschenegen das geschwächte Heer nachts an den Dnjeprstromschnellen (972): Der ersten schweren militärischen Niederlage an der Peripherie folgte der erste Bürgerkrieg in der Kiewer Rus (972–80).

Mit Annahme des griechischen Christentums durch Wladimir I. (988) erhielt die Kiewer Rus Zugang zur byzantinischen Zivilisation (Dok. Nr. 2), aber beschränkt auf die warägische Oberschicht und die russische Kirche. Immerhin begann eine Assimilierung, weil die Waräger die Sprache ihrer ostslawischen Untertanen annahmen und jetzt erst wirklich Russen wurden. Sozial und kulturell aber blieb die Kluft zwischen den Nachfahren der Waräger und ihren meist ostslawischen Untertanen.

Schon die Waräger eröffneten die russische Besonderheit mangelnder Nachfolgeregelungen: Nach einem starken Herrscher wurde sein Erbe angefochten, so daß die Kiewer Rus immer wieder in inneren Konflikten zersplitterte. Ein Originalbeitrag zur Nachfolgeregelung, das Seniorat (1054), erhöhte nur die Konfusion: Nicht der älteste Sohn eines Großfürsten sollte den Thron erben, sondern sein nächstälterer Bruder, während die anderen Brüder auf einer festgelegten Stufenleiter von Fürstentümern nachrückten. Das Seniorat institutionalisierte das Nachfolgechaos, das auch eine Konferenz aller Rurikidenfürsten in Ljubetsch (1097) nicht überwinden konnte: Der Titel des Großfürsten ging vom absteigenden Kiew formal auf Suzdal über, während Wladimir eigentliche Hauptstadt wurde (1169). Bündnisse mit dem deutsch-römischen Reich gegen das auch nach

Osten expandierende Polen (1017, 1033) bezogen die Rus vorübergehend in das Staatensystem des lateinischen Westens ein. Sie blieb aber sonst von Europa isoliert rivalisierend mit Polen, solange es geeint war (1025–1138). Zuletzt wehrte Nowgorod unter Alexander Newski Schweden (1240) und den Deutschritterorden (1242) ab.

Die tatarische Tributsoberherrschaft, 1237/41–1480

Die mongolische Eroberung traf daher die Kiewer Rus in voller Auflösung. Die Hauptstreitmacht der Mongolen eroberte seit 1237 ein Fürstentum nach dem anderen, zuletzt Kiew (1240). Nur Nowgorod im äußersten Norden blieb verschont, weil eine kleinere Stadt weiter südlich die Mongolen in ihrer besten Kampagnezeit – im Winter – aufgehalten hatte, so daß sie zur Schneeschmelze ihren Kriegszug einstellten. Dennoch unterwarf sich Nowgorod aus politischer Einsicht in die Übermacht der Mongolen deren Tributsoberherrschaft (1241). Das übliche Bild vom „Tatarenjoch" verzerrt die Realität in einem wichtigen Punkt: Die Tataren übten keine direkte Herrschaft aus, sondern setzten traditionelle Tributsoberherrschaften fort, überließen innere Angelegenheiten der Autonomie russischer Fürstentümer. Vor allem mischten sie sich nicht in Religionsfragen ein: Rußland blieb streng orthodox. So bildet die Mongolenherrschaft ein klassisches Beispiel für „Indirect Rule" – indirekte Herrschaft oder Suzeränität über Klientel- oder Vasallenstaaten unter einheimischen Herrschern, zur Herrschaftsausübung über weite, von außen kaum direkt kontrollierbare Gebiete.

Später zerfiel die Tatarenherrschaft unter schweren Schlägen von außen und Konflikten nach innen: Die große Pest, die Rußland später als das übrige Europa traf (1353), hatte sie zuvor entscheidend geschwächt (1347/48): Nach erstmaliger Verweigerung des Tributs (1371) errang Moskau als Vorkämpfer der russischen Befreiung zwei erste Siege (1378, 1380) (Dok. Nr. 3), auf die zwar blutige Rache folgte, kulminierend in der Zerstörung Moskaus durch die Tataren (1382). Danach aber brachen verheerende Züge Timurs (1385–95) der Goldenen Horde das Rückgrat. In innernen Konflikten zerfiel sie durch Sezession von drei unabhängigen Khanaten: Die Krimtataren behaupteten sich am längsten (1430–1783), seit 1474 unter Suzeränität der Osmanen. Zuerst unterlag Kasan an der oberen Wolga, unabhängig seit 1452, Moskau unter Iwan IV. (dem Schrecklichen) (1552). Am kürzesten währte das Khanat Astrachan an der Wolgamündung (1466–1556). Die Suzeränität über Rußland ging 1430 auf die Krimtataren über, die ihren Anspruch nur bis 1480 behaupten konnten.

Innerrussische Rivalitäten um Großfürstentitel und Einziehung des Tatarentributs ermöglichten Moskaus Aufstieg von einem peripheren kleinen Fürstentum, das erst spät auf finnischem Kolonialboden gegründet wurde (1147), zur russischen Hegemonial- und Großmacht: Anfangs zogen die Tataren den Tribut durch eigene Beauftragte („*baskak*") ein, aktiv unterstützt vom Helden romantisierter altrussischer Geschichte. Alexander Newski, als Fürst von Nowgorod Sieger über die Schweden (1240) und den Deutschritterorden (1242), setzte als Großfürst von Wladimir (1252–1263) die Interessen der Tataren hart gegen andere russische Fürsten durch. Alljährliche Huldigungsreisen des Großfürsten und Fürsten zum Tatarenkhan, dem sie die Zügel seines Pferdes und den Steigbügel halten und die Füße küssen mußten, gehörten zum Unterwerfungsritual. Wegen tätlicher Übergriffe von Russen gegen die *baskak* übertrug der Khan der Goldenen Horde dem Großfürsten die Einziehung des Tatarentributs (nach 1300). Seitdem war der

Großfürstentitel doppelt begehrt, da mit ihm das vertragliche Anrecht auf einen Teil des Tatarentributs verbunden war, und wechselte zwischen russischen Städten. Die Rivalität um die innerrussische Hegemonie stärkte zunächst die Tatarenherrschaft. Die Wende begann erst, als der Fürst von Moskau, Iwan I., einen Aufstand des mit Moskau rivalisierenden Twer gegen die Tataren niederwarf (1327) und als Lohn Großfürst wurde (1328). Dmitri Donskoi (1369–1389) gelang der erste Durchbruch, vor allem mit dem großen Sieg auf dem Schnepfenfeld (1380) (Dok. Nr. 3).

So entstanden noch in der Tatarenzeit Grundlagen der russischen Gesellschafts- und Staatsordnung. Moskaus religiöse Abgrenzung zu seinen muslimischen Oberherren aus Zentralasien durch sein Festhalten an der Orthodoxie bewahrte ihm zwar die Zugehörigkeit zum christlichen Europa, ratifizierte jedoch die Distanz zum lateinischen Westen, auch strukturell: Städteversammlungen („*veče*") der frührussischen Zeit verschwanden und wichen der Autokratie, ideologisch sanktioniert durch das byzantinische Hofzeremoniell, das Iwan IV. bei Übernahme des Zarentitels einführte (1547).

Während in den einzelnen Fürstentümern noch immer Rurikiden herrschten, wurden Nachfahren Ruriks, die es nicht zu regierenden Fürsten brachten, als Bojaren Hochadel und traditionelle Funktionselite, in Rivalität zur Krone mit ihren zentralisierenden Tendenzen. Zugleich verbanden sich russische und mongolisch-tatarische Adelsfamilien, wie die Godunows. Auch sonst übernahmen die russischen Herrscher von ihren Nachbarn, Feinden und Oberherren Elemente der Herrschaftspraxis. Namentlich die Despotie der orientalischen Herrscher verstärkte die von Byzanz übernommene Autokratie.

II. Der souveräne Fiskal- und Zentralstaat: Moskau und zarisches Rußland, 1480–1917

Die Geschichte des souveränen Altrußland[11] seit 1480 läßt sich als historische Einheit verstehen, untergliedert in mehrere Epochen: Moskau zunächst noch unter den Rurikiden (bis 1598); die „Smuta“, „Zeit der Wirren“ (1598–1613); Herrschaft der Romanows (1613–1917). Mit der Abschüttelung des Tatarentributs 1480 beschleunigte sich noch unter tatarischer Suzeränität die Ersetzung traditioneller Tributsoberherrschaften durch den zentralisierenden Fiskal- und Machtstaaat. Entscheidende Impulse kamen nicht von unten, sondern die Umwandlung erzwangen Autokraten von oben (Dok. Nr. 5), die den eigenen Herrschaftsbereich nie verließen, bis zu Peter dem Großen, danach nur noch selten. Trotz aller Abschließung und chronischer Fremdenfeindlichkeit suchte jedoch auch das alte Rußland Anschluß an die modernste Entwicklung im Westen, durch kriegerische Expansion wie durch gezielte Modernisierungsschocks von oben, die schwere innere Konflikte auslösten und später in die Dialektik von Krieg und Revolution einmündeten.

1. Moskau und die Anfänge der Zentralisierung, 1480–1613

„Sammeln der russischen Erde“: Autokratie und Expansion

Schon unter den Tataren bahnte sich der Umschlag zur fiskalischen Zentralisierung an, durch Übertragung des Großfürstentitels an Moskau 1328 und das Recht zur Eintreibung des Tatarentributs von allen russischen Fürstentümern. Kurz zuvor war der Metropolit der russischen Kirche nach Moskau umgezogen (1326): „Das heilige Moskau“, Zentrum der geistlichen und weltlichen Macht in der Kontinuität zu Byzanz, zeichnete sich ab. Iwan I. (Kalita = der Geldsack) trieb den Tatarentribut rücksichtlos ein und investierte seinen Anteil in den Ausbau Moskaus zum neuen innerrussischen Machtzentrum, gegen das benachbarte rivalisierende Großfürstentum Twer. Kollaboration diente Iwan I. und seinen Nachfolgern dem Ziel, sich finanziell und militärisch unabhängig zu machen, durch Aufbau eines Fiskalstaates. Erst mit der endgültigen Verweigerung des Tributs 1480 fiel die Tatarenherrschaft, wurde Moskau souverän.

In der Agonie von Byzanz klammerte sich Moskau an die Orthodoxie und verwarf den verzweifelten Versuch, Byzanz durch eine Kirchenunion mit Rom auf dem Konzil von Florenz doch noch zu retten (1439). Nach dem Fall Konstantinopels 1453 gewann Moskau als letztes Bollwerk der Orthodoxie zusätzliches Prestige, seit 1480 als einziger souveräner orthodoxer Staat: Später erhob Moskau den Anspruch als „Drittes Rom“ auf heilsgeschichtliche Sonderstellung (Dok. Nr. 6), legte sich den kaiserlichen Zarentitel zu (1547). Trennung der russischen Kirche von Konstantinopel und Rangerhöhung des Moskauer Metropoliten zum Patriarchen durch Boris Godunow (1589) war der nächste Schritt.

Als neues Machtzentrum verfocht Moskau von der nördlichen Peripherie die Wiederherstellung mittelalterlicher Größe durch „Sammeln der russischen Erde“, um seine territoriale Machtbasis zu verbreitern: Alle Gebiete, die einst zur Kiewer Rus gehört hatten, wollte Moskau zurückgewinnen. Iwan III. (1462–1505) betrieb, anfangs noch unter Suzeränität der Tataren, die „russische Reconquista“ als imperiale Restauration der Kiewer Rus durch den moskowitischen Flächen- und Fiskalstaat und zog zunächst die russischen (Groß-)Fürstentümer in unmittelbarer Nachbarschaft an sich – Jaroslaw (1463), Rostow (1474), Nowgorod (1478), Twer (1485), das obere Dnjepr-, Oka- und Desnabecken (1502). Sein Nachfolger Wassili III. (1505–1533) fügte Pskow (1510) und Rjasan (1521) hinzu.

Mit der „Sammlung russischer Erde“ entfaltete die russische Wiedervereinigung eine Eigendynamik, erleichtert durch Fragmentierung der Tataren westlich des Urals in drei eigene Nachfolgekhanate. Iwan IV. eroberte Kasan (1552) und Astrachan (1556). Für den Sieg über Kasan setzte er sich mit der Basilius-Kathedrale auf dem Roten Platz in Moskau ein Denkmal. Als Rache für jahrhundertelange Drangsalierung folgte der Eroberung Kasans ein Massaker, das Spuren im russischen Volksmund hinterließ – „du siehst blaß aus wie ein Kasanwaise“. Dagegen hatten sich die Krimtataren schon 1474 vorsorglich der schützenden Suzeränität des Osmanischen Reiches unterstellt und hielten sich mit dessen Hilfe am längsten gegen Rußland, bis zur Annexion 1783.

Parallel zur Expansion gegen die Tataren betrieb Iwan IV. (der Schreckliche) (1533/47–1584) die Vollendung der Autokratie nach innen: Mit seiner Volljährigkeit übernahm er zu seiner Krönung den byzantinischen Kaisertitel in slawisierter Form als Zar (1547) und knüpfte bewußt an das byzantinische Modell Organisierung der Gesellschaft von oben an. Er beseitigte Strukturen, die der Zarenautokratie entgegenstanden – Bojarenadel, freies Bauerntum, Ansätze zu freien Städten, indem er die Bevölkerung von Nowgorod und Twer deportierte (1570). Handelsbeziehungen zu England ab 1553, seit 1555 mit Privilegien für die Muscovy Company, später auch für andere ausländische Kaufleute, standen unter scharfer Kontrolle der Zentrale, die so die Herausbildung eines russischen Mittelstandes erschwerte. Schon zuvor hatte sich Iwan III. an der Einführung der „zweiten Leibeigenschaft“ beteiligt, die 1492/98 östlich der Elbe begonnen hatte (Dok. Nr. 4). Großfürsten und Zaren bauten die Leibeigenschaft zur Agrarsklaverei aus, mit Folgen bis zur Spitze der Gesellschaftspyramide: Den altrussischen Bojarenadel liquidierte Iwan IV. durch Terror 1556–76 und ersetzte ihn durch den neuen Dienstadel der „Opritschniki“. Sie waren Iwan ergeben, da sie konfiszierten Bojarenbesitz in der „Opritschnina“ (= Sondergebiet) erhielten.

Gutswirtschaft und Leibeigenschaft bildeten die sozioökonomische Basis der russischen Autokratie. Auf ihren Gütern produzierten neuadlige Agrarkapitalisten für den Markt des Westens, vertieften jedoch mit ihrem Export von Getreide und Rohstoffen die Kluft zu freiwerdenden Bauern und einem freien Bürgertum, die die soziale Grundlage zum Rechts- und Verfassungsstaat der sich selbstorganisierenden Gesellschaft wurden. Agrarsklaverei schnitt den russischen Bauer von Eigeninitiativen und Risiken freien Wirtschaftens ab, in das Bauern westlich der Elbe seit dem mittelalterlichen Landesausbau hineingewachsen waren. Russische Bauern wichen vor Leibeigenschaft und erhöhten Abgaben zur Peripherie aus, meist nach Süden und Osten, wo sie sich mit Tataren zum neuen Mischvolk der Kosaken verbanden: Sprache und Orthodoxie steuerten Russen bei, ihre halbnomadische Lebensweise die Tataren. Für das Reich besaßen die Kosaken eine spannungsreiche Doppelfunktion: Defensiv wirkten sie wie eine inoffizielle

„Militärgrenze" gegen die Steppennomaden, offensiv, trotz Widerwillen gegen die Autokratie, wurden sie Pioniere russischer Expansion, die sie immer wieder einholte.

Die Ausschaltung der Tatarenkhanate im Osten und Südosten machte den Rücken frei zur Expansion nach Westen. Jedoch scheiterte Iwan IV. im Livländischen Krieg (1558–82) mit dem Vorhaben, den Ordensstaat als Tor zu Europa zu erobern, am damals noch starken Polen–Litauen. Der langwierige Krieg schwächte Moskau, so daß der Zar die Unterwerfung des Tatarenkhanats Sibir jenseits des Urals dem Nowgoroder Großkaufmann Stroganow überließ, der sie mit angeworbenen Kosaken als Privatunternehmen begann (1583). Punktuelle Modernisierung aus dem Westen (Feuerwaffen) reichte, um dünnbesiedelte Räume mit technischer Überlegenheit rasch zu durchstoßen: 1648 erreichten Kosaken im Auftrag des Zaren den Pazifik.[12]

Boris Godunow und „Smuta", 1598–1613

Die Überforderung der Kräfte durch gescheiterte Expansion nach außen (Livländischer Krieg, 1558–82) und Sozialkonflikte nach innen (Opritschnina, 1565–72) mündete, nach dem Aussterben der Rurikiden 1598, in die Strukturkrise der „Smuta" – die „Zeit der Wirren" (1598–1613), wie üblich durch Interventionen benachbarter Großmächte (Polen, Schweden) kompliziert und verschärft.[13] Boris Godunow, Regent für den schwachsinnigen letzten Rurikiden Fjodor (1584–98) und Zar (1598–1605), konnte das drohende Chaos hinauszögern, u. a. durch Erhebung des Moskauer Metropoliten zum Patriarchen (1589), um mit Stärkung der russischen Kirche auch die Stellung des Zaren zu konsolidieren. Mit Godunows Tod brachen innere Konflikte offen durch. Der übliche Kollaps eines Machtzentrums nach schweren Niederlagen und die Legitimitätskrise am Ende einer Dynastie machten die „Smuta" zum historischen Präzedenzfall für die gegenwärtige Krise: Rußland wurde Machtvakuum und versank in Nachfolgekonflikte um das Erbe der Rurikiden. Thronprätendenten aus dem Volk, Pseudo-Demetrius I und II, nutzten soziale Unzufriedenheit, unterstützt von der bewaffneten Intervention Polens, das hoffte, die orthodoxe Konkurrenz ausschalten zu können. Dazwischen agierten kurzfristig Zaren aus der russischen Oberschicht. Der Versuch des polnischen Königs Sigismund III. (1587–1632), den Zarentitel als Auftakt zu einer antiorthodoxen Gegenreformation für seinen katholischen Sohn Władisław (IV.) zu gewinnen, provozierte den russischen Volkskrieg (1611/12), der die Polen wieder aus Moskau vertrieb.

2. Rußland unter den Romanows, 1613–1917

Nach der Befreiung von den Polen eröffnete die Reichsversammlung „Zemskij Sobor" die Neuordnung mit der Wahl Michael Romanows zum Zaren (1613–1645). Die Romanows, aus dem neuen Dienstadel der Opritschniki, standen für das sich modernisieren wollende Rußland. Aber durch Restauration der Autokratie beendeten sie das Experiment protoparlamentarischer Repräsentation für drei Jahrhunderte: Die nächste Duma als Reichsparlament tauchte erst wieder in der 1. Russischen Revolution 1906 mit beschränkten Kompetenzen auf. Rückkehr zur autokratischen „Normalität" unterband Ansätze zum grundsätzlichen Strukturwandel: Auf westliche Verfassungselemente griffen Rußlands Herrscher nur in Notsituationen zurück.

300 Jahre dynastische Kontinuität unter den Romanows suggerieren eine trügerische Stabilität: Doch häuften sich mangels institutionalisierter Regeln für die Thronfolge gewaltsame Herrscherwechsel, von Peter dem Großen, der seine Schwester Sophie als Regentin stürzte und seinen Sohn in den Tod trieb, über Staatsstreiche, die Elisabeth (Petrowna) (1740), Katharina II. (1762), Alexander I. (1801) und Nikolaus I. (1825) auf den Thron brachten, zweimal durch Ermordung ihrer Vorgänger (Peter III., Paul I.). Ausgerechnet den liberalsten aller Zaren, Alexander II., beseitigte ein Attentat (1881), den letzten regierenden Romanow, Nikolaus II., die Russische Revolution (1917/18).

Die Konsolidierung nach ihrem Machtantritt nutzten die ersten Romanows zur Wiederaufnahme der Expansion, zunächst durch Abschluß der Eroberung Sibiriens bis zum Pazifik (1648), gefolgt von der Amurregion (1658) und der Region um den Baikalsee (1665). In Fortsetzung älterer Ostexpansion kollidierte Rußland mit dem Mandschu-Reich auf dem Höhepunkt seiner Machtfülle. Schon im ersten Regierungsjahr Peters des Großen akzeptierte Rußland im Vertrag von Nertschinsk 1689 erstmals eine Grenze nach Osten, während der Kaiser von China erstmals einen Vertrag mit „Barbaren" auf der Basis der Gleichberechtigung schloß.

Im Epochenjahr 1648 spielte der Chmielnicki-Aufstand dem Zaren die Chance zu, mit den Dnjeprkosaken den Norden der Ukraine zu gewinnen (1654). Das „Liberum Veto" seit der Chmielnicki-Krise (1652) eröffnete die Agonie des alten Polen und den Weg für Rußland nach Westen: Zunächst eroberte es im russisch-polnischen Krieg mit Smolensk (1667) den Westen der Kiewer Rus und vollendete gegen das neue Machtvakuum Polen die „Sammlung der russischen Erde". Andererseits spaltete die Kirchenreform des Patriarchen Nikon (1653), die sich eher an der griechisch-orthodoxen Liturgie orientierte, die Orthodoxie, denn sie provozierte Widerstand und Sezession der Altgläubigen (Raskolniki). Zwar entzogen sie sich teilweise der Verfolgung durch Flucht jenseits der Peripherie, über Alaska bis ins nördliche Kalifornien, wurden aber, wie die Kosaken, doch immer wieder von der Macht des Zaren eingeholt.

Peter der Große, 1689–1725

Drei Generationen nach der „Smuta" legte Peter der Große ein neues Tempo im Modernisierungsprozeß vor: Auf den Spuren Iwans IV. erprobte er eine Mischung aus technokratischen Zwangsreformen und kriegerischer Expansion zur Machtsteigerung.[14] Aus dem damals technisch höchstentwickelten Land, Holland, holte sich der „Zar und Zimmermann" praktische Kenntnisse und Kulturtechniken, dazu Tausende von Experten aus dem westlichen Ausland, um Europa rasch einzuholen. Im Nordischen Krieg (1700–21) erkämpfte er Rußlands Stellung als Großmacht und Anschluß an Europa durch die Annexion Estlands und Livlands 1703. Die Sümpfe der Newa ließ er von holländischen Fachleuten trockenlegen und baute seine neue Hauptstadt St. Petersburg, um das vielzitierte „Fenster nach Europa" zum Westen aufzustoßen – ohne Rücksicht auf die Verluste seiner Untertanen (Dok. Nr. 7). In seinem ersten Schloß hatte er eine eigene Werkstatt und legte als erster Entwicklungsingenieur selbst Hand an zum Aufbau einer modernen Armee und Flotte – für künftige Eroberungen.

Zugleich nutzte Peter das intellektuelle Potential der adlig-bürgerlichen Oberschicht der Baltendeutschen, die so ein weites Betätigungsfeld erhielten. Adel und Armee steckte er in westliche Uniformen und Titel, hübsch hierarchisiert in eine Rangstufentabelle mit 14 militärischen wie zivilen Rängen (1722), fügte sogar den westlichen Kaisertitel seinem traditionellen Zarentitel hinzu (1721), allerdings nur für seine Person. Den Willen zur Angleichung an den bewunderten Westen unterstrich er im fortan offiziellen Staatsnamen Rußlands: „Rossijskaja imperia". Der „Kaiser aller Reußen" übernahm selbst den lateinischen Imperiumsbegriff für sein orthodoxes Großreich.

Von Reformkosmetik abgesehen, blieb Rußlands Gesellschaft geprägt durch Agrarsklaverei der Bauern, wenige Städte ohne eigenes Bürgertum oder gar innere Autonomie, Selbstherrschaft an der Staatsspitze. Nachfahren europäischer Experten assimilierten sich, blieben als dünne modernisierte Führungs- und Funktionselite jedoch in enormer Distanz zum Volk. Mit der Verbannung des Moskauer Patriarchen (1700) unterstellte sich der Reformautokrat die russische Kirche und brachte sie mit dem Heiligen Synod unter seine direkte Kontrolle, entfremdete sich aber die altgläubige Opposition der Raskolniki noch weiter. Gleichzeitig systematisierte Peter 1709 die Verbannung von Sträflingen nach Sibirien. Es rückte damit in dieselbe Funktion ein wie ursprünglich die nordamerikanischen Kolonien für England. Bis zuletzt war Sibirien im sowjetischen Volksmund Synonym für Verbannung politisch Oppositioneller oder „Abweichler".

Erzwungene Reformen zur technokratischen Verwestlichung lieferten den Schlüssel zu ersten Erfolgen nach außen, gegen Schweden und Polen, die schon geschwächt waren. Schwerer tat sich Rußland mit dem Osmanischen Reich, das seit seiner Niederlage vor Wien (1683) auf dem Rückzug war. Peter baute seine erste Flotte gegen die Türken und erkämpfte den Zugang zum Schwarzen Meer (1696), im Nordischen Krieg (1700–21) gegen Schweden den Zugang zur Ostsee (1703). Der Friede von Nystad (1721) ratifizierte Rußlands Eintritt in das europäische Mächtesystem als Groß- und Hegemonialmacht des Ostens. Gen Süden zielten acht russisch-türkische Kriege (1710–1878) auf Konstantinopel, über das Schwarze Meer, den Balkan und Kaukasus. Stets begann Rußland mit der Besetzung der Donaufürstentümer Moldau und Walachei, zumindest als Faustpfand gegen das Osmanische Reich. Stockte die Expansion nach Süden, suchte es Ersatz durch Eroberungen im Westen (Polen) und Osten (Zentralasien bis Fernost).

Peters kurzfristige Erfolge hatten jedoch langfristig selbstzerstörerische Rückwirkungen: Die Spannung zwischen Beharrungskraft älterer Strukturen und Dynamik durchgepeitschter Reformen nach westlichen Vorbildern brach prompt in schweren inneren Krisen durch, z. B. Hinrichtung der älteren Eliteeinheiten der Strelitzen (Schützen) 1698, die mit der Modernisierung der Armee ihre privilegierte Stellung verloren (ähnlich wie 1826 die Janitscharen im Osmanischen Reich). Mit dem Reformzaren begann die Polarisierung zwischen (noch nicht so genannten) Slawophilen/Panslawisten, die traditionelle Werte des Russentums hochhielten, und modernisierenden Westlern. Ein scheinbar untergeordnetes Detail gewinnt Symbolkraft: Selbst der modernisierende Autokrat stieß an die Grenzen seiner Durchsetzungskraft beim Versuch, im Kalendersystem schlagartig mit dem Westen gleichzuziehen: Statt der traditionellen Datierung „seit Erschaffung der Welt" wollte Peter 1700 die modernste Datierung einführen, den Gregorianischen Kalender, mußte sich aber gegen massiven Widerstand mit dem (damals schon um zehn Tage zurückhängenden) Julianischen Kalender bescheiden. Insgesamt entsprach dem quantitativen Wachstum von Territorium und Bevölkerung kein adäquates qualitatives Wachstum durch Entwicklung, die sich den ebenso bewunderten wie gehaßten Westen insgeheim doch zum Vorbild nehmen mußte. So öffnete sich seit Peter dem Großen jene Kluft zwischen quantitativem und qualitativem Wachstum, in die Rußland stürzte.

Sein Modernisierungsdilemma nach innen verschärfte das Zarenreich durch Expansion nach Westen, indem es die Strukturgrenze von 395/1054 überschritt: Mit Eroberungen über die alte Kiewer Rus hinaus schob sich das orthodoxe Rußland seit der Annexion Estlands und Livlands 1703 ruckweise über den Ostrand des lateinischen Westens und gewann Teile Polens, Litauen und Kurland (1772–95), Finnland (1809), Kongreß-Polen (1815). Über drei Jahrhunderte entfalteten sich Spannungen zwischen dem sozioökonomisch weniger entwickelten, aber politisch herrschenden orthodoxen Rußland und seinem ostlateinischen Rand im Westen, der in Krisenzeiten nach schweren militärischen Niederlagen politische Erdbeben entsprangen – 1905, 1917, 1991.

Expansion und weiterer Aufstieg, 1725–1855

Peters Nachfolger dehnten das weite Feld, das Rußlands Reformkaiser erschlossen hatten, weiter aus. Sie ernteten, was Peter gesät hatte – Mehrung der russischen Macht durch quantitatives Wachstum, qualitativ verstärkt durch Neuerungen aus dem Westen. Vier historisch unbedeutende Herrscher(innen) – Katharina I., Regentin Anna Leopoldowna, Elisabeth und Peter III. – bilden den Übergang zur nächsten großen Herrschergestalt, die Rußlands Problematik verkörpert, zu Katharina der Großen (1762–1796). Nach Peter dem Großen verstärkte sich das Modernisierungspotential aus Rußlands nahem Westen (Deutschland), das mit Peter III. und Katharina II. bis zur Spitze des Reiches vordrang. Zugleich öffnete Europas wilder Osten adligen Abenteurern gerade aus Deutschland schier unbegrenzte Möglichkeiten zu raschem Aufstieg, der aber auch im plötzlichen Fall bis zur Verbannung nach Sibirien enden konnte.

Die russisch-türkischen Kriege machten das Osmanische Reich seit dem Frieden von Kütschük-Kainardschie (1774) zum Machtvakuum. Zugleich drückte Rußland auf das neue Machtvakuum Polen, das mit dem „Liberum Veto" (1652) in Unregierbarkeit versank. Im Polnischen Erbfolgekrieg (1733–35) griff Rußland militärisch erstmals in Ostmitteleuropa ein, im Siebenjährigen Krieg (1756–63) ins nächste Machtvakuum weiter westlich, in Deutschland: Ostpreußen tauchte seitdem als russisches Expansionsziel auf. Dynastische Verbindungen zu deutschen Fürsten seit Peter dem Großen schufen punktuelle Abhängigkeiten vom immer mächtiger werdenden Zaren. Rußlands vorzeitiges Ausscheiden aus dem Siebenjährigen Krieg unter dem Verehrer Friedrichs des Großen, Peter III., durch einen Sonderfrieden (1762) rettete Preußen und ermöglichte dessen Aufstieg zur fünften Großmacht Europas (1763). Das russisch-preußische Bündnis (1764) schuf eine neue europäische Konstante, bis zur Reichsgründung 1871.

Der Übergang von Peter III. zu Katharina der Großen erfolgte in der für Rußland typischen Weise: Peter III., als Enkel Peters I. Herzog von Holstein-Gottorp, provozierte durch Bevorzugung deutscher Offiziere und Säkularisierung des Kirchenguts seine Ermordung, mit Billigung seiner deutschen Gemahlin Katharina (1762). Sie setzte die Gratwanderung zwischen altrussisch-orthodoxer Tradition und Modernisierung fort: Nach innen blieben aufgeklärte Reformen durch die „Gesetzgebende Kommission" rasch stecken (1767), stützte sich Katharina II. auf den Adel durch Verschärfung der Leibeigenschaft und Gewährung von Privilegien, zuletzt im „Gnadenbrief für den Adel" (1785). Den Pugatschow-Aufstand von Bauern und Kosaken im Wolga-Ural-Gebiet ließ sie hart niederschlagen (1773/74), hielt ihn aber gegenüber dem Ausland geheim, um ihr Image als aufgeklärte Herrscherin westlicher Herkunft zu erhalten.

Nach außen setzte Katharina die Expansion fort: Ihr Günstling Stanislaus Poniatowski sollte als König (1764) Polen endgültig zum russischen Klientelstaat herabdrücken. Als er sich dennoch für Reformen entschied, bestrafte ihn die 1. Teilung Polens (1772), an der sich auch Österreich und Preußen beteiligten, um Rußlands Ausdehnung einzudämmen. Der 3. russisch-türkische Krieg (1768–74) eröffnete im Frieden von Kütschük-Kanardschie (1774) die Orientalische Frage – nach der Zukunft des Osmanischen Reiches.[15] „Befreiung" Konstantinopels vom Islam und Restauration der griechischen Orthodoxie avancierten zum großen Ziel russischer Expansion, ergänzt um den Traum vom machtpolitischen Zugang zu Indien und China. Das „Griechische Projekt" (1781) präzisierte die Kriegsziele – Eroberung Konstantinopels und Gründung eines neugriechischen Kaisertums mit Katharinas Enkel als Herrscher eines russischen Klientelstaats zur Beherrschung der Meerengen (Dok. Nr. 8). Die Annexion der Krim (1783) beseitigte die Tataren als autonomen Faktor und ermöglichte unter Potemkin die Umwandlung der Steppe zum fruchtbaren Schwarzerdegebiet. Potemkinsche Dörfer, die bei Katharinas Inspektionsfahrt 1787 einen größeren Erschließungs- und Modernisierungsgrad vortäuschen sollten, wurden zum Symbol russischer Entwicklung. Die Ansiedlung deutscher Kolonisten, meist Angehöriger diskriminierter Sekten, u. a. Mennoniten, am Nordhang des Kaukasus und an der Wolga verknüpfte innere mit äußeren Faktoren. Das Bekanntwerden des „Griechischen Projekts" auf der Inspektionsreise Katharinas provozierte den 4. russisch-türkischen Krieg (1787–92), nach dem Rußland mit Annexionen bis zum Djnestr im Frieden von Jassy (1792) erstmals den Fuß in die Tür zum Balkan setzte.

Die Teilungen Polens, 1772–1815: Einverleibung des jüdischen und polnischen Sprengstoffs

Anschließend füllte Rußland mit der 2. und 3. Teilung Polens (1793/95) den größten Teil des polnischen Machtvakuums, um das Überspringen der „französischen Pest an die Weichsel" (Katharina II.) zu verhindern: Ein sich reformierendes Polen durfte sich, unter dem Einfluß der Französischen Revolution, mit der ersten schriftlichen Verfassung einer konstitutionellen Monarchie (3. Mai 1791) nicht Rußlands Vorherrschaft entziehen. Durch Annexion weiterer Teile Polens verleibte sich das orthodox-autokratische Rußland jedoch unfreiwillig zwei Explosionsstoffe ein – den polnischen und jüdischen. Beide versuchte es durch Russifizierung zu verdauen, scheiterte aber langfristig.

Die 1. Teilung Polens 1772 brachte erstmals Juden nach Rußland: Seit der Kiewer Rus hatte sich das alte Rußland in Übernahme traditioneller Judenfeindlichkeit aus Byzanz „judenfrei" gehalten.[16] Nun institutionalisierte Rußland mit dem „Rayon" in den neuen Westprovinzen ab 1791 die Diskriminierung gegen Juden, die sich nach der Ermordung von Zar Alexander II. 1881 in Pogromen zum modernen Antisemitismus steigerte. Gewiß trafen Repressionen auch andere Minderheiten[17], aber die Konsequenzen jüdischer Diskriminierung waren explosiver: Rußland selbst provozierte drei unterschiedliche Reaktionen unter den Juden – fluchtartige Auswanderung, meist nach Amerika, über Deutschland und Westeuropa; Zionismus zur Gründung eines nationaljüdischen Staates in Palästina; Beteiligung von dem jüdischen Glauben entfremdeter neuer Intelligenzija an der revolutionären Bewegung bis hin zum gezielten Terror, der dem russischen Antisemitismus weiter Nahrung gab, auch unter Revolutionären. Die überproportional hohe Beteiligung (säkularisierter) Juden an revolutionären Parteien nährte die Wahnidee der von der russischen Geheimpolizei Ochrana im Kampf gegen Revolution und Demokratie fabrizierten „Protokolle der Weisen von Zion“ (1905), die später die deutschen Nationalsozialisten zur „jüdisch-bolschewistischen Weltverschwörung“ aufblähten.

Polen galten orthodoxen Panslawisten ohnehin als abtrünnige Slawen, die Rußland zum Gesamtslawentum zurückzwingen müsse. Polens zunächst latentes Modernisierungspotential wirkte ambivalent: Solange Rußland expandierte, verstärkte Polen Wirtschaftskraft und Machtpotential des Gesamtreiches. Aber in Krisenzeiten, nach Überforderung russischer Kräfte, wurde es, wie auch immer eingegliedert, zur Achillesferse des Imperiums, als autonomes Königreich (1815–32), aufgeteilt in annektierte Provinzen (1832–1915) oder als Satellitenstaat (1944/45–1989).

Rußland als Fels gegen Revolution und Demokratie, 1798–1855

Gegen die Französische Revolution fühlte sich das zaristische Rußland als *rocher de bronze*, an dem die Wogen der Demokratie und Gottlosigkeit zerschellen würden (Dok. Nr. 9). Den Kampf gegen Napoleon I. nutzten die Zaren zur weiteren Expansion, holten sich jedoch so westliche Ideen ins eigene Land, durch das Napoleonische Intermezzo in Moskau 1812 wie auf dem Vormarsch bis Paris 1813–14. Auf dem Wiener Kongreß war Zar Alexander I. der eigentliche Sieger, da er Preußen und Österreich gerettet und in indirekte Abhängigkeit vom weiter wachsenden Koloß im Osten gebracht hatte. Durch Ansiedlung russischer Bauern außerhalb Kernrußlands dehnte sich das Reichsvolk der Großrussen weiter aus, durch Annexionen und natürliche Vermehrung überholte es um 1850 quantitativ Franzosen wie Deutsche als zahlenmäßig stärkstes Volk Europas.[18] Dagegen fiel Rußland qualitativ gegenüber Westeuropa zurück: Seine Industrialisierung begann spät und blieb spärlich. Mit dem Dekabristenaufstand vom Dezember 1825 schlug die prärevolutionäre Gärung erstmals durch. Nach dem Tod des kinderlosen Alexanders I. demonstrierten in einer unklaren Nachfolgesituation liberale Offiziere der St. Petersburger Garnison im (ebenso zaghaften wie dilettantischen) Dekabristenaufstand für Reformen nach westlichem Vorbild – Ende der Leibeigenschaft, konstitutionelle Monarchie (Dok. Nr. 10). Als Hort der Reaktion unter Nikolaus I. (1825–1855) gegen die Europäische Revolution 1848/49 entfernte sich das autokratisch-agrarische Rußland weiter vom sich industrialisierenden liberalen Westeuropa.

Krieg und Revolution I: Krimkrieg und Reformen Alexanders II. 1853–1881

Der Krimkrieg (1854–56), der 1853 als 7. russisch-türkischer Krieg über die Heiligen Stätten in Palästina ausgebrochen war, deckte die Rückständigkeit gegenüber den militärisch überlegenen Westmächten unbarmherzig auf: Niederlage nach außen und allfällige Systemkrise nach innen drohten in Bauernanarchie umzuschlagen. Dagegen versuchte der Reformzar Alexander II. (1855–1881), die Krise konstruktiv zum nächsten Versuch zu wenden, gegenüber dem Westen aufzuholen. Seine liberalen Reformen kupferte der Zar vom nächsten Nachbarn im Westen ab, von Preußen und seinen Reformen seit 1807. Auch in Rußland begann reformierende Modernisierung mit Abschaffung der Leibeigenschaft (1861), denn die Bauernemanzipation sollte Arbeitskräfte für kommende Industriezentren freisetzen (Dok. Nr. 11, 13). Weitere Reformen folgten: Die Universitäten, reorganisiert nach deutschem Vorbild, erhielten Autonomie (1863), Richter wurden unabsetzbar (1864), die Semstwos begannen als landwirtschaftliche Selbstverwaltungsorgane mit beschränkter lokaler Autonomie (1870). Eine Heeresreform ersetzte die 15jährige Dienstpflicht nur für Bauernsöhne durch die allgemeine Wehrpflicht (1874). Danach erlahmte der Reformschwung. Es blieb die „Spanne zwischen Europa und der slawischen Welt" (Herzen) (Dok. Nr. 12).

Kurzfristig verhinderten die Reformen Alexanders II. zwar die drohende Bauernrevolution, schienen gar den Weg zu einem sich punktuell verwestlichenden und industrialisierenden Rußland zu eröffnen. Aber der soziale Unterbau fehlte, gerade in den Städten. Auch erhielt der Reformzar keineswegs den Beifall der russischen Gesellschaft. Gerade ihr sich am schnellsten modernisierender Teil, die akademische Intelligenz aus Adel und Bürgertum, die sich geistig weit dem Westen öffnete, verschärfte ihre Opposition und machte die Autokratie für alle Übel Rußlands verantwortlich. Sie radikalisierte sich bis zum Terror gegen Vertreter des Systems, den Zaren eingeschlossen: Schon 1866 scheiterte ein erstes Attentat der sozialrevolutionären Intelligenzija gegen ihn, 1879 ein zweites. Danach traute sich der scheinbar allmächtige Autokrat und Zar aller Reußen nicht mehr in die Öffentlichkeit und vergrub sich in seinem Winterpalais zu St. Petersburg. Als er sich 1881 endlich wieder auf die Straße hinauswagte, zerriß ihn prompt eine Bombe sozialrevolutionärer Attentäter – so gut waren sie informiert, bis in den Zarenpalast hinein. Pogrome gegen die Juden zur Ablenkung von den inneren Spannungen trieben noch mehr junge Juden in die Reihen der Revolutionäre.

Auch langfristig scheiterte der liberale Reformzar. Mit seinen Reformen öffnete er selbst der Dialektik von Industrialisierung und Revolution Tür und Tor: Der Übergang zur Industrialisierung von oben zur Stärkung der angeschlagenen Großmacht und Autokratie glich einem Ritt auf dem Tiger: Schweren Niederlagen nach außen (1904/05, 1914–17) folgten Revolutionen nach innen (1905/06, 1917). In der Scheinstabilität eines sich punktuell liberalisierenden Rußland hingen die Reformen in der Luft, nur gebunden an die Person des Zaren: Nach der Ermordung seines liberalen Vaters machte Alexander III. zwar die Reformen nicht rückgängig, steuerte aber einen reaktionären Kurs, der weitere Revolutionäre im Untergrund heranzog.

Gegen Rußlands Selbstisolierung vom mehr oder weniger dämonisierten Westen bahnte die Dialektik von Industrialisierung, Expansion nach außen und Revolution im Innern den Untergang des zarischen Ancien régime an: Nach traditionellem Muster setzte das Zarenreich die 1856 auf dem Balkan steckengebliebene Expansion mit seinem kompensatorischen Drang nach Zentralasien und Fernost fort, symbolisiert in der Gründung Wladiwostoks („Beherrsche den Osten", 1860), und vollendete die Eroberung des Kaukasus einschließlich Tschetscheniens. Gleichzeitig engagierten sich „Slawische Komitees" ab 1857 für die Serben mit einem handgreiflichen Panslawismus, der später auch das offizielle Rußland auf dem Balkan eingreifen ließ, wie seit Alexander I., der 1804 den Serbischen Aufstand unterstützte.

Mit Hilfe für Serbien sowie dem Drängen nach weiterer Expansion, jetzt im Zeitalter des Imperialismus, bereiteten die Panslawisten selbst entscheidende Bedingungen zum Untergang des Zarismus: Der russisch-japanische Krieg 1904/05 und Rußlands Anteil an der Auslösung des Ersten Weltkrieges gaben durch Niederlagen Initialzündungen zur russischen Revolution in ihren drei Phasen – 1905–07, Februar und Oktober 1917. Im anhebenden Streit zwischen Westlern und Slawophilen sah sich das Zarentum zunehmend zerrieben: Orthodoxie und Autokratie wiesen es auf die Seite der Slawophilen. Die aber drohten am Vorabend des Ersten Weltkriegs mit Umsturz von rechts, sollte der Zar in seiner Pflicht zur Expansion versagen.

Während die große russische Kultur mit bedeutenden Komponisten, Dichtern und Malern den Anschluß an den Westen fand, wurde das Bild vom „Westen" diffuser, aufgespalten zwischen Kultur, Ideologie und Machtpolitik. Schon seit der deutschen Reichsgründung 1871 verwischten sich ideologische Fronten, denn die Panslawisten erkannten rasch, daß das neue Kaiserreich die Gewichte in Europa auch zu Lasten Rußlands verschob: Preußen-Deutschland war mit seinem Eigengewicht nicht mehr der bequeme Klientelstaat wie zuvor das schwache Preußen, nicht mehr Machtvakuum, das zu Expansion gen Westen einlud. Es war zum neuen Machtzentrum emporgeschossen, deklassierte als kontinentale Supermacht mit seinem stürmischen ökonomischen wie demographischen Wachstum das agrarische Rußland. Um sich gegen den mächtig gewordenen Nachbarn Deutschland zu behaupten, fand Rußland seinen machtpolitisch natürlichen Verbündeten in Frankreich, das ebenfalls auf ein Bündnis im Rücken Deutschlands angewiesen war. Ideologische Bauchschmerzen auf beiden Seiten – demokratische Republik und zaristische Autokratie – verzögerten das Bündnis, konnten es aber nicht ernsthaft blockieren. Mit dem französisch-russischen Zweibund (1892/94) gegen den von Deutschland beherrschten Dreibund mit Österreich-Ungarn und Italien (1879/82) spaltete sich für Rußland der „Westen" machtpolitisch auf: Der nächste Westen, Deutschland, wurde zusehends Feind, außen- wie innenpolitisch. Zuletzt fand der Zar Stütze nur noch bei Adligen deutschbaltischer Abstammung, die sozial und politisch isoliert bis verhaßt waren: Ihre Loyalität erschien zweifelhaft in dem Maße, wie sich die Russifizierung von oben verschärfte, da sie als das galten, was später „fünfte Kolonne" hieß – Agenten des Deutschen Reiches. Frankreich und, seit 1907, England waren machtpolitisch willkommen, repräsentierten aber mit ihrer parlamentarischen Demokratie gerade die radikalste Antimaterie zu den von Panslawisten so emphatisch beschworenen altrussischen Werten – Autokratie und Orthodoxie.

Die Rückkehr zur Expansion gegen das Osmanische Reich im 8. russisch-türkischen Krieg (1877/78) auf dem Balkan und im Kaukasus, äußerlich veranlaßt durch Hilfe für das aufständische, vom Osmanischen Reich 1876 schon geschlagene Serbien, eskalierte rasch zur Beinahe-Konfrontation mit England und Österreich-Ungarn, die Bismarck mit dem Berliner Kongreß 1878 noch einmal auflöste, gerade auch um Rußland den revolutionszeugenden großen Krieg zu ersparen. Auch im 8. russisch-türkischen Krieg drohte mit der ersten Attentatswelle russischer Revolutionärer („Nihilisten") wieder die soziale Revolution: 1878 standen russische Truppen vor Konstantinopel, aber sie schwebten in der Gefahr, mit ihren überdehnten Verbindungslinien von einer westlichen kombinierten Landeaktion hinter ihrem Rücken abgeschnitten zu werden, wie einst im Krimkrieg. Rückwärts erhob sich das Gespenst der Revolution, die einer „siegreichen" Armee in den Rücken fallen könnte.[19]

Unter dem doppelten Druck von außen und innen trat Rußland vor der drohenden Westkoalition den Rückzug an, verwischte aber die Spuren seines Scheiterns durch Polemik gegen Deutschland: Bismarck wurde ab 1879 der große Prügelknabe, im berühmten „Ohrfeigenbrief", in dem Alexander II. seinem Oheim Wilhelm I. mit Krieg drohte, sollte Deutschland abermals Rußland so in den Rücken fallen wie auf dem Berliner Kongreß. Dabei hatte Bismarck auf dem Berliner Kongreß tatsächlich alles

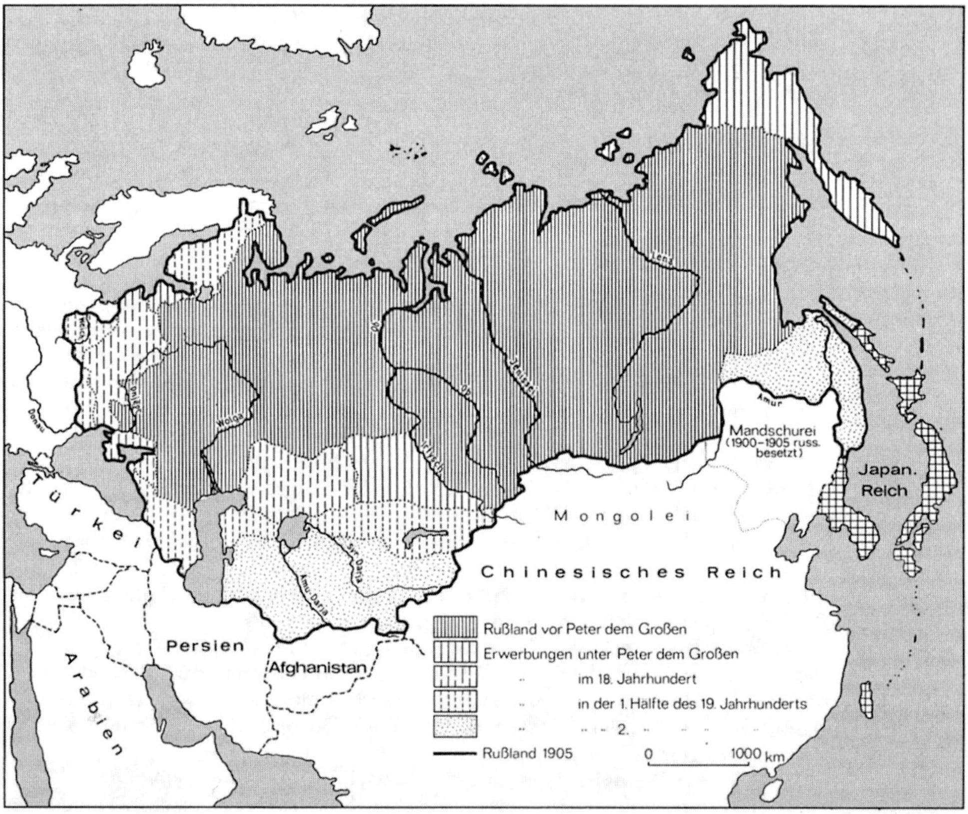

Das Russische Reich

getan, um Rußland einen ehrenvollen Rückzug zu erlauben, ohne sein Gesicht zu verlieren. Deutschlands Reaktion – der Zweibund mit Österreich-Ungarn nur wenige Monate später – bereitete dialektisch den russisch-französischen Zweibund (1892/94) vor.[20]

Zwischen Industrialisierung und Revolution

Mit dem Modernisierungsschock unter Alexander II. überschritt Rußland die Schwelle zur revolutionären Situation, die schon Tocqueville für das französische Ancien régime vor 1789 umschrieben hatte: Was auch immer die Regierung tat (oder nicht tat), so arbeitete sie der Revolution in die Hände. Bismarck, während der Bauernemanzipation preußischer Gesandter am Zarenhof, erfaßte 1861 scharfsichtig den Zusammenhang von Krieg und sozialer wie panslawistischer Revolution hinter der Fassade der scheinbar unerschütterten Autokratie: Ein verlorenener Krieg würde die nächste große Revolution in Rußland ausbrechen lassen.

Die Entwicklung zur Revolution liest sich wie aus einem Handbuch des Marxismus: Zwar blieb Rußland überwältigend agrarisch, aber die wenigen Inseln im Durchbruch zur Industrialisierung erzielten schon ausschlaggebende soziale und politische Veränderungen.[21] Finanzierung der Industrialisierung erfolgte, wie üblich, aus externen wie internen Quellen der „ursprünglichen Akkumulation“ von Kapital – durch Anleihen aus dem Westen, anfangs vermittelt von Deutschland, und Abschöpfen von Gewinnen aus der Landwirtschaft. Da aus strukturellen Gründen ihre Rationalisierung unterblieb, ließ sich „Mehrwert“ nur mit der Schere von niedrigen Agrarpreisen und hohen Preisen für Industriegüter herausschneiden. Dazu mußten Exporterlöse der Landwirtschaft die Industrialisierung mitfinanzieren, auch bei Mißernten, so daß in Rußlands Kornkammer 1892–94 Hungersnot wütete. Forcierter Getreideexport nach Westen trieb wirtschaftlich in die Entfremdung zu Deutschland, das mit Getreidezöllen ab 1879 seine Landwirtschaft schützte. Ein Zoll- und Handelskrieg des Reiches gegen Rußland wurde Vorbote und Wegbereiter zum richtigen, „heißen“ Krieg, der die Revolution förderte. Zugleich trieb Graf Witte als Verkehrs- und Finanzminister (1892–1903) die (für die Revolution unentbehrliche) Industrialisierung voran, symbolisiert im Bau der Transsibirischen Eisenbahn (1891–1905) und Übergang zur Goldwährung für den Rubel (1897). Parallel zur frei konvertierbaren Währung herrschte Freizügigkeit nach außen: Wer genügend Geld hatte, konnte ungehindert ins Ausland reisen, selbst ein Berufsrevolutionär wie Lenin.

Träger der russischen Doppelrevolution waren Panslawisten „rechts“ und sozialrevolutionäre Kräfte „links“ – Anarchisten, Narodniki (Volkstümler), Sozialrevolutionäre, Sozialdemokraten, zuletzt Bolschewiki, die alle anderen aufsogen, beerbten und zerschlugen. Panslawisten und Slawophile hatten ihre soziale Basis in Teilen des Bürgertums, vor allem in altrussischen Kreisen der früheren Haupt- und noch immer Krönungsstadt Moskau um den einflußreichen Publizisten Michael Katkow (1818–1887), und in der Generalität. Nach innen waren sie überwiegend antisemitisch, nach außen Exponenten des russischen Imperialismus (Dok. Nr. 15). Dagegen hatte die russische Linke ein breiteres Einzugsfeld. Sie rekrutierte sich aus der Ober- wie der entstehenden Mittelschicht. Ihr klassischer Typ waren Angehörige der Intelligenzija mit moderner Bildung, oft aus dem jüdischen Kleinbürgertum, aber auch aus Adel und wohlhabendem Bürgertum. Als Kinder ihrer eigenen Klasse erhielten sie für oppositionelle Aktionen, von Vorlesungsstreiks bis zu Terrorakten, Beifall aus oberen Schichten.[22]

Während die Autokratie Reformen zur Stärkung ihrer eigenen Macht betrieb, ließ sie keine modernen politischen Organisationen zu und verwies die linke Opposition in den Untergrund, auf Verschwörung und „*action directe*“ = Terror. Als Produkte punktueller Verwestlichung und der Autokratie reduzierte sich ihr Programm auf Sturz der Autokratie und Erringung der Macht von unten zur Industrialisierung von oben. Nachdem Narodniki mit ihrem sozialromantischen „Zug ins Volk“ unter die Bauern (1874) gescheitert waren, beendeten Terrorakte der „Zemlja i Wolja“ im 8. russisch-türkischen Krieg 1877/78 und die Ermordung Alexanders II. (1881) die Reformära mit dem konsistent reaktionären Alexander III. (1881–1894). Antisemitische Progrome nach der Ermordung Alexanders II., die von der Modernisierungskrise ablenken sollten (gemäß der Parole des Innenministers Plewhe – „die Revolution in Blut ersäufen“), verschärften die innerjüdische Debatte um Ziel und Strategie: Gegen unpolitische Auswanderung, wie sie der Zionismus als nationaljüdische Option propagierte, betrieben jüdische Revolutionäre mit eigenen Organisationen, vor allem dem „Bund“, und in revolutionären Parteien des Untergrunds den Sturz des Zarismus, weil Sozialismus durch Gleichheit alle nationalen Fragen beantworten würde, auch die jüdische.

In das ideologische Vakuum strömte aus dem Westen der Marxismus als neueste Modernisierungsideologie, denn er setzte entschlossen auf die Industrielle Revolution, der dialektisch das städtische Industrieproletariat als Massenbasis für die Intelligenzija-Revolution entwachsen würde. Die Gründung der Sozialdemokratischen Partei (1898) fiel nicht zufällig in Rußlands erste industrielle Hochkonjunktur seit den frühen 1890er Jahren. Industriearbeiter, in erster Generation vom Land kommend, vereinigten den stets lauernden Agraranarchismus mit moderner Politisierung und disziplinierter Organisierung durch den radikalsten Flügel der Intelligenzija. Zuletzt agitierten und agierten die Bolschewiki im Namen des Proletariats und der Demokratie, mit der einzigen Methode, die sie im autokratischen Rußland lernen konnten – Gewalt. Schon die Gründung der russischen Sozialdemokratie nach westlichem Muster zerschlug das Ancien régime sofort. Lenin zog aus der Unmöglichkeit einer legalen Massenpartei die logische Folge: Er schuf seine revolutionäre „Partei des neuen Typs" als Kaderpartei von Berufsrevolutionären in Untergrund und Exil. Aus einer Zufallsentscheidung auf dem Londoner Parteitag 1903 beanspruchte die Lenin-Gruppe als „Bolschewiki" („Mehrheitler") die Führung in der sozialistischen Bewegung und verschärfte die revolutionäre Gärung.

Krieg und Revolution II: Russisch-Japanischer Krieg 1904/05 und 1. Russische Revolution, 1905/06

Die nächste große Kriegsdrohung, die Doppelkrise um Afghanistan und Bulgarien (1885–87), überstand Rußland glimpflich, mußte aber das auf dem Berliner Kongreß 1878 scheinbar gewonnene Bulgarien abschreiben – zugunsten Deutschlands, obwohl Bismarck, aus Rücksicht auf russische Empfindlichkeiten, Bulgarien unter dem deutschen Fürsten Battenberg gar nicht haben wollte. Danach griff das in der Bauernemanzipation enthaltene Industrialisierungsprogramm erstmals in der großen Durchbruchskonjunktur, symbolisiert und angetrieben von Witte als Verkehrs- und Finanzminister. Nach Auslaufen der Hochkonjunktur um 1900 bereitete sich das zarische Ancien régime unter dem Druck der inneren Gärung mit seiner imperialistischen Expansion im Fernen Osten – Nordchina, Mandschurei, Korea – selbst die nächste Großkrise. Von nun an trat der enge sachliche wie zeitliche Zusammenhang von Niederlagen im Krieg und Revolution offen zutage, den die Flucht in Reformen (1861) und rechtzeitigen Friedensschluß 1878 verschleiert hatten. Inzwischen erzeugte die anlaufende Industrialisierung einen internen Reformdruck, mit noch heute gültigen Argumenten (Dok. Nr. 14).

Die 1. russische Revolution begann 1905 unter dem Druck militärischer Niederlagen, noch im altrussischen Stil, als Bittprozession zargläubiger Massen vor dem Winterpalais in St. Petersburg. Als der Zar sie von seinen Kosaken zerschlagen ließ, zerschnitt er selbst das emotionale Band zwischen sich und den Massen, setzte er sie eigenhändig für die Revolution frei. Zu Recht beginnt Pasternaks „Doktor Schiwago" mit diesem Ereignis, das den Zarismus von innen tötete, bevor er offiziell im Februar/März 1917 endete. Die Revolution brach in der für Europa seit 1848 charakteristischen Doppelform durch – als soziale und nationale Revolution, vor allem bei nichtrussischen Völkern des Zarenreichs. Mit den Sowjets (Räten) von Arbeitern führte sie ein neues stilprägendes Organisationsmodell von unten ein, beherrscht von der Intelligenzija, die sich auf verschiedene Fraktionen aufteilte, ohne jedoch schon im ersten Anlauf die Macht erringen zu können.

Daher wirkte die Revolution von 1905/06 wie eine Generalprobe für 1917. Rußland sank fast zum Machtvakuum herab, zur „*grande impotenza*" (großen Ohnmacht), wie der italienische Außenminister noch 1912 spotten konnte.[23]

Jetzt wurde die Kehrseite imperialer Expansion und Russifizierung sichtbar: Unterworfene Fremdvölker erhielten durch die Niederlage nach außen und Lähmung der autokratischen Zentralgewalt nach innen Freiraum zum Aufbegehren, vor allem im Westen die lateinisch geprägten Polen. Die Letten kombinierten die soziale und nationale Revolution auf ihre Weise: Sie radikalisierten sich zur stärksten bolschewistischen Partei, aber gegen die sie sozial dominierenden baltendeutschen Barone, deren Güter sie 1905 massenhaft anzündeten. Finnland, das 1899 mit der Russifizierung und Zentralisierung seine Autonomie verloren hatte, wurde wieder autonomes Großherzogtum. Die Revolution schuf in Deutschland, vor allem durch emigrierte Baltendeutsche, das Bild vom russischen „Koloß auf tönernen Füßen". Aus ihm erwuchs 1914 die Strategie der doppelten Revolutionierung Rußlands, der sozialen wie der nationalen.[24] In der Tat zeigten sich 1905 innere Bruchstellen, an denen das *Imperium Sovieticum* 1991 zerbrach.

Der Rückgriff auf die Duma, seit 1906 als modernes Parlament zur Dämpfung der revolutionären Situation gerade auch von Industriellen empfohlen (Dok. Nr. 14), beschleunigte die innere Erosion, an der das Zarentum mit der nächsten Revolution zugrunde ging: Faktisch führte Nikolaus II., wenn auch unter Zwang, die Reformpolitik seines liberalen Großvaters Alexanders II. fort, jetzt sogar übertragen auf die Staatsordnung. Der von westlichen Liberalen polemisch so genannte „Scheinkonstitutionalismus" (Max Weber) lief auf eine (eingeschränkte) konstitutionelle Monarchie hinaus. Dennoch hielt der Zar bis zuletzt theoretisch an der Autokratie fest, auch als sie durch Regierung und Parlament schon längst nur noch Fiktion war.[25]

Über konstitutionelle Flickschusterei unter dem Druck der Revolution hinaus riskierte Pjotr Stolypin den letzten Versuch, das zaristische Ancien régime durch Reformen von oben zu retten.[26] Als Innenminister und Ministerpräsident (1906–11) wollte er mit den konstitutionellen Neuerungen regieren, gleichzeitig aber eine zentrale Konsequenz der Bauernemanzipation von 1861 nachholen: das Schaffen freien bäuerlichen Eigentums wie im Westen. Stolypins Agrarreform sollte dem Zarentum eine solide gesellschaftliche Basis durch frei wirtschaftende Mittelbauern schaffen. Dazu mußten sie aus dem Dorfkollektiv der Mir heraustreten, die mit Umverteilung auf dörflicher Ebene an romantisierte altslawische Elemente anknüpfte. Versuche zur Individualisierung gelangen aber nur vereinzelt, scheiterten insgesamt schon gegen Ende von Stolypins Amtsführung am Widerstand von unten und oben: Die neuen Einzelbauern riefen den Haß der im Mir Zurückgebliebenen hervor, als „Volksfeinde" und „Kulaken". Von oben intrigierten reaktionäre Guts- und Hofkreise gegen den Modernisierer, so daß Stolypin zuletzt den einzigen Rückhalt beim ohnehin persönlich schwachen Nikolaus II. verlor. Stolypins Ermordung durch sozialrevolutionäre Terroristen besiegelte sein Scheitern. Seine Nachfolger verwalteten nur noch die Agonie des Zarenreichs, das unreformiert in den Ersten Weltkrieg trieb. Dennoch entfaltete sich im „Scheinkonstitutionalismus" ein Spektrum politischer Parteien. Ihre Mehrheit, beginnend mit den liberalen „Kadetten", drängte auf Ausdehnung der Rechte für das Parlament, also auf parlamentarische Mitverantwortung in einem vollkonstitutionellen System.

Krieg und Revolution III: Erster Weltkrieg und Oktoberrevolution, 1914–1917
Der Erste Weltkrieg trieb die Widersprüche bis zur „Geburt der Revolution aus dem Krieg" (Lenin). Die Kriegsbegeisterung des „August 1914" (Solschenizyn) konnte auf Dauer innere Abgründe nicht übertünchen, über die Nikolaus II. seine Flucht nach vorn antrat, denn nun traf Bismarcks Prognose seit 1861 ein: Rechts lauerte der Umsturz der nationalistisch-panslawistischen Reaktion (Dok. Nr. 15), sollte der Zar vor Deutschland abermals kneifen wie 1909 am Ende der bosnischen Annexionskrise. Links lauerte die Sozialrevolution, sollte Rußland den Krieg verlieren oder würden seine Belastungen unerträglich. In Zürich rüstete Lenin zur Revolution gegen den „Imperialismus als höchstes Stadium des Kapitalismus" (1916). In Berlin mobilisierte die kaiserliche Regierung die soziale wie nationale Revolution, um den „Koloß auf tönernen Füßen" kostengünstig zu stürzen.[27] Im Schwanken zwischen militärischen Offensiven, Suche nach Sonderfrieden und Revolutionierung nutzten die Deutschen Bruchstellen des Zarenreiches kaltblütig aus. Jede Niederlage wurde ein Nagel zum Sarg des Zarismus, zumal Lenin seine Partei aus der Ferne von Kopf bis Fuß auf revolutionären Defätismus einstellte: Je schlimmer für Rußland, desto besser für die Revolution. In konzertierter Aktion erreichte das Duo Lenin–Ludendorff sein Ziel, mit dem „plombierten" Eisenbahnwaggon, der als Vehikel der Revolution Lenin aus dem Schweizer Exil ins Zarenreich brachte.

Zuvor bereitete die Spannung zwischen Autokratie und westlicher Demokratie, mit der Rußland verbündet war, die letzten Etappen zur Revolution selbst vor: Das chronisch rückständige Rußland konnte auf Dauer keinen industrialisierten Massenkrieg bestehen, schon gar nicht gegen das hochindustrialisierte Deutschland. Die Lieferung alliierten Kriegsmaterials blockierten Kruppkanonen unter osmanischer Fahne an den Meerengen gegen kombinierte See- und Landstreitkräfte der Alliierten bei Gallipoli (1915/16). Rußland blieb von alliierten Zufuhren abgeschnitten. Zwar wollte die liberale Dumamehrheit Verantwortung für die Organisierung von Wirtschaft und Gesellschaft im Krieg übernehmen, aber die Autokratie verhinderte jede Mitarbeit von unten, so daß sich am Ende niemand für das Ancien régime verantwortlich fühlte. Versorgungsengpässe, Desorganisation und im Krieg übliche Reibungsverluste steigerten sich zu Hungersnöten in den Städten, vor allem für das Industrieproletariat. Durch ihre politische Obstruktion von oben gab sich die zaristische Autokratie selbst den Todesstoß von unten: Die Februarrevolution begann Anfang März 1917 mit Hungerrevolten aufgebrachter Hausfrauen in Petrograd und endete rasch im Sturz der Monarchie, weil niemand mehr bereit war, sie zu verteidigen. Ein Komitee der Duma brauchte nur noch die Macht von der Straße aufzulesen, die der Zar mit seiner Abdankung dort deponiert hatte.

Auch das Schicksal der kurzlebigen I. Russischen Republik entschied der Erste Weltkrieg: Von vornherein stand die Provisorische Regierung des Fürsten Lwow in der Aporie zwischen demokratischer Grundhaltung und Fortsetzung des Krieges mit den Alliierten gegen Deutschland und die Mittelmächte (Dok. Nr. 16). Beide Positionen bedingten sich gegenseitig, untergruben aber das Ansehen der Regierung bei den Volksmassen, die am stärksten unter dem Krieg litten. Dem innerrussischen Chaos nach Untergang des zaristischen Ancien régime versuchte die Provisorische Regierung durch Reformen nach westlichem Muster gegenzusteuern. Nach Peter dem Großen und Alexander II. kamen sie einem dritten Modernisierungsschock gleich, aber erstmals als Aufforderung zur Selbstorganisierung von unten von der neuen Spitze des Staates, also doch wieder von oben, von der dünnen Schicht großstädtischer Liberaler, vor allem in der Noch-Hauptstadt Petrograd. Wirklich umgesetzt, hätten die Reformen den punktuellen Anschluß an den demokratischen Westen vorangetrieben.

Jedoch blieb der 1. Republik nicht genügend Zeit, im revolutionären Chaos moderne Strukturen zu errichten oder zu stärken. Nach der Oktoberrevolution zerschlugen die Bolschewiki alle Reformansätze seit Alexander II., weil den Liberalen und gemäßigten Sozialisten, wie dem Reformzaren, die Basis in der Gesellschaft fehlte. Schon die Februarrevolution hatte das politische Spektrum dramatisch nach links verschoben: Konstitutionelle Monarchisten („Kadetten"), die in der liberalen Dumamehrheit am weitesten links standen, rückten plötzlich auf den rechten Flügel, während eine neue Linke zur Macht drängte, die sich auf die notleidenden Massen berief. Sie kam teils aus dem revolutionären Untergrund, teils aus dem Exil.

Mangels gesellschaftlicher Masse lief der Appell der Provisorischen Regierung zur Mobilisierung gesellschaftlicher Kräfte ins Leere und begünstigte statt dessen die entschlossensten Revolutionäre um die Bolschewiki. Anfangs waren sie zwar ratlos und gespalten, aber Lenins Rückkehr nach Rußland im April 1917 gab ihnen neue innere Geschlossenheit und Dynamik: Erringung der Macht durch gnadenlose Ausbeutung des Dilemmas der Provisorischen Regierung zwischen weitergehendem Krieg und Verschärfung der Revolution wurde Hauptziel. Mindestens 20 Millionen Goldmark, die der Partei aus dem kaiserlichen Deutschland über getarnte Kanäle zuflossen, ermöglichten eine massive Propaganda, der die übrigen Parteien nichts entgegenzusetzen hatten, und den Aufbau eines Militärapparats, vor allem die Finanzierung der Lettenregimenter, die anfänglichen Widerstand in Petrograd sofort zerschlugen.[28]

Die Doppelherrschaft von Sowjets und Provisorischer Regierung nutzten die Bolschewiki, um sich lokale Machtzellen zu schaffen, vor allem in den Zentren der Industrialisierung. Die Ersetzung der Regierung Lwow durch den gemäßigten Sozialisten Alexander Kerenski kam einer letzten verzweifelten Flucht nach vorn gleich, da Kerenski versprach, mit einer großen Kraftanstrengung durch einen Sieg über die Mittelmächte auch geographisch den Anschluß an die Westmächte zu forcieren. Nach Anfangserfolgen der zweiten Brussilow-Offensive im Sommer 1917 leitete ihr Scheitern den Kollaps der Regierung Kerenski ein: Ein erster Putschversuch der Bolschewiki im Juli 1917, auf dem Höhepunkt der Siegeserwartungen, scheiterte und zwang Lenin zur Flucht ins nahe gelegene autonome Finnland. Doch im Kater nach dem Kollaps der letzten Offensive verhalf das konfuse Intermezzo des sog. Kornilow-Putsches[29] den Bolschewiki zur Ausgangsposition für ihren Militärputsch, den Trotzki generalstabsmäßig vorbereitete. Am 7. November 1917 schlug das Militärkomitee der Bolschewiki mit Hilfe von Regimentern, die sie politisch auf ihre Seite gezogen hatten, zu und stürzte die Provisorische Regierung – ohne großen Widerstand.

III. Sowjetzeit bis Gorbatschow, 1917–1985

Mit der Oktoberrevolution ergriffen die Bolschewiki die Macht im Namen der Sowjets („Alle Macht den Räten"), schoben sie aber sofort zur Seite, um mit der „Diktatur des Proletariats" ihre totalitäre Parteiherrschaft zu errichten. Da sie ihr eigenes System nach den mißbrauchten Sowjets nannten, ging ihre Machtausübung in die Geschichte als Sowjetherrschaft ein.[30] Formal läßt sich die Sowjetzeit in zwei ungleich lange Perioden unterteilen – Sowjetrußland (1917–22) und Sowjetunion (1922–91). Inhaltlich aber drängt sich seit 1991 eine Periodisierung auf, die sich weniger an großen Führern orientiert als an Strukturelementen ihres Aufstiegs und Niedergangs, in fünf Perioden: 1. Das revolutionäre Machtvakuum stieg zum neuen Machtzentrum auf (1917–39), 2. in und nach dem Zweiten Weltkrieg zur neuen Weltmacht (1939–79). 3. Krisen im westlichen Satellitenbereich seit Stalins Tod (seit 1953) bereiteten 4. mit dem Afghanistankrieg (1979–88) die Agonie vor, die 5. Gorbatschows Reformversuche (1985–91) offenmachten.

1. Vom revolutionären Machtvakuum zum neuen Machtzentrum, 1917–1939

Revolution, Bürgerkrieg und Interventionskriege markieren die wirren Anfänge einer zweiten „Smuta", abgelöst durch eine Konsolidierung dank Neuer Ökonomischer Politik (NEP), noch unter Lenin. Stalin beendete sie durch forcierte Industrialisierung und Kollektivierung der Landwirtschaft, verbunden mit Terror. Gleichwohl gelang die außenpolitische Absicherung eines gigantischen Sozialexperiments, zuletzt im Zusammenspiel mit Hitler-Deutschland bei Entfesselung des Zweiten Weltkriegs.

Die Oktoberrevolution 1917 bleibt eines der großen Daten der jüngsten Neuzeit, zumal Kommunisten sie in geradezu metaphysische Höhen erhoben: Die Weltrevolution sollte der isolierten russischen Revolution erst den eigentlichen welthistorischen Sinn geben. Jedoch vermengten sich, nach dem kurzen süß-bitteren Rausch vermeintlicher Freiheit, im „roten Oktober 1917" traditionelle Elemente russischer Autokratie mit modernem Republikanismus zur Diktatur des Proletariats. Siegestrunkene Revolutionäre glaubten, im Namen des Proletariats alles zu dürfen. Ihre Herrschaft übten sie eher „kollektiv" unter Lenin aus, tyrannisch-despotisch unter Stalin, zuletzt oligarchisch erstarrt unter wechselnden Generalsekretären der Partei. So enstand das erste totalitäre System, nach außen das *Imperium Sovieticum* mit üblichen Formen abgestufter Machtausübung – direkt in der UdSSR, nach 1945 indirekt über Satellitenstaaten. Hinzu traten orthodox-slawische Welterlösungsträume des „Dritten Rom" und säkularisierte messianisch-apokalyptisch-chiliastische Vorstellungen aus dem armenisch-byzantinischen Osten, die nach 1000 als Ketzerei (von griech.: Katharoi = die Reinen) und Sekten in den Westen gefiltert waren[31]. Um 1900 waren sie mit ihren Sozialutopien als „Vorläufer des neueren Sozialismus"[32] in die apostolische Sukzession sozialistisch-kommunistischer Hagiographie eingegangen. Der „erste sozialistische Staat" auf dem „Sechstel der Erde" würde die Geschichte erfüllen, im hegelschen Sinne aufheben: Kommunismus wäre irreversibel.

Allmählich entpuppte sich der angeblich grundsätzliche Bruch mit der Vergangenheit als eine jener Zäsuren, die, so tief sie auch einschneiden mochten, doch wieder auf das Urgestein älterer Traditionen und Kontinuitäten stoßen. Obwohl Kommunisten so taten, als könnten sie aus der Geschichte herausspringen, blieben auch sie langfristigen Kontinuitäten und dem West-Ost-Kulturgefälle verhaftet. So geriet die Sowjetperiode zum nächsten, noch verzweifelteren Versuch, Rußlands Rückständigkeitscrux zu zerbrechen, sich mit einem säkularen Kraftakt an die Spitze des Fortschritts durch Industrialisierung auf damals höchstem technischem Niveau zu setzen. „Kommunismus = Sowjetherrschaft + Elektrifizierung des Landes“ würde nach Lenins Zauberformel die „Produktivkräfte“ noch rascher und effizienter entwickeln als der Kapitalismus, um das Tor zum selbstgemachten Paradies der Werktätigen auf Erden aufzustoßen. Der Lohn für die Entbehrungen würde immer gerade um die Ecke liegen. Dennoch kam das Sowjetsystem nie ans Ziel, weil es dem magischen Quadrat von West–Ost, Tradition–Moderne nicht entrinnen konnte. Sein Ende – im eigenen Selbstverständnis, dem auch Parteigänger im Westen aufsaßen, undenkbar – lenkt, nachdem es nun doch eingetreten ist, die Aufmerksamkeit verstärkt auf Faktoren, die seinen Zusammenbruch herbeiführten.

Oktoberrevolution: Land, Friede, Weltrevolution

Zunächst mußte sich die erste Sowjetregierung Lenins, formal eine Koalition aus Bolschewiki und linken Sozialrevolutionären, den brennendsten Realitäten stellen. Wollte sie sich behaupten und ihre Macht festigen, brauchte sie rasche Erfolge. Erste Dekrete spiegeln politische Prioritäten wider – nach innen Land, nach außen Friede. Ausstieg aus dem Weltkrieg und Übergabe des Landes an die Bauern, um sich auch bei ihnen eine Machtbasis zu verschaffen, waren erste Nahziele. Die Aussicht auf eigenen Boden setzte die Bauernsoldaten in Bewegung – nach Hause zur Landverteilung. Ihre „Abstimmung mit den Füßen“ (Lenin) löste die alte Armee endgültig auf.

Komplizierter war die Lage nach außen: Da seinen Friedensappell nur die Mittelmächte positiv beantworteten, eröffnete Lenin allein mit ihnen Waffenstillstandsverhandlungen, auf die Gefahr, seinen Ruf als deutscher Agent zu festigen. Die Verhandlungen von Brest-Litowsk nutzte er als Tribüne zum Appell an die kriegsmüden Völker, wogegen der US-Präsident Wilson im Januar 1918 seine „Vierzehn Punkte“ als Grundlage eines demokratischen Friedens setzte. Der Friedensvertrag von Brest-Litowsk warf Sowjetrußland territorial auf das vorpetrinische Rußland zurück.[33] Zugleich meldeten sich, wie 1905, mit dem Sieg der sozialen Revolution auch die Nationalitäten zu Wort.

Erneut stellte sich die Frage nach dem Verhältnis zum Westen: Lenin sah klar, daß er, entgegen allen Regeln des Marxismus, an der Spitze einer agarisch rückständigen Großmacht stand, daß sich seine Revolution isoliert nicht halten könnte. Die demokratischen Westmächte waren, wie seit 1789, wieder strukturelle Feinde, der nahe Westen, Deutschland und Österreich-Ungarn, taktische Verbündete, die am besten durch eigene Revolutionen nach sowjetischem Vorbild das Vorpreschen der Revolution absichern könnten. Dazu mußte jedoch auch dort erst die Dialektik von Krieg, Niederlage und Revolution durchschlagen. Daher setzte Lenin auf die Weltrevolution, zunächst über Deutschland, wo nach marxistischen Erwartungen die proletarische Revolution zuerst hätte ausbrechen sollen. Insgesamt konnte Lenins voluntaristischer Zwangsakt das russische Grunddilemma nicht überspringen: Sowjetrußland blieb auf den Westen angewiesen. Erst wollte es das kompakt industrialisierte Deutschland mit seiner durchorganisierten Sozialdemokratie der Weltrevolution anschließen, gemäß der später von Stalin oft beschworenen Formel – Rußland und Deutschland vereint wären unbesiegbar. Nachdem die Weltrevolution in Berlin 1919 und vor Warschau 1920 stockte, holte sich Lenin nach altbewährtem Muster Ingenieure und Techniker aus dem Westen als Entwicklungshelfer.

Bürgerkrieg und Diktatur des Proletariats, 1917–1922

Ohne zivile und militärische „Experten", Beamte und Offiziere des zaristischen alten Regimes hätte sich die Sowjetrepublik nicht halten können. Vor allem adlige Offiziere dienten der Roten Armee aus verletztem Patriotismus, weil für sie die Bolschewiki die einzige politische Kraft waren, die Rußland zu alter imperialer Größe in den Kreis der Großmächte zurückführen könnte. Trotz ihrer prekären Situation entfesselten die Bolschewiki mit dem „roten Terror" den Bürgerkrieg gegen alle bürgerliche und adlige Elemente, die sich nicht rückhaltlos in ihren Dienst stellten.

Den ersten Krieg zur „Liquidierung" (= Vernichtung) ganzer Klassen, des Adels und der „Bourgeoisie" führten die Bolschewiki durch eine neue Geheimpolizei mit wechselnden Namen (Tscheka, GPU, NKWD, KGB) (Dok. Nr. 18). Ihre Massenmorde mit der Spezialität des Genickschusses gaben dem Bürgerkrieg, bisher in allen großen Revolutionen üblich, eine zusätzliche Schärfe, die weit über Rußland hinauswirkte. Berichte über Greuel des roten Terrors gegen den weißen Terror fanden ihren stärksten Widerhall in Deutschland, das noch mitten in seiner Kollaps-Revolution nach Verlust des Ersten Weltkriegs steckte.[34] Gegen die KPD, die den Anschluß an die Sowjetunion erzwingen wollte, erleichterte der Verweis auf den roten Terror in der Agonie der Weimarer Republik die Machtergreifung des rechtstotalitären Nationalsozialismus, der natürlich hinlänglich spezifisch deutsche Voraussetzungen zu seinem Sieg 1933 hatte.

Über weltanschaulich übersteigerte Grausamkeiten des Russischen Bürgerkriegs hinaus zeichneten sich im „Kriegskommunismus" Umrisse des linkstotalitären Systems ab: Zwangsrekrutierung in die Rote Armee, Massaker in Land und Stadt, Verfolgung der orthodoxen Kirche, Terror und Folterungen, Konzentrationslager, Zwangsdeportationen. Im Kampf ums Überleben mochte Propaganda dem Kriegskommunismus als revolutionäre Notstandsmaßnahme Plausibilität verleihen. Aber seine Grundzüge hielten sich auch danach – totale Diktatur der Partei.

Hauptträger des russischen Bürgerkrieges auf der Gegenseite waren die „Weißen", militärisch zusammengefaßt in mehreren Armeen, die aber unkoordiniert operierten. Abgesehen von persönlichen Rivalitäten, vertraten ihre Anführer unterschiedliche Nuancen gegenrevolutionärer Positionen, ohne konstruktive Alternative zum Bolschewismus[35]. Ihr „weißer Terror" entlud sich mörderisch in Pogromen gegen Juden, die in der Roten Armee verboten waren und vereinzelt nur gegen offizielle Befehle vorkamen.

Bis 1920 war der Bürgerkrieg mit dem Sieg der Roten Armee durch Rückeroberung von Randgebieten des Zarenreiches beendet, die das Versprechen der Lenin-Regierung wörtlich genommen hatten, alle nichtrussischen Völker hätten das Recht auf Unabhängigkeit (Dok. Nr. 17). Autonome oder selbständige Republiken außerhalb Kernrußlands walzte die Rote Armee nieder und erzwang eine neue Welle der Russifizierung. Nur die Sezession des ohnehin autonomen Finnland, das gegen eine starke finnische KP in einem blutigen Bürgerkrieg (mit deutscher militärischer Unterstützung) seine Unabhängigkeit behauptete, nahmen die Bolschewiki hin. Die Unabhängigkeit der baltischen Staaten Estland, Lettland und Litauen kassierte Stalin 1939/40. Das Selbstbestimmungsrecht der Völker, mit dem die Sowjets seit Lenin 1917/18 in Konkurrenz zu Wilson und den USA traten (Dok. Nr. 17), blieb im eigenen Machtbereich Makulatur, revolutionäre Camouflage des Sowjetimperialismus zur Propagierung der Weltrevolution.

Die Interventionskriege, 1918–20: Polen und die Weltrevolution

Das riesige Machtvakuum zog die üblichen Interventionen an. Die Interventionskriege der Westmächte und Japans sowie der Krieg des neuen Polen gegen Sowjetrußland verliefen, ähnlich wie die Aktionen der „weißen" Bürgerkriegsarmeen, weitgehend unkoordiniert, mit unterschiedlichen Zielen: England, Frankreich und die USA wollten zunächst Kriegsmaterialien, die sie Rußland über Murmansk zur Fortführung des Krieges gegen Deutschland geliefert hatten, vor deutschem Zugriff sichern. Rumänien und Polen im Westen, Japan im Osten verfolgten Expansionspläne auf Kosten Rußlands, Japan nur angelockt von der Chance zur Durchdringung Sibiriens[36]. Insgesamt verschärften die Interventionskriege die schwere Bedrängnis des Sowjetstaates und das traditionelle Mißtrauen gegen das Ausland.

Einen tiefen Stachel hinterließ der polnisch-sowjetische Krieg 1920[37]: Der polnische Sozialist Piłsudski wollte die revolutionären Wirren zur Osterweiterung nutzen, um mit einer weitgespannten Konföderation die Grenzen Polens von 1772 wiederherzustellen. Da die ukrainischen Bauern die Rückkehr der verhaßten polnischen Gutsbesitzer fürchteten, fand Piłsudski bei ihnen keine soziale Basis. Nach der Besetzung Kiews 1920 mußte sich die polnische Armee fluchtartig wieder zurückziehen. Im Nachstoßen gaben die Sowjetführer ihr eigentliches Ziel preis: „Auf nach Berlin!" war, wie im August 1914, die Parole der Roten Armee auf ihrem Sturm nach Westen. Das Traumziel der Weltrevolution – Eroberung Deutschlands – schien zum Greifen nahe (zuletzt 1923, Dok. Nr. 20), zumal kommunistische Streiks im Westen gegen Waffen- und Munitionslieferungen für das bedrängte Polen unter der Parole „*Hands off Russia!*" den Sowjets halfen.

Dennoch bewahrte Polen im „Wunder an der Weichsel" Mitteleuropa vor der Sowjetisierung, strategisch unterstützt durch Zerwürfnisse zwischen Stalin (als Politkommissar der Südfront) und Tuchatschewski, dem strahlenden Helden der Roten Armee. Den Abschluß des Krieges brachte 1921 der Friede von Riga mit einer Kompromißlinie, ungefähr in der Mitte zwischen der von Polen angestrebten Grenze von 1772 und der von Sowjetrußland geforderten „Curzon-Linie", die der englische Außenminister Lord Curzon 1919 in Versailles als ethnische Grenze vorgeschlagen hatte. Polens Intervention aber lud den traditionellen Haß der Russen gegen die slawischen „Verräter" neu auf. Der Massenmord an polnischen Offizieren bei Katyn 1940 und die Passivität der Roten Armee im August 1944 gegenüber dem Warschauer Aufstand wirken wie Stalins kalt genossene Rache für Warschau 1920. Auch nach innen wirkte das Warschau-Trauma fort: In seinem Haß nahm Stalin in den „Säuberungen" die Kooperation mit der Reichswehr seit Rapallo 1922 zum Vorwand, den populäreren Tuchatschewski als prominentesten General ermorden zu lassen. Da Stalin die Niederlage vor Warschau Trotzki zuschob, nährte sie seinen Haß auch auf Trotzki. Das Scheitern der Weltrevolution auf den Bajonetten der Roten Armee vor Warschau bewog Stalin später zum „Sozialismus in einem

Lande", während Trotzki am internationalistisch-weltrevolutionären Sozialismus festhielt: Noch der Ruhrkampf 1923 erschien den Komintern-Strategen als Vorläufer der Weltrevolution (Dok. Nr. 20).

Von Kronstadt bis zu Stalins Aufstieg, 1921–1924

Die Entbehrungen des Kriegskommunismus produzierten die schwerste innere Krise des jungen Sowjetstaates, den Kronstädter Aufstand von Matrosen und Arbeitern 1921.[38] Die Aufständischen beriefen sich auf den eher spontanen, weniger bürokratischen Trotzki, der aber den Aufstand mit üblicher Grausamkeit niederschlug. Immerhin lenkte Lenin in einem wichtigen Punkt ein: Mit der Neuen Ökonomischen Politik (NEP) griff er Forderungen der Aufständischen auf und nahm die meisten Zwangsmaßnahmen des „Kriegskommunismus" zurück. Wiederherstellung der Privatinitiative in der Wirtschaft, vor allem für die Bauern, beendete die chronische Versorgungsmisere und ermöglichte eine Erholung, teilweise durch Neuaufbau von Industrien mit Hilfe westlicher Investitionen, Technologien und Spezialisten.

Das Ende des Bürgerkrieges und der Interventionskriege 1920, NEP und der Friede von Riga 1921 konsolidierten den jungen Sowjetstaat, formalisiert in der Gründung der Sowjetunion im Dezember 1922. Damit verschoben sich jedoch nur innere Probleme: Die „Union der Sozialistischen Sowjetrepubliken" (UdSSR) gab der zweiten russischen „Reconquista" im Schutze des Bürgerkrieges staats- und völkerrechtliche Sanktion. Unter wechselnden Unionsverfassungen (1922, 1936, 1973) hatten Sowjetrepubliken nur begrenzte Kulturautonomie zur Erhaltung und Entwicklung von Sprachen der Titularnationen, waren politisch rechtlos. Stalin erklärte zwar die Nationalitätenfrage für gelöst, so daß auch Gorbatschow mit diesem Bewußtsein 1985 antrat, nicht ahnend, daß er auf einem schlafenden Vulkan traumtanzte. Die Sowjetunion als modernisierte Fortsetzung des Zarenreiches war extrem zentralisiert, mit Terror, Gleichschaltung, Kommandowirtschaft, Sowjetpatriotismus und moderner Bildung zwangsrussifiziert, zur Herstellung des einheitlichen „neuen Sowjetmenschen", gleichsam aus der Retorte synthetisch gezeugt.

Die Gründung der Sowjetunion fällt mit dem eigentlichen Machtwechsel an ihrer Spitze zusammen, den das Todesdatum Lenins (1924) eher verschleiert. Seit dem Attentat linker Sozialrevolutionäre als Protest gegen Brest-Litowsk und seiner Verschärfung im August 1918 war Lenin angeschlagen, seit 1922 nach zwei Schlaganfällen handlungsunfähig. Während seiner langwierigen Agonie begann der Machtkampf um seine Nachfolge. Der todkranke Lenin wollte zwar Stalin, der sich als Generalsekretär zum Nachfolger aufdrängte, blockieren (Dok. Nr. 19), aber Stalin schob alle Hindernisse auf dem Weg zur höchsten Macht beiseite, stilisierte sich selbst zu Lenins wahrem Schüler und Erben. Seinen Machthunger verbarg er hinter Reverenzen vor Lenin und der Beteuerung, nur der Partei und dem Sowjetvolk dienen zu wollen. Rücksichtslos spielte Stalin seine Rivalen gegeneinander aus, isolierte und räumte sie nacheinander beiseite. Sein erster Schachzug war die Troika mit Sinowjew und Kamenew, eine Koalition des Machtzentrums (Stalin) mit dem rechten Flügel gegen Trotzki, der mit der permanenten, bewaffneten Weltrevolution bei einer linkeren Position blieb. Die Etappen in Trotzkis Untergang symbolisieren Stalins Aufstieg zur unumschränkten Macht – Entfernung aus allen Ämtern der Regierung (1925), der Partei (1926/27), Ausschluß aus der Partei (1927), Ausweisung aus der UdSSR (1929), Ermordung im mexikanischen Exil (1940).

Forcierte Industrialisierung und Kollektivierung der Landwirtschaft, 1929–1933

Nach der Konsolidierung seiner persönlichen Macht wandte sich Stalin der erneuten Revolution nach innen zu, die Lenins NEP unter dem Druck des Kronstädter Aufstandes auf Eis gelegt hatte, und zog ein linkes Wirtschafts- und Sozialprogramm von oben durch: Forcierte Industrialisierung und Kollektivierung der Landwirtschaft, zumal in der Weltwirtschaftskrise von 1929, stürzten die Sowjetunion nach wenigen Jahren relativer Erholung in ihre bis dahin schwerste Krise.[39] Schon der rasche Aufbau einer modernen Schwerindustrie war ein übermenschlicher Kraftakt, denn er sollte, bei viel ungünstigeren Startbedingungen, Entwicklungen in wenigen Jahren gewaltsam nachholen, die im industrialisierten Westen sehr viel länger gedauert hatten. Stalinisten und ihre westlichen Fürsprecher sahen nur Stalins große „Leistung", eine Schwerindustrie zur Aufrüstung der Roten Armee gegen die faschistische Aggression. Aber als 1928 die Entscheidung für den ersten Fünfjahresplan (Dok. Nr. 21) fiel, war NS-Deutschland noch nicht in Sicht.

Das Desaster forcierter Industrialisierung verschärfte sich durch „Kollektivierung" der Landwirtschaft – ein semantischer Schleier für das bis dahin brutalste „Bauernlegen" und den größten Bauernmassenmord in der Weltgeschichte, vor allem in der Ukraine, Rußlands großer Kornkammer.[40] Die russischen Bauern, die durch die Revolution gerade erst zu ihrem Land gekommen waren, verloren es wieder durch erzwungenen Eintritt in riesige Kolchosen. Gegen die 3. Leibeigenschaft, knapp 70 Jahre nach der Bauernemanzipation 1861, erhob sich Widerstand, den Stalin mit schärfstem Terror zerschlug: Extrem hohe Abgabesolls, Konfiskation von Getreide und Vieh, Erschießung von Bauern schufen eine Hungersnot in den Agrargebieten der Sowjetunion 1931/32, der nach jüngsten Berechnungen ca. 6 Millionen Menschen zum Opfer fielen. Zwangsseßhaftmachung der Nomaden in Zentralasien als regionale Variante der Zwangskollektivierung forderte weitere Millionen Menschenleben, im Westen erst nach 1991 zur Kenntnis genommen.

Abgesehen von moralischen Bedenken, verstieß Stalin in seiner Ungeduld gegen elementare Lehren der Industrialisierungsgeschichte wie des gesunden Menschenverstands, die er dem noch heute lehrreichsten Kapitel im „Kapital" von Marx, Band 1, hätte entnehmen können: „Rückwirkungen der agrikolen Revolution auf die Industrie" ermöglichten gerade durch Modernisierung und Intensivierung der Landwirtschaft, um die wachsende Industriebevölkerung zu ernähren, aus den Profiten der Landwirtschaft das Wirtschaftswachstum zur „ursprünglichen Akkumulation" (Kap. 24) anzuregen und durch „Herstellung des inneren Marktes für das industrielle Kapital" zur Industrialisierung beizutragen. Genau das wollte Stolypin mit seiner Agrarreform. Dessen Scheitern ratifizierte Stalin, indem er das Gegenteil tat: Die großindustrialisierte kollektivierte Landwirtschaft der UdSSR blieb in ihrer Leistungsfähigkeit stets hinter der freier Bauern zurück und verstörte die Überlebenden so nachhaltig, daß sie jedes Vertrauen in den Staat verloren. Strukturelle Schäden gingen noch tiefer: Mittlerweile haben sich Kolchos- und Sowchosarbeiter so an ihre industrialisierte Agrarexistenz gewöhnt, daß sie kaum noch fähig und willens sind, zum freien Wirtschaften als Bauern zurückzukehren.

Ebenso grobschlächtig war Stalins Intervention zur quantitativen Ausdehnung und qualitativen Beschleunigung der Industrialisierung: Zwang von oben verzerrte einen komplexen Prozeß, der ohnehin empfindlich auf Störungen reagiert. Formal gelang Stalin zwar erstmals die intensive Nutzung und Entwicklung eigener Ressourcen, als

Alternative zur extensiven Expansion durch Eroberungen. Aber inhaltlich war sein Industrialisierungsprogramm nur eine weitere Variante russischen extensiven Wirtschaftens, mit Zentralismus, Planwirtschaft, Tonnenmentalität, Mangel an geschultem Fachpersonal, weshalb oft Hilfe westlicher Experten auf allen Ebenen nötig wurden: Riesenfabriken wurden auf modernstem (= westlichem) Stand erbaut, meist noch größer als im Westen, blieben jedoch über Jahre ohne Modernisierung der Fabrikhallen und Maschinen. Waren Anlagen verrottet, wurde nebenan eine neue Fabrik gebaut – noch größer und moderner, ebenfalls ohne Anschlußinvestitionen (Dok. Nr. 22).

Stalins extensive Industrialisierung konnte die UdSSR zwar mit Armee, Flotte, Luftwaffe, Raketen und Atomwaffen zu einer Supergroßmacht aufrüsten, aber auf Dauer war damit kein moderner Staat zu machen. Absolute Priorität hatte die Schwerindustrie als Grundlage für überdimensionierte Streitkräfte, Geheimpolizei, Polizei und Spezialtruppen des Innenministeriums, aufgeblähte Mehrfachbürokratien in Partei, Gewerkschaften und Verwaltung. Sie verschlangen soviel vom Bruttosozialprodukt, daß die Sowjetwirtschaft auf keinen grünen Zweig kam. Der private Binnenmarkt zur Befriedigung interner Nachfrage, sonst wichtigste Grundlage einer sich selbst tragenden Industrialisierung, verkümmerte, weil Konsumgüter stets nachrangig blieben. Im Anfangselan erzielte die Sowjetwirtschaft dennoch beachtliche Wachstumsraten, die allerdings in Relation zum niedrigen Ausgangsniveau zu setzen sind. Parallel lief der Ausbau der Infrastruktur, vor allem großer Kanäle, die teilweise dem „Weg den Warägern zu den Griechen“ folgten. So entstand an den Stromschnellen von Zaporoje der große Staudamm und das Elektrokraftwerk von Dnjeprpetrowsk als Energiegrundlage für moderne Schwerindustrie. Kanäle und Eisenbahnlinien wurden meist von GULag-Häftlingen erbaut (Dok. Nr. 24c).

Die ökologischen Folgen der Industrialisierung sind verheerend, wie sich nach 1989 in bestürzendem Ausmaß zeigte: Ein Viertel der Exsowjetunion gilt als verseucht, in Zentralasien durch gigantische Bewässerungsprojekte und Chemisierung des Baumwollanbaus für die russische Textilindustrie. Die „Erschließung“ von „Neuland“ in Kasachstan unter Chruschtschow zerstörte das hochempfindliche ökologische Gleichgewicht der Steppe mit ihrer dünnen Humusschicht. Sowjetische (und chinesische) Industrialisierung beging einen gigantischen Raubbau an Mensch und Natur, verschärft durch rücksichtslose Atomversuche. Daher gaben in der Agonie des Sowjetsystems Proteste gegen Umweltschäden Anstoß zur Opposition von unten, auch in den Vasallenstaaten.

Krieg gegen das eigene Volk: Die „Säuberungen“, 1934–1938

Kaum hatte die Sowjetgesellschaft den Doppelschock in Stadt und Land einigermaßen verkraftet, als Stalin sie in eine noch schwerere Krise stürzte. „Säuberungen“ sind nur ein zynischer Euphemismus für Terror und millionenfachen Massenmord.[41] Ausgangspunkt waren Neinstimmen auf dem XVII. Parteitag der KPdSU 1934 („Parteitag der Sieger“) gegen Stalins Wiederwahl zum Generalsekretär. Da die Stimmabgabe geheim war und Stalin nicht wußte, wer gegen ihn gestimmt hatte, ließ er mit der Zeit die meisten Delegierten zum Parteikongreß ermorden. Den Vorwand schuf er sich selbst, indem er Kirow, der als Parteisekretär in Leningrad allgemein als Stalins Nachfolger galt, ermorden ließ, die Schuld aber „Agenten des Faschismus“ zuschob. Auf der Suche nach dem „Komplott“ ermordete Stalin die Weggefährten seines revolutionären Wegs nach oben.

Danach richtete sich Stalins Krieg gegen das eigene Volk[42]: In der Rechtsunsicherheit des linkstotalitären Zwangsstaats war niemand sicher, nicht eines Nachts vom NKWD abgeholt zu werden und eines Tages im GULag zu landen (Dok. Nr. 24a+b). Der tödliche Terror der „Säuberungen" traf auch ausländische Techniker und westliche, vor allem deutsche Kommunisten, die nach 1933 vor Hitler vertrauensvoll zu „Väterchen Stalin" geflohen waren.[43] Höhepunkte waren die Moskauer Schauprozesse gegen führende Altbolschewiki (1936–38), die nach Gehirnwäsche unter Folter ihre „Schuld" gestanden, gar selbst um die Todesstrafe „baten". Das Offizierskorps der Roten Armee dezimierte Stalin soweit, daß sie 1939 weitgehend als kampfunfähig galt. Dennoch gewann sie 1938 einen unerklärten Grenzkrieg in Fernost gegen das expandierende Japan. Wie hoch die Zahl der Opfer des stalinistischen Terrors war, wird sich kaum endgültig klären lassen. Schon früher schätzte westliche Wissenschaft sie auf 20 Millionen, eine Zahl, die sich seit russischen Angaben in der „Glasnost"-Periode ungefähr verdoppelte. Merl geht dagegen in seinen jüngsten, auf umfangreiches Zahlenmaterial gestützten Berechnungen von ca. 10 Millionen Toten aus.[44] Parallelen zu Iwan dem Schrecklichen liegen auf der Hand und waren von Stalin gewollt: Massakern an Bojaren und „Opritschnina" entsprachen „Säuberung" der Altbolschewiki und GULag, den „Opritschniki" als neuer Funktionselite die Nomenklatura der Apparatschiki. „Kreaturen" Iwans IV. und Stalins funktionierten ähnlich. Ein Moskauer Kollege zog listig die Parallele zum Dritten Reich, indem er die „Opritschniki" mit der SS verglich – „Iwans SS".

Stalins Außenpolitik, 1933–1939

Seinen „Sozialismus in einem Land" mit ambivalenter Mischung von Schwächung und Stärkung der Sowjetunion sicherte Stalin mit einer Außenpolitik ab, die seit der Weltwirtschaftskrise 1929 mit einem zweiten Weltkrieg rechnen mußte. Schon vorher hatte Stalin die verdeckte Allianz mit Deutschland zur Erdrosselung Polens fortgesetzt, als Reaktion auf Locarno 1925 vor allem 1926 mit dem Berliner Vertrag, der das Reich für Exekutionsmaßnahmen des Völkerbunds gegen die UdSSR neutralisierte. Während Stalin mit der „Sozialfaschismus"strategie zur „Auflösung der Weimarer Republik" (Bracher) beitrug, nahm er Hitlers Aufstieg 1933 gelassen hin, da er hoffte, auf den Trümmern des Dritten Reiches den Nationalsozialismus zu beerben.

Zur Sicherung seiner Westflanke gegen das ab 1931 expandierende Japan schloß Stalin im Westen 1932 Nichtangriffspakte mit den baltischen Republiken und Polen, die er 1939/40 brach, ferner 1935 einen Beistandspakt mit der ČSR. Danach gab der Spanische Bürgerkrieg (1936–39) Gelegenheit zur Intervention auf seiten der republikanischen Regierung mit Internationalen Brigaden, Waffen, Kommissaren und Instruktionen zur „Liquidierung" „feindlicher" Agenten – Trotzkisten, Anarchisten, Sozialisten.

Die Hauptgefahr eines zweiten Weltkriegs sahen Stalin und die Komintern realistisch im NS-Deutschland und fürchteten seine indirekte Ermutigung durch Englands Appeasementpolitik. Dennoch entschied sich Stalin im August 1939, vor die Wahl zwischen Deutschland und den weiter entfernt liegenden Westmächten gestellt, die Polen gegenüber der Sowjetunion nicht fallenlassen wollten, für das Reich, das ihm direktere und massivere Vorteile versprach – Rückkehr zu den Grenzen von 1914 durch Aufteilung des Glacis zu NS-Deutschland, während sich Hitler-Deutschland im Westen verrannte und strategisch den Rücken zu seinem Osten freigab. Im anhebenden Ringen könnte die Sowjetunion in Europa den Ausschlag geben, zumal Japan in China seit seiner Aggression von 1937 steckengeblieben war. Moralische Belastungen aus der faktischen Allianz mit Hitler-Deutschland würde eine siegreiche Sowjetunion überdecken.

2. *Aufstieg zur Weltmacht im Zweiten Weltkrieg, 1939–1953*

Für die Sowjetunion zerfällt der Zweite Weltkrieg in drei konträre Phasen – verdeckte Kollaboration mit Hitler-Deutschland 1939–41; „Großer Vaterländischer Krieg" als östlicher Partner der „Anti-Hitler-Koalition"; neuer Expansionsschub 1944/45. Allen materiellen wie menschlichen Kosten zum Trotz profitierte Rußland seit dem Krimkrieg machtpolitisch erstmals wieder von einem europäischen Großkrieg: Die Sowjetunion schaffte 1945 den Durchbruch zur zweiten Weltmacht, gleichberechtigt mit USA.

Hitler-Stalin-Pakt: Erste Expansion nach Westen, 1939/40

Das Herannahen des Zweiten Weltkrieges nutzte Stalin zur Rückkehr zu den Grenzen von 1914 auch im Westen, zunächst durch den Hitler-Stalin-Pakt 1939.[45] Das geheime Zusatzprotokoll (Dok. Nr. 23a), dessen Existenz die Sowjetunion bis zuletzt offiziell bestritt, gab Stalin mit der faktischen 5. Teilung Polens endlich die Curzon-Linie. Wie Bismarck 1887 im Rückversicherungsvertrag war Hitler an Bulgarien und den Meerengen desinteressiert, während Stalin unbehelligt eine reiche Ernte einfuhr, als stiller Partner des Dritten Reichs in den Eröffnungszügen des Hitler-Kriegs. Der späteren Propaganda, in weiser Voraussicht der deutschen Aggression habe Stalin die UdSSR strategisch stärken müssen, widerspricht die ideologische Fraternisierung sowjetischer Führer mit dem neuen Verbündeten gegen den westlichen „Kapitalismus und Imperialismus" (Dok. Nr. 23b), auch die Eilfertigkeit, mit der sie Hitler strategische Rohstoffe lieferten.

Mit seinen Annexionen im Westen breitete Stalin das Sowjetsystem aus: Der Einmarsch der Roten Armee am 17. September 1939 versetzte Polen den Todesstoß. Um ihm seinen Selbstbehauptungswillen zu brechen, ließ Stalin 1940 im Wald von Katyn 15000 gefangene polnische Offiziere vom NKWD ermorden. Die gesamte gesellschaftliche Funktionselite, ca. 1,5 Millionen Menschen, der polnischen Ostgebiete wurde umgebracht oder nach Sibirien und Kasachstan deportiert. Die baltischen Republiken annektierte Stalin in zwei Etappen: Auf Besetzung zu „ihrem Schutz" 1939 folgten „Wahlen" und die Einsetzung kommunistischer Regierungen, die den „Anschluß" „erbaten". Deportationen und Massenerschießungen, auch nach der deutschen Okkupation 1941–1944/45, Industrialisierung, meist mit russischen Arbeitern in Neubaugürteln um Großstädte wie Tallin (Reval) und Riga, veränderten die Mehrheitsverhältnisse, so daß Esten und Letten im eigenen Land fast in die Minderheit gerieten. Pensionierte Offiziere der Roten Armee genossen nach ihrer Pensionierung gern höheren Lebensstandard und zivilisatorisches Niveau Estlands oder Lettlands. Die Annexion Bessarabiens als Sowjetrepublik Moldawien und der Nordbokuwina 1940, unter Kriegsdrohung von Rumänien erzwungen, rundete die Territorialgewinne ab. Zur Russifizierung gehörte die Einführung der kyrillischen Schrift für das Rumänische.

Zuvor hatte Stalin mit seinem Finnlandkrieg 1939/40, nach anfänglichen Rückschlägen, die die schlechte Meinung über den geringen Kampfwert der Roten Armee seit dem Aderlaß der „Säuberungen" scheinbar bestätigten, die strategische Ausgangslage um Leningrad durch Annexionen von Teilen Kareliens verbessert. Seitdem betrachtete Sowjetpatriotismus alle Territorialgewinne Stalins, auch unter Bruch völkerrechtlicher Verträge (Nichtangriffspakte 1931/32), durch Krieg (Finnland) oder unter Androhung von Gewalt (Polen, baltische Republiken, Bessarabien) erzwungene Annexionen, als legitime und integrale Bestandteile der Sowjetunion. Als sich Außenminister Molotow im November 1940 auch für Rumänien, Ungarn und Jugoslawien interessierte, sah Hitler den systematischen Ausbau des sowjetischen Vorfeldes als Vorbereitung auf eine Aggression, solange er gegen die Westmächte gebunden wäre. Damit wäre seine Strategie lokalisierter Aggressionen zusammengebrochen, weshalb er den schon zuvor befohlenen Aufmarsch gegen die Sowjetunion („Unternehmen Barbarossa") beschleunigte. Hauptziel war kurzfristig, mit dem eroberten Potential des europäischen Rußland den „Endsieg" im Westen zu erreichen, langfristig, „Lebensraum" im Osten für die Deutschen zu erobern, während Slawen höchstens als Heloten überleben sollten.

„Der Große Vaterländische Krieg", 1941–1945

Hitlers Angriff rückte die Sowjetunion ins Lager der demokratischen Westalliierten, ohne daß sie ihre linkstotalitäre Struktur hätte ändern müssen. Nur die Komintern, Agentur der Weltrevolution, löste Stalin 1943 stillschweigend auf, um die neuen Verbündeten nicht ideologisch zu irritieren. Anders als im Ersten Weltkrieg konnten die Westalliierten, vor allem die USA, diesmal die Sowjetunion ausreichend mit Waffen und Kriegsmaterial versorgen, so daß sie auf seiten der Alliierten blieb.

Zu Beginn des deutschen Überfalls rehabilitierte Stalin die meisten Offiziere, ließ aber erfolglose Generale sofort erschießen. Durch einen Erlaß setzte er Gefangennahme sowjetischer Soldaten mit Desertion und illegalem Verlassen der Sowjetunion gleich, worauf die Todesstrafe stand. Insgesamt hielt die Sowjetunion unter Stalin als oberstem Befehlshaber dem deutschen Angriff stand, allen entsetzlichen Verlusten von rund 20 Millionen Toten zum Trotz, taumelte jedoch anfangs unter den Schlägen der deutschen Wehrmacht, militärisch wie politisch, zumal sich Stalin in den ersten Wochen verstört versteckte und die Dinge treiben ließ. Dennoch gelang mit der rechtzeitigen Verlagerung der meisten Industrieanlagen samt vorhandenen Rohstoffe hinter den Ural[46] eine organisatorische Glanzleistung. So entfiel Hitlers Plan, durch Übernahme der intakten Rüstungsindustrie direkt hinter der Front den Krieg auch im Osten besser bestreiten zu können.[47]

Katastrophal wirkten jedoch die Eröffnungszüge des Krieges auf dem Agrarsektor, der sich nicht einfach evakuieren ließ. Hier stießen die Deutschen auf eine innere Bruchstelle der Sowjetgesellschaft, die Stalin mit Zerschlagung des Bauerntums selbst aufgerissen hatte. Weil die Deutschen die Bauern noch schlimmer terrorisierten als zuvor Stalin, trieben sie antistalinistische Bauern in den Partisanenuntergrund und in die Einheitsfront gegen die deutsche Invasion. Dagegen ließ die Ermordung von Juden die Sowjets kalt: Bis zuletzt war das Gedenken an die deutschen Massaker, z. B. von Babi Jar bei Kiew 1941, verboten.

In deutscher Kriegsgefangenschaft brach, wie bei den Bauern, die Moral teilweise zusammen, rissen nur äußerlich vernarbte Wunden der „Säuberungen" wieder auf: Viele sowjetische Kriegsgefangene bildeten eine antistalinistische Bewegung unter General

Wlassow, bereit, auf deutscher Seite gegen Stalin zu kämpfen.[48] Hitler blockierte jedoch die Aufstellung einer russischen Hilfsarmee, weil sie, nach allen historischen Erfahrungen, spätestens nach dem Krieg politische Mitsprache – und wenn nur mit Autonomie – nach sich gezogen hätte. Nur in begrenztem Umfang ließ er sowjetische „Hilfswillige" („Hiwis") zu, in leicht modifizierter Wehrmachtsuniform und ohne Waffen. Nach Kriegsende 1945 wurden sie von den Westalliierten den Sowjets in den fast sicheren Tod ausgeliefert, durch sofortiges Erschießen oder im GULag. Die meisten sowjetischen Kriegsgefangenen ließ die Wehrmacht verhungern: Sie waren „keine Kameraden"[49].

Mit der Kriegswende zum Jahreswechsel 1942/43 (Landung der Westalliierten im Maghreb, Stalingrad, El Alamein, Pazifikkrieg gegen Japan) konnte auch die Landung in Sizilien/Süditalien 1943 Stalins Forderung nach einer zweiten Front noch nicht befriedigen. Erst die Landung in der Normandie (6. 6. 1944) galt als volle Erfüllung der Zusage, die Sowjetunion durch effektive Kriegführung auch zu Lande in Europa spürbar zu entlasten. Seit Stalingrad drängte die Rote Armee die Wehrmacht wieder aus dem Lande. Auf ihrem Rückzug hinterließen die Deutschen mit ihrer Politik „der verbrannten Erde", die nicht einmal die historische Altstadt von Nowgorod verschonte, eine breite Zone der Verwüstung. Sie vergrößerten Leid und Zerstörung, verschärft durch den ausgedehnten Partisanenkrieg, gegen den sie mit aller Härte vorgingen.

Siegermacht des Zweiten Weltkriegs: Das Imperium Sovieticum, seit 1945

Je weiter die Rote Armee nach Westen vorstieß, desto akuter wurde die Frage nach der künftigen Friedensordnung für die Völker zwischen Russen und Deutschen, die besetzt waren (Polen, Tschechen, Serben, Albaner, Griechen) oder den Achsenmächten freiwillig-gezwungen als Klientelvölker dienten (Slowaken, Ungarn, Rumänen, Kroaten, Bulgaren), zuletzt auch für Deutschland selbst. 1945 stieß die Rote Armee weit über die Grenzen von 1914 und Traumziele des Zarismus hinaus vor. Die Nachkriegsordnung von Jalta und Potsdam ermöglichte ein *Imperium Sovieticum*, so weit die Rote Armee reichte. Gebiete, die 1941 verlorengegangen waren, wurden nach der Rückeroberung („Befreiung") wieder annektiert, dazu halb Ostpreußen um Königsberg (Kaliningrad) und die Karpato-Ukraine im Westen, ganz Sachalin und die Kurileninseln im Fernen Osten, aus denen die deutsche bzw. japanische Bevölkerung vertrieben wurde. Im Gefolge der Roten Armee setzten sich Kommunisten überall durch, mit von oben administrierter „revolutionärer" Gewalt: Polen, Ungarn, Rumänien, Bulgarien, Albanien, Jugoslawien, ČSR und die SBZ/DDR wurden Satellitenstaaten, als Glacis gegen den Westen und Deutschland. Terror in den Volksdemokratien war milder als im „Vaterland aller Werktätigen", wirkte wegen der längeren Tradition des Rechtsstaats auf lateinisch geprägte Völker aber härter als auf orthodoxe. Der Befreiung vom deutschen Rechtstotalitarismus folgte nahtlos der russische Linkstotalitarismus.

Dennoch wollten nicht alle Blütenträume reifen: England bekämpfte den Aufstand der kommunistisch geführten Widerstandsbewegung gegen die Rückkehr der griechischen Monarchie seit Dezember 1944, womit sich schon der Kalte Krieg ankündigte. Der Beteiligung der Sowjetunion an der Niederwerfung und Besetzung Japans kamen die USA mit ihren Atombomben auf Hiroshima und Nagasaki zuvor und besetzten Japan allein, während sie den Einmarsch der Roten Armee in Korea und die Teilung des Landes hinnahmen. Unter Druck der USA mußte Stalin Süd-Aserbeidschan 1944 räumen, wo

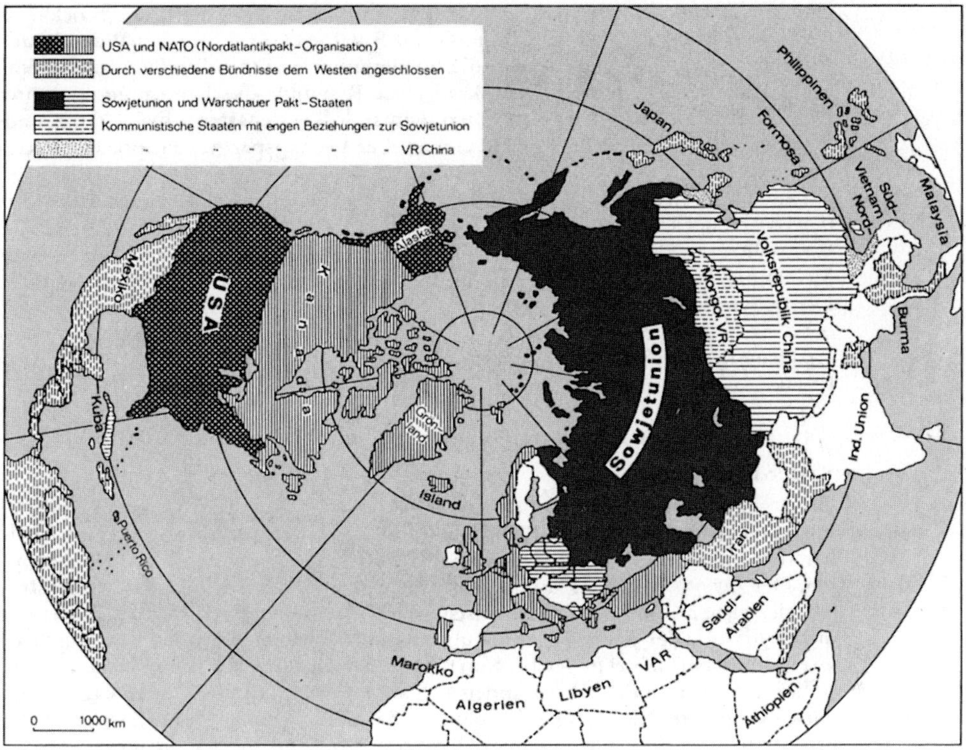

Die Mächtegruppen nach 1945

schon ein kommunistischer Satellitenstaat im Entstehen begriffen war. Gleichzeitig wehrte die Türkei, mit US-Hilfe, sowjetische Ansprüche auf Teile Armeniens und die Meerengen ab. So begann der bisher nur verdeckt schwelende Kalte Krieg in aller Form.

Das *Imperium Sovieticum* nach 1945 wies die Struktur traditioneller Kontinentalreiche auf: Das Reichsvolk der Großrussen, erweitert um adoptierte Verwandte (Ukrainer, Weißrussen), übte die imperiale Zentralmacht aus. Nichtrussische Gebiete der Sowjetunion waren faktisch (rück-)eroberte Provinzen, unter mannigfachem Russifizierungsdruck, allenfalls mit beschränkter Kulturautonomie bis zum Recht auf eigene Folklore. „Satellitenstaaten", formal souveräne Verbündete, waren in traditionellen Kategorien „Vasallenstaaten" mit begrenzter Autonomie, mit oder ohne Stationierung der Sowjetarmee, teilweise nach „brüderlicher Hilfe" zur Niederwerfung oppositioneller Kräfte (Ungarn 1956, ČSSR 1968). Schlußstein des *Imperium Sovieticum* im Westen war die Präsenz der Sowjetarmee als Besatzungsmacht in der SBZ/DDR. Hinzu kam der schon 1921 gleichgeschaltete Pufferstaat zu China, die Mongolische Volksrepublik, sowie seit 1945 Nordkorea. Der „Rat für Gegenseitige Wirtschaftshilfe" (RGW; engl. Abkürzung COMECON) sicherte ab 1949 eine moderne Form der Tributzahlung, der Warschauer Pakt (1955–91) als Gegenorganisation zur NATO die militärische Hegemonie.

Wiederaufbau und wirtschaftliche Erholung gelangen erstaunlich rasch. Parallel verschärfte Stalin sein Terrorregime mit immer neuen Kampagnen, auf dem Gebiet der

Kultur (Durchsetzung des sozialistischen Realismus), gegen Überreste „bürgerlicher Ideologie" und „Zionismus", zuletzt im „Ärztekomplott" 1953. Im Kalten Krieg festigte er sein Imperium, u. a. durch Abwehr des Marshallplans 1947/48, Umsturz in Prag im Februar 1948, Berlinkrise 1948/49. Der Koreakrieg 1950–53 hatte gravierende Rückwirkungen auch auf Europa. Schauprozesse gegen kommunistische Führer in den Satellitenstaaten nach dem Muster der Moskauer Schauprozesse 1936–38 demonstrierten Gleichschaltung des Terrorsystems.[50] Der Personenkult erreichte einen Höhepunkt und verselbständigte sich nach Stalins Tod mit nationalen Nuancen – Mao Tse-tung, Kim-il Sung, Tito, Enver Hodscha, Pieck, Ulbricht, Honecker, Ceauşescu.

Hinter dem Schleier des „proletarischen Internationalismus" war sie doppelt fremdenfeindlich, durch „Liquidierung" einheimisch gewordener wie fremder Funktionseliten und rigorose Selbstisolierung, die schon unerlaubtes Verlassen des Landes zum todeswürdigen Verbrechen erklärte und Fremden den freien Besuch der Sowjetunion erschwerte (Dok. Nr. 26). Unter Lenins „kollektiver" Führung, Stalins Diktatur und der Nomenklatura-Oligarchie setzte der Kommunismus Traditionen der hierarchisierten Orthodoxie und Autokratie fort. Personenkult, Demonstrationen mit Parteifahnen, Bildern Lenins und jeweiliger Sowjetführer glichen Kirchenprozessionen. „Öffentliche Selbstkritik" hatte ihr Vorbild in der russischen Orthodoxie.

3. Die poststalinistische Sowjetunion als Supermacht: Höhepunkt und erste Krisen, 1953–1979

Nach Stalins Tod setzte die Sowjetunion unter seinen Nachfolgern bis Breschnew ihren äußeren Aufstieg als Welt- und Supermacht fort, scheinbar nur irritiert von Turbulenzen in ihrem westlichen Vorfeld. In Wirklichkeit schwächten Bedingungen und Ergebnisse des Sieges von 1945 die neue Weltmacht. Regionale Eruptionen bereiteten die Gesamtkrise des Sowjetsystems vor, demonstrierten seine Unfähigkeit zur Reform.

Der zerronnene Sieg

Nach 1945 gründete sich für die meisten Russen ihr Selbstbewußtsein und Selbstwertgefühl in hohem Maße auf den Sieg über NS-Deutschland, wie Paraden und Feierlichkeiten zum 9. Mai alljährlich demonstrierten. Der Absturz ist aus diesem Blickwinkel seit 1991 doppelt unverständlich, so daß sich, wie für die Deutschen der Weimarer Republik, „Verrat" und „Verschwörung" als bequeme Erklärung anbieten: Einen gigantischen „Dolchstoß in den Rücken" hätten interne „Verräter" – Gorbatschow und Jelzin – vollbracht, wie für die neue rot-braune Allianz aus Altkommunisten und großrussischen Neoimperialisten längst feststeht. Dagegen muß eine strukturelle historische Analyse erklären, wie der Sieg von 1945 dem Sowjetvolk zwischen den Fingern zerrann. Wie Jugoslawien war die Sowjetunion ein Produkt des Krieges – von der „Geburt der Revolution aus dem Krieg" (Lenin) 1905 wie 1917 über den besonders blutigen russischen Bürgerkrieg, der nach innen in Stalins Krieg gegen das eigene Volk einmündete. Der Kommunismus unterdrückte in komplexen Gesellschaften übliche Differenzen und Spannungen, lenkte sie nach innen in die Implosion von Bürgerkrieg, Terror und stalinistischen „Säuberungen". Seine meisten Opfer waren eigene Bürger. Die militärische Macht wachsender Massen und forcierter Industrialisierung, das Pathos des „antifaschistischen“ Kampfes und eine raffinierte Propaganda mochten langfristige Strukturmängel überspielen, auch für eine wohlmeinende linke Intelligenz im Westen, die schon Abgrenzung vom Sowjetkommunismus als „antikommunistisch“ denunzierte.

Das Pathos des Sieges von 1945 verdeckte lange eine Schattenseite der Realität, die heute deutlicher wird denn zuvor. Diesen heiklen Punkt kann ein deutscher Historiker zur rationalen und objektiven Analyse des sowjetischen Debakels nur zögernd ansprechen, da er weiß, was Deutsche gerade den Völkern der Sowjetunion im Zweiten Weltkrieg angetan haben. Bei näherem Hinschauen entrann die Sowjetunion schon 1941/42 nur knapp dem Untergang: Ohne westliche Materiallieferungen, Kredite und strategische Entlastung durch die „2. Front“, die Stalin bis zur Invasion in der Normandie immer dringlicher anmahnte, wäre der Sieg der Roten Armee kaum möglich gewesen, so wie umgekehrt auch der Westen Deutschland vielleicht nicht konventionell ohne die Rote Armee besiegt hätte, so daß die beiden ersten Atombomben, wie ursprünglich geplant, bei längerem Widerstand über Berlin und Frankfurt/Main gefallen wären. Zudem arbeitete Hitlers antirussische Politik indirekt Stalin in die Hände und ermöglichte seinen Sieg, weil Hitler innere Bruchlinien der Sowjetgesellschaft (Bauern, Wlassow-Armee), die seine militärischen Anfangserfolge bloßgelegt hatten, nicht ausbeutete.

Stalins Tod und erstes Tauwetter, 1953–1955

Stalins Tod am 5. März 1953 markiert die nächste tiefe Zäsur. Erste Reaktionen enthüllten eine – im Westen schwer begreifbare – echte Erschütterung und Trauer, die sich nach dem Tod Mao Tse-tungs in der VR China 1976 und Kim-il Sungs in der VR (Nord-)Korea 1994 wiederholte. Trotz Terror hatten kommunistische Gesellschaften offenbar den Personenkult so verinnerlicht, daß sie sich zunächst in Strömen von Tränen und nicht staatlich verordneten Emotionen ergossen.

Sofort stellte sich wieder das explosive Problem der ungeregelten Nachfolge: Die neue Troika – Malenkow, Berija, Chruschtschow – setzte allen Spekulationen über Spaltungen der Stalin-Nachfolger das trutzige Bekenntnis zur proletarischen Einheit entgegen, während interne Nachfolgekämpfe schon längst tobten. Eine Vorentscheidung brachte die Ausschaltung Berijas, Stalins KGB-Chef, durch Erschießung. Berija wurde vorgeworfen, die DDR zu einem Arrangement mit dem Westen verkaufen zu wollen, ohne daß sich nach 1991 in Archiven bisher ein Beweis fand. Doch unterstreicht die Anklage, daß die DDR ein Schwachpunkt des Sowjetimperiums war, zumal dort am 17. Juni 1953 innere Widersprüche prompt explodierten.

Sofort begann die Demontage des „geliebten Führers der Werktätigen“ durch tröpfelnde Informationen einer wie gelähmten Gesellschaft über Stalins Verbrechen. Das „Tauwetter“ ermöglichte erste Massenentlassungen von GULag-Häftlingen und Spielraum für kritische Geister in Literatur und Kunst. Nach außen entsprachen dem „Tauwetter“ der Waffenstillstand im Koreakrieg 1953 und erste Anläufe zu einer weiteren „Gipfeldiplomatie“ der Entspannung. Aber schon Anfang 1955 wurde der Kalte Krieg wieder eisiger, als die Bundesrepublik in die NATO aufgenommen wurde (1954) und die Sowjetunion im Gegenzug mit dem Warschauer Pakt formal nachzog (1955).

Zweites Tauwetter unter Chruschtschow, 1955–1964

Mit Malenkow verschwand 1955 auch das zweite Mitglied der Troika in der Versenkung, und Nikita S. Chruschtschow stieg als 1. Parteisekretär der KPdSU für ein Jahrzehnt zum Führer der Sowjetunion auf. Insgesamt wurde er beim Sowjetvolk populär, wie sich vor allem nach seinem Sturz und Tod zeigte. Mit einem pragmatischen Konsum-Kommunismus nach innen, u. a. durch Zurückdrängung der Schwerindustrie, wollte er die Chancen der Sowjetunion im „Wettbewerb der Systeme" verbessern. Von der ersten Reise sowjetischer Führer ins westliche Ausland 1958 brachte er die Propagierung des Maisanbaus zur Hebung des sowjetischen Lebensstandards mit – „Wurst am Stiel". Aber sein Ziel, bis 1980 den Westen zu überholen, war hoffnungslos unrealistisch: Schon bescheidene Reformanläufe zur Dezentralisierung der Sowjetwirtschaft scheiterten am Beharrungsvermögen des Parteiapparats und der Schwerindustrie.

Außenpolitisch war die Bilanz der Chruschtschow-Ära gemischt: Mit seiner „Politik des Lächelns", u. a. durch Entsendung des Balletts des Bolschoi-Theaters zu Gastspielen in den Westen, nahm Chruschtschow das erste „Tauwetter" nach Stalins Tod wieder auf, ruckweise und erratisch, seinem impulsiven Charakter gemäß.[51] „Friedliche Koexistenz" und „Wettbewerb der Systeme" wurden Fortsetzungen der ideologischen Konfrontation mit anderen Mitteln. Sein spektakulärer Staatsbesuch in Belgrad 1955 heilte äußerlich den Bruch mit Tito seit 1948, obwohl Jugoslawien weitgehend außerhalb des Ostblocks blieb. Dafür mußten die Sowjets seit dem ideologischen Schisma mit dem maoistischen China den Verlust Albaniens hinnehmen, das sich 1960 an China orientierte.

Aber sonst vergrößerte sich außerhalb Europas der sowjetische Einfluß: Auf Kosten des Westens profitierte die Sowjetunion vom chronischen Nahostkonflikt, u. a. dank der starren Politik Israels unter David Ben Gurion gegenüber seinen arabischen Nachbarn, vor allem Ägypten, das Ben Gurion, gemeinsam mit den USA, 1955/56 förmlich in die Arme der Sowjets trieb. Nach internen Umbrüchen wurden der Irak und Syrien, beide als Nachbarn und Rivalen um die arabische Hegemonie an sich verfeindet, Bundesgenossen bis Klientelstaaten der Sowjetunion.

Ambivalent wirkte das Schisma des Weltkommunismus zwischen Moskau und Peking 1960: Zwar schwächte es ideologisch die Sowjetunion, jedoch konnte die Koexistenzpolitik nach Westen die UdSSR als weniger extreme, europäischere Spielart des Kommunismus stilisieren, als traditionelles „Bollwerk Europas gegen die mongolischen Horden", wie ein Vertreter der Stadt Moskau zur Eröffnung des Internationalen Historikerkongresses in Moskau 1970 formulierte. Friedliche Koexistenz mit dem Westen lief auf ein indirektes Bündnis gegen China hinaus, zumal die Sowjetpropaganda gegen das maoistische China geradezu „Gelbe Gefahr"-Töne anschlug.

Auf die Ausbrüche in Polen und Ungarn 1956 reagierte Chruschtschow verständnislos, aber unterschiedlich: In Warschau wich er vor dem im „polnischen Oktober" geeinten Polen zurück und fand sich mit Władysław Gomułka als neuem Parteichef ab. In Budapest ließ er den Nationalaufstand mit Panzern blutig niederwalzen. Ulbrichts DDR wertete er auf, u. a. mit dem Berlin-Ultimatum 1958, wollte es aber nicht auf einen Dritten Weltkrieg ankommen lassen. In der chronischen Flüchtlingskrise der DDR 1958–61 wehrte Chruschtschow den extremen Wunsch Walter Ulbrichts nach militärischer Einkassierung Westberlins ab und schlug dafür, als Kompromiß zwischen Eingriff und Nichtstun, die Absperrung Westberlins vor (13. August 1961). Die Zuspitzung der Berlin-Krise saß er aus: Die USA nahmen das *fait accompli* hin und wollten ebenfalls das

Äußerste vermeiden. Dagegen unterstützte Chruschtschow Kuba in der Raketenkrise vom Herbst 1962 bis hart an den Rand einer militärischen Eskalation, wich aber vor der Entschlossenheit der USA unter John F. Kennedy zurück, diesmal nicht klein beigeben zu wollen. Immerhin eröffnete die Beilegung der Kubakrise die zweite Phase der Entspannung, die länger anhielt als die flüchtige Episode 1953/54. Danach gewann Chruschtschow auch im Westen mit seinem rustikalen Charme Sympathien.

Erste Erschütterungen: DDR, Polen, Ungarn, 1953–1956

Gleichwohl brachen schon auf dem äußeren Höhepunkt des *Imperium Sovieticum* an seinem Westrand innere Konflikte durch, die den späteren Untergang vorbereiteten. In der Konfusion der Entstalinisierung ließen ökonomische Forderungen den Funken zu ersten Explosionen überspringen, nicht zufällig zuerst 1953 im westlichsten Satellitenstaat mit dem höchsten Lebensstandard im Sowjetimperium, der DDR. Demonstrationen der Bau- und Stahlarbeiter – an der Stalinallee und in der verhätschelten Stahlindustrie – gegen Normerhöhungen kamen dem Aufbegehren gegen eine weitere Senkung des Lebensstandards gleich. Rasch eskalierte der ökonomische Protest mit politischen Forderungen nach freien Wahlen zur Systemkrise. Sowjetpanzer hielten den Sturz des SED-Regimes auf. Verstärkung des Repressionsapparats (Ausbau des Ministeriums für Staatssicherheit), „Kirche im Sozialismus" als Versuch, die Evangelische Kirche zu einer gefügigen Orthodoxie umzuwandeln, „Republikflucht" und das Arrangement der DDR-Bevölkerung mit dem SED-Regime waren langfristige Folgen. In traumatischer Angst vor dem eigenen Volk klammerte sich die offizielle DDR fortan an die Sowjetunion, die ihre Existenz noch einmal gerettet hatte.

Die zweite Entstalinisierungswelle, die Chruschtschow mit seiner berühmten „Geheimrede" vor dem XX. Parteitag und neuen Enthüllungen über Stalins Verbrechen im Februar 1956 einleitete, löste die nächsten Eruptionen aus. In Polen brachen die Konflikte im August 1956 bei der Posener Messe aus, wie in Ostberlin 1953, unter den Augen von Westkorrespondenten. Im seit der preußisch-deutschen Zeit weiterentwickelten Posen stand selbst in kommunistischer Zeit ein Denkmal für die polnische Kavallerie im sowjetisch-polnischen Krieg von 1920 – ein Lanzenreiter, der als St. Georg den Drachen ersticht. Gegen den Willen des herbeigeeilten Suzeräns, Chruschtschow, wurden der polnische Verteidigungsminister, Sowjetmarschall Rokossowsky, und die stalinistische Regierung und Parteiführung abgelöst. Im „polnischen Oktober" brachte der aus dem Gefängnis entlassene „Nationalkommunist" Władysław Gomułka (1956–70) eine erste Auflockerung des kommunistischen Systems, ohne seinen totalitären Charakter anzutasten. Immerhin machte Gomułka – einzig im Ostblock – die 1953 eingeführte Zwangskollektivierung der Landwirtschaft rückgängig und beendete den Kulturkampf mit der katholischen Kirche, die fortan unangefochten zur einzigen intakten Struktur außerhalb des kommunistischen Systems aufstieg.

In Ungarn eskalierten Demonstrationen gegen das stalinistisch verhärtete Rákosi-Regime im Oktober 1956 zum Aufstand, wie in Polen noch in nationalkommunistischem Gewand. Die neue Regierung des ebenfalls rehabilitierten Imre Nagy erreichte zwar den Abzug der Sowjetarmee. Als er aber Ungarns Austritt aus dem Warschauer Pakt proklamierte, riefen Altkommunisten unter János Kádár die Rote Armee zur „brüderlichen Hilfe", die den Aufstand blutig niederwarf. Der Westen, paralysiert durch das gleichzeitige Suez-Abenteuer Englands und Frankreichs sowie Israels Sinaikrieg im November 1956, schaute tatenlos zu, schon weil die USA eine Ausweitung zum Dritten Weltkrieg fürchteten. Nachdem sich eine riesige Flüchtlingswelle in den Westen ergoß, bereitete sich in Ungarn die Dialektik von Sieg und Niederlage diskret vor: Mit seinem „Gulaschkommunismus" wandelte sich das System scheibchenweise zum Reformkommunismus, der im August 1989 die Grenze nach Österreich freigab und DDR-Flucht-Touristen den Weg in den goldenen Westen bahnte.

Konsolidierung und Stagnation unter Breschnew, 1964–1979

Chruschtschow wurde vom militärisch-industriellen Komplex gestürzt, weil Generale und Wirtschaftsfunktionäre innere Reformen fürchteten, die ihre Machtstellung auf Dauer gefährdet hätten. Immerhin blieb ihm mit beginnender Liberalisierung des Sowjetsystems Berijas Schicksal erspart, und er konnte als erster Sowjetführer seinen Lebensabend als Rentner beschließen. Offiziell wurde ihm „Abenteurertum" vorgeworfen, vor allem in der Außenpolitik (Kuba). Tatsächlich konsolidierte sein Nachfolger Leonid Breschnew (1964–82) die Sowjetunion bis zur „Stagnation" und setzte ihren unaufhaltsamen Aufstieg fort – scheinbar: Das Aufbegehren der ČSSR beendete er mit der Militärintervention des Warschauer Pakts 1968 und besiegelte die „Normalisierung" unter der Sowjetarmee mit der Breschnew-Doktrin: Mit beschränkter Souveränität durfte sich niemand vom Kommunismus lösen.

Als den Sowjets 1960 mit dem fidelistischen Kuba der erste Verbündete in Übersee zulief, handelten sie sich einen teuren Freund ein: Allein im ersten Jahrzehnt soll Kuba die Sowjetunion durch Stützung des Preises für Zucker, Waffen- und sonstige Hilfe 1 Million Dollar pro Tag gekostet haben. Mehr sozialistische Kostgänger in Übersee konnte sich die große Sowjetunion nicht leisten. Damals brachte der Volksmund in einem der Radio-Eriwan-Witze die Effizienz des sowjetischen Wirtschaftssystems auf den Punkt: „Anfrage an Radio Eriwan: Ist es möglich, daß die Sahara sozialistisch (= kommunistisch) wird? Antwort: Im Prinzip ja: Man würde einen Fünfjahresplan aufstellen. Nach fünf Jahren würde der Sand knapp." Das Sozialismus-Sahara-Sand-Syndrom setzte jeder weiteren Expansion Grenzen.

Im fließenden Übergang zu souverän bleibenden Verbündeten bewegten sich vorübergehend Ghana unter Kwame Nkrumah (ca. 1961–66), Guinea unter Sékou Touré (1958–84), Ägypten (1956–74), Syrien, Irak und Indien. Nach dem amerikanischen Vietnamdebakel 1973/74 kamen das vereinigte Vietnam, Laos und Kambodscha zum „sozialistischen Lager", allerdings sofort in der Spannung zwischen Moskau und Peking, zwischen Viet- und Khmer-Chauvinismus. Angola, Mosambik und Äthiopien erweiterten 1974 den Kranz sowjetischer Klientelstaaten. Der Sturz des Schahs im Iran 1979 eröffnete der kommunistischen Tudeh-(= Volks-)Partei glänzende Aussichten.

Das spektakuläre Ausgreifen des *Imperium Sovieticum* in Übersee stützte sich auf eine hochmoderne Kriegsmarine, Luftflotte und Raketenstreitkräfte mit Nuklearwaffen. Äußerlich war die Sowjetunion zur zweiten Weltmacht aufgestiegen, in ihrer ökonomischen Leistungsfähigkeit zwar hinter den USA, sonst aber auf Gleichrangigkeit pochend. In der Dauerkrise der Dekolonisation und des Kalten Kriegs schien der „kapitalistische Westen" auf dem Rückzug, zumal nach den beiden Phasen des Vietnamkriegs (1946–74). In Wirklichkeit nahm die Krise des Sowjetsystems ihren sozialistischen Gang.

„Prager Frühling" und Fortgang der polnischen Krise, 1968–1976

Im großen Krisenjahr 1967/68 des Westens als Reaktion auf den amerikanischen Vietnamkrieg sprang die Gärung auch auf die ČSSR über. Nach blutigen Erfahrungen in der DDR 1953, Ungarn und Polen 1956 wollten die Tchechoslowaken 1968 im „Prager Frühling" gemäß ihrer Nationaltradition diskret den „Kommunismus mit menschlichem Antlitz" ausstatten. Als die Abschaffung der Vorzensur die letzten Dämme für eine Flut kritischer Publikationen einriß, suchte die Sowjetunion durch ihre Militärintervention vom 21. August 1968 den Flurschaden zu begrenzen. Alle Warschauer-Pakt-Staaten beteiligten sich am Einmarsch, außer Rumänien. Vorwand war die angeblich drohende Militärintervention der Bundesrepublik Deutschland. In ihrer hoffnungslosen Lage fügten sich die Tschechen und Slowaken, leisteten aber einen moralisch-gesellschaftlichen Widerstand, der alle „Normalisierung" Lügen strafte. Im Vergleich zu Ungarn 1956 blieb die Zahl der Todesopfer gering. Jedoch zerstörte der Coup im bis dahin russophilsten Volk außerhalb der Sowjetunion Sympathien für das Mutterland der Revolution.

Zwei Jahre später schlug die Ost-West-Entspannung in Polen wieder durch: Gomułka hatte inzwischen einen erheblichen Teil der Lockerungen wieder zurückgenommen, so daß seine zuerst freudig begrüßte Reformregierung in poststalinistischer Routine erstarrte. Wenige Tage nach Unterzeichnung des Warschauer Vertrages mit der Bundesrepublik Deutschland im Dezember 1970 weitete sich ein Streik auf der Danziger Lenin-Werft aus, von Demonstrationen bis zum Sturm auf das Parteihaus. Gomułka ließ Panzer aus Südpolen einrücken, angeblich zur Abwehr einer Invasion der Bundeswehr in Danzig. Als sie nachts das Feuer eröffneten, trafen sie polnische Bürger. Gomułka wurde gestürzt und durch Eduard Gierek (1970–80) ersetzt.

Gierek wollte, nach ungarischem Vorbild, mit einem pragmatischen Konsum-Kommunismus die Lage beruhigen, mit Krediten vom westlichen Klassenfeind. Damit stieß er Polen in wachsende Verschuldung. Sein Kalkül – Rückzahlung der Kredite durch Erlöse einer modernen Exportindustrie – ging aus mehreren Gründen nicht auf: Unbeweglichkeit der Planwirtschaft und Korruption hinterließen meist nur Bauruinen. Negative Auswirkungen der Erdölkrise ab 1973 und Kaufkraftüberhang eröffneten eine schleichende, öffentlich nie zugegebene Inflation. Ressentiments der polnischen Bevölkerung über wirtschaftliche Benachteiligung durch die Sowjetunion, zuletzt über Lieferungen knapper Konsumgüter zur Verschönerung Moskaus für die Olympischen Spiele 1980, schürten die Verbitterung. Erstes Warnzeichen waren Streiks in Radom 1976. Erstmals gründeten Intellektuelle ein Komitee zur Verteidigung angeklagter Arbeiter (KOR). Es wurde Kern der späteren Opposition.

4. Der Beginn der Agonie, 1979–1985

Wie alle Machtstrukturen ging auch das Sowjetimperium am Zusammenwirken innerer und äußerer Faktoren zugrunde. Wichtigste äußere Rahmenbedingung blieb der Ost-West-Konflikt im Wechsel zwischen offenem Kalten Krieg, Entspannung und friedlicher Koexistenz als Fortsetzung der Konfrontation mit anderen Mitteln (Subversion, Infiltration, Desinformacija und Propaganda, Geheimdienstoperationen zur Destabilisierung des Gegners bis hin zur verdeckten oder offenen Militärintervention in „Befreiungs"- oder Bürgerkriege). Wichtigste innere Voraussetzung waren Strukturgebrechen des Sowjetimperiums, die sich seit dem Zarismus und der Oktoberrevolution kumulierten: Äußere Anlässe waren der Afghanistankrieg (1979–88) und das Fortschwelen der polnischen Dauerkrise seit 1970. Danach eskalierten innere und äußere Faktoren die Dauerkrise zur Agonie, aus der die Sowjetunion nie einen konstruktiven Ausweg fand. Das Ende nahm, wie noch stets in der Weltgeschichte, seinen Ausgang von der Peripherie, erst der lateinischen im Westen, dann der zentralasiatisch-kaukasischen im Süden: Als sich der Kalte Krieg durch Zivilisierung des Ost-West-Konflikts und der Sowjetmacht auflöste, zerfiel das *Imperium Sovieticum*, mit ihm die Sowjetunion.

Mit ihrem Vorpreschen 1945 bis an die Elbe hatte die Sowjetunion Konfliktpotential geschluckt, das nach 1953 explodierte. Indem sich die politisch domierende Erdscholle des orthodox-autokratischen, jetzt linkstotalitären Europa über die wirtschaftlich, sozial weiter fortgeschrittenen und komplexeren Ost-Lateiner schob, unterdrückte der politisch und militärisch herrschende Osten die lateinisch geprägten Völker im Westglacis des *Imperium Sovieticum*. Das berechtigte Drängen auf Reparationen und die Ideologie des egalitären Sowjetkommunismus vereinigten sich zur Senkung des Lebensstandards in den Satellitenstaaten. Ausbeutung zugunsten der Sowjetunion weit über die nach einem schweren Krieg normalen ökonomischen Verluste hinaus und die Kosten der von den Sowjets erzwungenen Strukturreformen kamen im lateinischen Westen zusammen. Lockerungen des eisernen Zugriffs aus der Moskauer Zentrale seit Stalins Tod erzeugten ideologische Verunsicherung und Verwirrung, erschütterten den Anspruch, „die Partei hat immer recht", wie das offizielle Parteilied der SED sang. Die Verwirrung reichte von den Herrschern bis zum Volk: Was auch immer die Regierung tat oder nicht, förderte die Revolution, den Sturz des Sowjetismus. So enstanden neue Handlungsspielräume für die Opposition.

Koexistenz und KSZE

Die Logik sowjetischer Koexistenzpropaganda und die Konkurrenz zum maoistischen China erzwangen pragmatische Arrangements mit dem ökonomisch überlegenen Westen, ohne den Anspruch auf ideologisch-moralische Überlegenheit aufzugeben: Noch im „Historikerstreit" beanspruchte 1987 ein sowjetischer Autor für sein Land, es sei „Träger der moralischen Wahrheit unserer Epoche"[52]. Trotz Vietnamkrieg, Einmarsch in Prag 1968 und lokalen Turbulenzen in Polen (Danzig) 1970 ging die Entspannung in Europa weiter, zumal mit der neuen Ostpolitik der sozialliberalen Koalition unter Willy Brandt seit Ende 1969. Nach bundesdeutschen Ostverträgen mit Moskau und Warschau (1970), der DDR (1972) und Prag (1973) mündete die Dynamik der Entspannung in die „Konferenz für Sicherheit und Zusammenarbeit in Europa" (KSZE) in Helsinki 1975.

Inzwischen erzwangen chronische Versorgungsmängel im *Imperium Sovieticum* weitere Konzessionen, mit dramatischen Folgen: Zur Vermeidung einer offenen militärischen Konfrontation durch Rüstungskontrolle und vertrauensbildende Maßnahmen als Motiv ost-westlicher Kooperation trat immer dringlicher die Zusammenarbeit zur Linderung der eigenen Wirtschaftsmisere. Kredite und moderne Technologien konnten nur vom „imperialistischen Klassenfeind" im Westen kommen. Der führte im Gegenzug mit „Korb 3" die Menschenrechte in die internationalen Beziehungen ein, also Grundwerte der lateinischen „Zivilgesellschaft", wie sie fortan im Untergrund der Ostblockstaaten hieß. Die Kommunisten schluckten „Korb 3", um die zum Überleben notwendigen

Vorteile des „kapitalistischen“ Westens einstreichen zu können, zähneknirschend, wie Walter Ulbrichts Wort von der „Aggression auf Latschen“ demonstriert.

In der Tat entwickelte seit Helsinki 1975 die Berufung auf die KSZE-Charta eine systemsprengende Dynamik: Bis zuletzt bot die Helsinki-Charta der internen Opposition gewissen Schutz. Nach 1980 profitierten von ihr auch in der Sowjetunion „Dissidenten“, angeführt vom Atomphysiker Andrej Sacharow. In der „normalisierten“ ČSSR nannte sich die Bürgerrechtsbewegung „Charta 77“, ihre Symbolfigur Václav Havel wurde nach dem Sturz des Kommunismus 1989–92 erster Staatspräsident der postkommunistischen ČSR, 1993 der Tschechischen Republik.

Nach Helsiniki 1975 gewann die Opposition im Sowjetblock eine zusätzliche Dimension: Über bloßen Protest zur Sicherung des Lebensstandards und gegen den poststalinistischen Machtapparat hinaus schimmerte aus dem Untergrund im lateinischen Vorfeld des orthodoxen Sowjetimperiums – von Polen, Ungarn und der ČSSR bis zu den baltischen Republiken und der DDR – durch die Denkfigur der „gekidnappten Mitteleuropäer“ (Kundera) die vom russisch-sowjetischen Kommunismus überlagerte Latinität durch. Die Ostlateiner, seit 1703 bzw. 1945 unter orthodox-sowjetischer Herrschaft, reklamierten ihre „Rückkehr nach Europa“, zum lateinischen Westen. Da Moskau bisher alle nationalen Eruptionen unterdrückt hatte (1953, 1956, 1968, 1970), schaltete es, wie einst Metternich nach 1815, selbst das national-revolutionäre Potential im Untergrund gleich. In der „Ära der Stagnation“ unter Breschnew (1964–82) bewegten sich Strömungen der Opposition wie in kommunizierenden Röhren, verbunden durch Nachrichten in Presse, Rundfunk, Fernsehen. Gegenüber den verzerrenden Medien unter rigoroser Zensur wirkten westliche Nachrichtensender, vor allem die BBC, in der DDR das Fernsehen der Bundesrepublik, schon durch reine Berichterstattung destabilisierend.

Die latente Agonie: Afghanistankrieg und polnische Dauerkrise, 1979–1985

Der Sieg des islamischen Fundamentalismus im Iran 1979 brachte, damals noch nicht sichtbar, eine erste Wende: Afghanistan wurde mit zwei Militärputschen (1973, 1978) zwar äußerlich kommunistisch, von Breschnew im Juni 1979 offiziell zum Teil der sozialistischen Staatengemeinschaft erklärt. Aber als präventive Vorwärtsverteidigung zur Sicherung seiner muslimischen Südflanke beschloß Moskau die Militärintervention in Afghanistan. Mit dem Afghanistankrieg (1979–88) bereitete sich die Sowjetunion jene entscheidende Niederlage an der Peripherie, an der bisher noch die meisten expandierenden Machtstrukturen untergegangen sind.[53] Bei nur etwas Kenntnis der Geschichte Afghanistans war vorauszusehen, daß die sowjetische Militärintervention zur Stützung eines atheistisch-kommunistischen Systems mißlingen würde.[54] In Parallele zum Vietnamkrieg waren die mittelfristigen Folgen des Afghanistankrieges ebenfalls absehbar: War jener der Anfang vom Abstieg der USA als Weltmacht, so wurde der Afghanistankrieg als der sowjetische Vietnamkrieg für die scheinbar solidere, in Wirklichkeit zerbrechlichere Sowjetunion der Anfang vom Ende. Militärische, ökonomische, politische und moralische Kosten zehrten an ihrem internationalen Prestige und Selbstverständnis als fortschrittliche Befreiungsbewegung, die sonst den Partisanenkämpfer verherrlichte. Waffenlieferungen der USA an afghanische Widerstandskämpfer waren weltpolitische Rache für sowjetische und chinesische Unterstützung kolonialer Befreiungskriege im Kalten Krieg (Vietnam, Algerien, Angola, Mosambik, Rhodesien, Südafrika).

Afghanistan brach erstmals weltweit die Siegesgewißheit, der Eintritt eines Landes in den Kommunismus sei welthistorisch irreversibel, wie sie die Breschnew-Doktrin von der begrenzten Souveränität kommunistischer Staaten außerhalb der Sowjetunion festschrieb. Nach ersten Erschütterungen im Westen seit 1953 wurden die Eroberungen des Zarismus im muslimischen Süden zur zweiten Schwachstelle. Schickten die Sowjets anfangs vor allem zentralasiatisch-muslimische Soldaten nach Afghanistan, so wurden sie bald wegen notorischer Unzuverlässigkeit durch Truppen aus anderen Teilen der Sowjetunion ersetzt. In nichtrussischen Gebieten, z. B. Litauen, wirkten steigende Verluste demoralisierend. Die chronisch aufsässigen Polen nutzten die Paralyse der sowjetischen Zentralmacht zuerst: Sie sahen genau, sprachen es dem westlichen Besucher 1980/81 gegenüber auch offen aus, daß sie ihre relative Freiheit zur Aufmüpfigkeit nur den aufständischen Afghanen verdankten. Selbst die große Sowjetunion konnte sich nicht gleichzeitig zwei Afghanistans leisten, eines in Zentralasien, das andere in Ostmitteleuropa, unter den Fernsehaugen der übrigen Welt. Der Boykott der Moskauer Olympischen Spiele 1980 als Antwort auf den Afghanistankrieg isolierte die Sowjetunion in der Welt moralisch. Die Knappheit der Ressourcen zur Aufmöbelung Moskaus für die Olympischen Spiele erzwang den Abzug von Materialien aus dem Ostblock, Farbe z. B. aus Polen. So brach hier 1980 die nächste Eruption aus.

Im Windschatten des Afghanistankrieges weitete sich die polnische Dauerkrise zu einem Symptom der Gesamtkrise des Sowjetsystems aus, mit Rückwirkungen auch auf die Sowjetunion selbst: Die Streiks in Danzig im August 1980 und die Gründung der unabhängigen Gewerkschaft Solidarność als Volksbewegung und politische Opposition, gestützt von der katholischen Kirche Polens und dem polnischen Papst in Rom, waren eine Herausforderung für das Sowjetsystem. Deshalb respektierte die Solidarność pragmatisch drei Essentials – Hegemonie der Sowjetunion, Vorherrschaft der Kommunistischen Partei, sozialistische Wirtschaftsstruktur.[55]

Honecker wollte die polnische Krise mit einer Militärintervention à la Prag 1968 gewaltsam beenden. Moskau wiegelte jedoch ab, weil es durch Afghanistan außenpolitisch gelähmt war und aktiverer Widerstand in Polen zu erwarten war als in der ČSSR 1968. Als Kompromiß zwischen passiver Hinnahme und direkter Militärintervention billigte es daher die interne Lösung: Am 13. Dezember 1981 proklamierte die in General Jaruzelski vereinigte Partei- und Militärspitze Volkspolens den Kriegszustand, um mit präventiver Selbstbesetzung eine Militäraktion der „Verbündeten" überflüssig zu machen. Die polnische Gesellschaft antwortete mit Verweigerung, so daß Jaruzelski schon 1983 zermürbt den Kriegszustand wieder aufhob.

In der Sowjetunion selbst verkörperte ein überaltertes Politbüro mit todkranken Greisen an der Spitze (Breschnew, Andropow, Tschernenko) die herrschende Gerontokratie und gesamtgesellschaftliche Paralyse, unfähig zu Reformen und konstruktivem Handeln nach innen wie außen. Aufgeblähte Mehrfachbürokratien der Nomenklatura, Armee und Polizeiapparate waren nur noch parasitär, ohne Qualifikationen zur Führung eines modernen Industriestaates. Weite Teile der Kommandowirtschaft verfielen in Tauschhandel. In immer neuen Krisen konnte die Landwirtschaft die Bevölkerung nicht mehr ausreichend ernähren, mußten Getreideimporte aus dem Westen die Versorgung sicherstellen. Sowjetexport beschränkte sich zuletzt nur noch auf Rohstoffe, vor allem Erdöl und Erdgas, deren Erlöse mit dem Verfall der Weltmarktpreise alarmierend sanken.

Forcierte Aufrüstung durch noch modernere Raketen, die SS-20, provozierte 1979 den NATO-Doppelbeschluß des Westens, um die Rücknahme ihrer Stationierung zu erzwingen. Der neue US-Präsident Reagan wollte mit seinem Weltall-Raketenprogramm SDI die Sowjetunion militärisch „totrüsten". Moralische, militärische und ökonomische Verluste im Afghanistankrieg schwächten die Sowjetunion. Nach dem Riesenklotz Kuba, den sie sich 1960 ökonomisch ans Bein gebunden hatte, brachte jeder neue Klientelstaat in Übersee, namentlich Äthiopien seit 1975, zusätzliche Lasten: Das *Imperium Sovieticum* hatte sich auch nach außen sichtlich übernommen. Bei allgemeiner Apathie und ideologischem Zynismus glitt das auf Dynamik und Expansion angelegte Sowjetsystem von der Krise in die Agonie.

IV. Perestroika und Untergang der UdSSR, 1985–1995

1. *Innere und äußere Stagnation – Problemstau bei Gorbatschows Machtantritt*

„Alles ist durch und durch faul. Man muß es verändern", so im Winter 1984 der damalige 1. Sekretär der KP Georgiens und spätere sowjetische Außenminister Eduard Schewardnadse zu Michail Gorbatschow, wenige Monate später Generalsekretär der KPdSU[56]. Die Ära Breschnew (1964–82) hatte in Stagnation und Erstarrung geführt. Nach einem halben Jahrhundert radikaler Veränderungen und Brüche hatte sich die Sowjetgesellschaft bei gleichzeitiger Entspannungspolitik nach außen im Status quo eingerichtet, um den Preis, im „Morast einer gesellschaftlichen Dauerkrise"[57] steckenzubleiben. Diese Stagnationskrise färbte alle Fasern des gesellschaftlichen Lebens ein – von Wirtschaft über Moral bis Außenpolitik. Sie wurde Ausgangspunkt eines neuen Denkansatzes nach 1985, der „Perestroika" (Umgestaltung), eingeleitet von Politikern einer Generation, die ihre politische Sozialisation erst nach dem Zweiten Weltkrieg durchlaufen hatte. Ihr Ziel war, das Sowjetsystem tiefgreifend zu modernisieren.

Die wirtschaftliche Stagnation

Nach der sowjetischen Glasnost-Publizistik belegte die späte UdSSR in Pro-Kopf-Einkommen und Konsum bestenfalls Platz 50 im Weltvergleich[58]. Während in westlichen Ökonomien die Mikroelektronik mit einer dritten industriellen Revolution ihren Siegeszug antrat, konnte die UdSSR seit ca. 1975 kein reales Wachstum mehr erzielen[59]. Die öffentliche Diskussion solcher Zahlen wurde erst mit „Glasnost" seit 1985 möglich, aber längst war ihre materielle Substanz der sowjetischen Führungselite bekannt. Hielt die CIA noch gute Wachstumsperspektiven der sowjetischen Wirtschaft für denkbar und warnte davor, „ihre Leistungskraft und ihre Dynamik"[60] zu unterschätzen, legten führende Wirtschaftsfachleute in der Zweigstelle der Sowjetischen Akademie der Wissenschaften in Nowosibirsk, einer Art Brain-Trust in der UdSSR, 1983 im „Geheimpapier von Nowosibirsk"[61] eine schonungslose Analyse vor, die im Kern die spätere Politik Gorbatschows und Jelzins vorwegnahm: Die Wirtschaftsprobleme seien keine zufällige Addition von Teilproblemen, wie des desolaten Transportwesens, der schlechten Arbeitsdisziplin oder häufiger Dürrejahre, sondern bezeugten die „Unfähigkeit des Systems", sein Wirtschaftspotential effektiv zu nutzen. Die zentralistische und bürokratische Wirtschaft seit Stalins „Revolution von oben" sei dem „Niveau der Produktivkräfte" längst nicht mehr angemessen. Das Plan- und Preissystem, so spitzte es später der Wirtschaftsreformer Abalkin zu, sei im Grunde das der dreißiger Jahre und passe zu den achtziger Jahren wie Kinderkleidung zum Erwachsenen[62]. In die gleiche Richtung zielte Gorbatschows Begriff des „administrativen Kommandosystems", dessen Modernisierungspotential ausgeschöpft sei[63]. Staats- bzw. Kollektiveigentum an den Produktionsmitteln, zentralistische Planung, administrative Zuteilung der Ressourcen, Bevorzugung von Schwer- und Rüstungsindustrie, komplizierte Befehls- und Sanktionshierarchien, gewaltige Subventionskosten als Folge künstlich niedriger Preise – das waren zentrale Merkmale der Wirtschaftsverfassung. Ihre Hauptdefizite waren:

- Das *staatliche Eigentum an den Produktionsmitteln* hatte kein kollektives Eigentümerbewußtsein, sondern organisierte Verantwortungslosigkeit herausgebildet. Das Volkseigentum, „herrenlos und kostenlos" (Gorbatschow)[64], war *de facto* „niemandes Eigentum" (die sowjetische Zeitschrift „Kommunist" 1988)[65].
- Der *Planungsmechanismus* war für die Erfordernisse einer modernen Massengüterproduktion zu schwerfällig und autoritär. Die Kritiker aus Nowosibirsk forderten daher Dezentralisierung und weniger administrative Managementmethoden. Die Zeit für extensives Wachstum durch massierten Einsatz von Ressourcen und massenhafte Exploitation von Rohstoffen und Arbeitskräften war unwiderruflich vorbei. Notwendig wurden feinere Lenkungsinstrumente, um Konsumgüterproduktion und Dienstleistungssektor zu modernisieren und gegenüber dem Westen nicht weiter zurückzufallen.
- *Verschwendung und Vergeudung* knapper Ressourcen waren logische Folge hierarchischer Kommandostrukturen. Der betriebliche Erfolg maß sich am Grad der Planerfüllung. Im Vorfeld mußten daher primär die „weichen Pläne" der Betriebe, die im Interesse von Ressourcenzuteilung und Prämienerhalt ihre Reserven und Kapazitäten systematisch unterbewerteten, mit den „angespannten Plänen" der Zentrale in Einklang gebracht werden. Zentrale Imperative wirtschaftlicher Effizienz, wie Kosteneinsparung, Qualitätsverbesserung, rasche Entscheidungsfindung und Produktivitätserhöhung, kamen zu kurz. Kettenreaktionen bei Bilanzierungsfehlern bzw. Engpässen von Zulieferbetrieben erzwangen Produktionsausfälle, unproduktive Wartezeiten und ein betrieblich rationales, gesamtwirtschaftlich aber unsinniges Tauschen bzw. Horten knapper Güter.
- Das System war *innovationsfeindlich*: Technologische Neuerungen und kreative Impulse zogen im starr regelgeleiteten Planungs- und Planerfüllungsgeschehen leicht Sanktionen auf sich und wirkten als Störpotential. Das Kommandosystem tendierte dazu, Eigeninitiative zu behindern und technischen Fortschritt zu bremsen. Die Auswirkungen auf die gesellschaftliche Moral waren fatal: Der gehorsam-passive Werktätige (Maxime: Was geht es mich an?) verhielt sich noch am ehesten systemfunktional.
- Der *Bürokratismus* der Befehls- und Kontrollhierarchie gipfelte in fast fünfzig Wirtschaftsministerien; ein Unternehmen mußte meist mit mehreren Ministerien gleichzeitig verhandeln. Zusätzlich komplizierten die Zwischenebenen der Unionsrepubliken und Gebietskomitees die Planung. Das ganze Verfahren band die Arbeitskraft von Millionen – in der sowjetischen Diskussion wurde häufig eine Zahl von 18,5 Millionen Menschen genannt[66]. Der Steuerungsapparat war eine riesige Funktionärspyramide, die das Beharrungsvermögen ineffektiver Strukturen institutionalisierte. In und nach der Perestroika entfaltete sie eine beachtliche Eigendynamik. Viele Betriebsdirektoren waren am Erhalt ihrer Privilegien orientiert, verhielten sich entsprechend konservativ oder versuchten, ihre gewohnte betriebliche Leitungsmacht in privatwirtschaftliche Eigentumsformen zu retten.
- Die *Entkoppelung von Arbeitsentgelt und Arbeitsleistung* demotivierte gerade höherqualifizierte Facharbeiter und Techniker. Einige Autoren sprechen von einem informellen Bündnis zwischen mittlerer Bürokratie und ungelernten Arbeitern[67], analog zum Bonmot: „Ihr tut, als würdet ihr uns entlohnen, und wir tun, als würden wir arbeiten."[68] Die Nowosibirsker Studie brachte den Sachverhalt auf den Punkt: Die Arbeiterschaft der dreißiger Jahre, der Entstehungszeit des Kommandosystems, war in ihrer geringen Mobilität, ihrem extrem niedrigen Lebensstandard und der zwangs-

weisen Unterwerfung unter kriegsrechtliche Arbeitsdisziplin mit einer modernen kompetenten Facharbeiterschaft bzw. technischen Intelligenz, die mehr Entscheidungsspielräume und leistungsorientierte Entlohnung verlangt, nicht zu vergleichen. Für die Reformbefürworter ergab sich eine Schlußfolgerung, die letztlich systemsprengend wirkte: Die „Produktionsverhältnisse" waren, marxistisch gesprochen, zur „Fessel der Produktivkraftentwicklung" geworden und mußten einem neuen Wirtschaftsmechanismus jenseits des Kommandomodells weichen.

Die politische Legitimationskrise

Die sowjetische Parteidiktatur konnte immer wieder auf beachtliche Legitimationsquellen zurückgreifen – das Scheitern des Zarismus, die Stalinsche Modernisierungspolitik, den „Großen Vaterländischen Krieg", die Verheißung einer kommunistischen Zukunft, zuletzt durch Chruschtschow auf 1980 terminiert. Spätestens ab 1980 waren solche Rechtfertigungsmuster erschöpft. Es blieben nur die Weltmachtrolle, der nostalgische Blick in die Vergangenheit und eine längst hinfällige „marxistisch-leninistische Weltanschauung". Wirklichkeit und Ideologie klafften auseinander, der Glaube an eine Zukunft, um deretwillen die Nöte von Übergangsphasen erträglich schienen, war geschwunden. Das Selbstbild einer geschichtlich überlegenen Sowjetgesellschaft hielt sich nur mit Repressalien und Manipulation. Klassische Symptome politischen Verfalls schlichen sich ein – weitverbreitete Indifferenz, Rückzug auf Konsuminteressen, in Privatnischen und Subkulturen, Korruption, Schwarzmarkt und illegale Geschäfte aller Art. Die in Artikel 6 der Verfassung[69] kodifizierte Führungsrolle der Einheitspartei KPdSU (ca. 19 Mio. Mitglieder) erlaubte es weder innerhalb noch außerhalb der Partei, Auffassungen zu vertreten, die von den amtlich verlautbarten abwichen[70]. Der Oberste Sowjet mit seinen zwei Kammern, Unionssowjet und Nationalitätensowjet, war zwar auf dem Papier das höchste Staatsorgan und gleichzeitig Legislative, Wahl- und Kontrollorgan für Exekutive und Judikative. Tatsächlich jedoch trat das Parlament, in Einkandidatenwahlen mit 99,9% (so 1979) Zustimmung gewählt, nur zweimal im Jahr zusammen und entschied ohne Kontroversen einstimmig als bloßes Akklamationsorgan. Formal war das politische System föderal: Nach Artikel 70 der Verfassung von 1977 war die Sowjetunion ein „multinationaler Bundesstaat", eine „freiwillige Vereinigung gleichberechtigter sozialistischer Sowjetrepubliken". Artikel 72 garantierte sogar jeder Unionsrepublik „das Recht auf freien Austritt aus der UdSSR"[71]. In der Praxis entschieden zentrale Unionsinstanzen bzw. Parteiführung.

Auch wenn die Methoden der Herrschaftssicherung subtiler als die Stalinsche Mischung von Personenkult und Massenterror geworden waren, blieb die Repression allgegenwärtig – KGB, Dissidentenverfolgung, Zensur der Massenmedien und „Parteianleitung" sämtlicher kultureller Institutionen. Straftatbestände wie „antisowjetische Agitation und Propaganda" und „Staatsverleumdung" sowie das Fehlen einer unabhängigen Justiz machten die Grundrechtsversprechen der Verfassung zur Makulatur. Selbst die Machtelite des Sowjetstaates entging nicht der ständigen Kontrolle des Sicherheitsapparats. „Jeder", schreibt einer der führenden politischen Berater jener Zeit, Georgi Arbatow, „einschließlich der Spitzenpolitiker, hatte Angst davor, abgehört, überwacht oder denunziert zu werden. Hohe Funktionäre, selbst ZK-Sekretäre, blickten in meiner Gegenwart manchmal auf das Telefon, machten ein offensichtliches Zeichen und legten den Finger an den Mund, wenn das Gespräch in ihrem Büro gefährlich zu werden drohte."[72]

Die stufenweise Privilegierung des Funktionärsapparats, der Nomenklatura[73], durch Sonderläden, Dienstwagen, Auslandsreisen, Ferienheime, westliche Importgüter und hierarchisch dosierten Informationszugang sorgte für loyale Kader. Zuletzt war das Nomenklatursystem eine Oligarchie mit Tendenzen zur Vererbung der Macht, da Spitzenfunktionäre Privilegien innerhalb ihrer Familienclans weitergaben[74].

Hatte das Kommandosystem ökonomisch sein Wachstumspotential erschöpft, so hatte es politisch seine Kraft eingebüßt. Wenn führende Kommunisten im Verlauf der Perestroika ihre politischen Überzeugungen, ja „den Glauben an die eigene Sache“[75] verloren, so war die Sowjetideologie schon längst zerfallen: Von einer revolutionären Idee mit chiliastischen Zügen war sie über scholastischen Vulgärmarxismus zur Rechtfertigung von Stalins Modernisierungsdiktatur[76] zum bloßen Formalismus eines Lippenbekenntnisses in der späten Breschnew-Zeit verkommen. Aus der Befreiungslehre des Marxismus war am Ende eine formelhafte und rituelle „Holzsprache“[77] geworden, ohne Glaubwürdigkeit und Massenwirksamkeit. Gorbatschow selbst sprach von einer Diskrepanz zwischen Rhetorik und Praxis, die die gesellschaftliche Moral verzerre und sich unheilvoll auf das politische Bewußtsein der jüngeren Generation auswirke[78]. Die geschichtsphilosophisch überhöhte Selbstdefinition der Partei als Vorhut proletarischer Befreiung, ja als Instrument des Weltgeistes zur Emanzipation der menschlichen Gattung und als Sachwalter einer höheren Gesellschaftsformation brach sich an der Realität eines Systems, das von Erosion administrativer Kompetenz und bloßer Machtabsicherungsstrategie gekennzeichnet war[79]. Geblieben war indes die theoretische (Erblast der Marxschen Kritik der bürgerlich-liberalen Menschenrechtsidee) wie praktische (Erblast orthodox-autokratischer Tradition) Geringschätzung von Pluralismus und Liberalität. Das Fehlen von demokratischer Öffentlichkeit, Diskussion und Kontrolle führte selbst auf höchster Ebene zu Selbsttäuschung. Weder Gesellschaft noch politische Eliten besaßen ein realistisches Bild von den sowjetischen Verhältnissen: „Die totalitären Traditionen, die allgegenwärtige Propagandamaschinerie, die unablässig unsere Erfolge verkündete, das ungebrochene Verlangen, den Vorgesetzten zu sagen, was sie hören wollten – all das nahm grausam Rache an uns.“[80]

Weit entfernt von ihren ursprünglichen Zielen, den Staat zu organisieren und die Gesellschaft zur Selbstbefreiung anzuhalten, war die Partei verstaatlichte Rekrutierungsmaschine von Bürokraten geworden[81]. Die Partei hatte sich nicht die staatliche Bürokratie unterworfen, wie die Bolschewiki gedacht hatten, sondern war selbst so sehr Bürokratie geworden, daß sie sich nach dem Putsch von 1991 zunächst verbieten ließ.

Zudem machten sich Auswirkungen einer regelrechten Bildungsexplosion bemerkbar: Allein zwischen 1941 und 1970 hatte sich die Zahl der Hochschulabgänger versiebzehnfacht[82]. Gerade in den nichtrussischen Unionsrepubliken war eine neue Mittelschicht entstanden, die später jene Nationalbewegungen mit trug, die die UdSSR aus den Angeln hoben. Der spezifisch sowjetische Modernisierungsprozeß, der technische und wissenschaftliche Qualifikationen vermittelte, politische Freiheiten und demokratische Öffentlichkeit aber versagte, blieb in sich widersprüchlich: Der „Gesellschaftsvertrag“ bzw. der „soziale Kompromiß“[83] zwischen Parteiführung und Bevölkerung – Preisstabilität, Arbeitsplatzsicherheit und relativ egalitäre Einkommenspolitik gegen politische Apathie und die Hinnahme eines Klimas von Passivität und Subalternität – konnte diesen Widerspruch zeitweise verdecken, aber nicht aufheben. Zunehmende Korruption und gesellschaftliche Demoralisierung waren logische Folgen[84].

Die schweren Krankheiten von Gorbatschows Amtsvorgängern symbolisierten Stagnation und Immobilismus: Breschnews Abhängigkeit von Schlaf- und Beruhigungsmitteln führte seit ca. 1974 zu irreparablen Schädigungen seines zentralen Nervensystems und einem beschleunigten Persönlichkeitszerfall, so daß er immer weniger in der Lage war, auch nur elementare Führungsfunktionen wahrzunehmen. Andropow, vergleichsweise intellektuell und dynamisch, starb nur zwei Jahre nach Machtantritt und war während seiner Amtszeit schwer krank. Tschernenko hatte bei seiner Wahl, wie dem Politbüro bekannt, nur noch etwa ein Jahr zu leben[85].

Außenpolitische Belastungen

Neben internen erzwangen externe Faktoren eine Neuorientierung: Das Thema Rüstungsindustrie stand am Anfang des Stalinschen Wirtschaftssystems[86] wie an ihrem Ende. Die Kosten des Wettrüstens gegen die USA sprengten das System. Schätzungen gingen weit auseinander: Während Gorbatschow den Anteil der sowjetischen Rüstungsausgaben am Bruttosozialprodukt auf 9% bezifferte und die NATO von 15% sprach, veranschlagten westliche Wissenschaftler den Anteil auf 20 bis 25%[87]. Die Entspannungspolitik der späten sechziger und der frühen siebziger Jahre hatte längst einer erneuten Verhärtung Platz gemacht[88]. Die Afghanistan-Intervention der UdSSR 1979 war nur Höhepunkt eines Engagements in der Dritten Welt, das die Beziehungen zum Westen beeinträchtigte. Auch die Dauerkonfrontation mit China band erhebliche Mittel[89]. Das Nebeneinander von Entspannungspolitik (Helsinki-Prozeß, KSZE, SALT usw.) und Hochrüstung (neue Mittelstreckenraketen vom Typ SS 20) spitzte die Lage zu, gerade auch vor dem Hintergrund der strikt antikommunistischen Politik des amerikanischen Präsidenten Reagan (UdSSR als „Reich des Bösen", Nachrüstung, SDI). Alles in allem schätzte Schewardnadse die zusätzlichen Rüstungskosten jener Jahre auf 700 Mrd. Rubel[90]: „Zu einer Supermacht wurden wir ausschließlich dank unserer militärischen Stärke. Doch durch ihren maßlosen Ausbau gerieten wir in die Lage eines drittrangigen Landes. (...) Wir brüsten uns zwar, eine militärische Parität mit den USA erreicht zu haben, ... liegen jedoch in puncto Lebensstandard der Bevölkerung weltweit unterhalb der 50. Stelle."[91]

Immer deutlicher wurde zudem, besonders durch die polnische Dauerkrise, daß die „sozialistische Staatengemeinschaft" kaum mehr war als ein Bündnis von Partei- und Staatseliten und daß deren Position in Ostmitteleuropa zusehends prekär wurde. Beim Machtantritt Gorbatschows und Schewardnadses 1985 war außenpolitisch für die UdSSR „eine außerordentlich finstere Situation"[92] entstanden: Trotz eines hypertrophen Wachstums des militärisch-industriellen Komplexes war die sowjetische Außenpolitik gescheitert.

2. *Glasnost und Perestroika – Reformpolitik, 1985–1991*

Unter Michail Gorbatschow verfielen die Macht der KPdSU, die staatliche Einheit der UdSSR und das von ihr dominierte System von Satellitenstaaten. Doch 1985 erschien er den meisten politischen Akteuren und Beobachtern nicht als unfreiwilliger Liquidator, sondern als überfälliger Modernisierer des Sowjetsozialismus. Sein Reformvorhaben sah er in historischer Analogie zu England und Frankreich, die mehrere Revolutionen gebraucht hätten, um die bürgerliche Gesellschaft endgültig zu etablieren. Auch der Sozialismus brauche mehrere „revolutionäre Etappen", um sich zu verwirklichen: „Lenin wiederholte den folgenden Gedanken mehr als einmal: Sozialismus bestehe aus vielen Anläufen."[93]

Gorbatschow wurde am 11. 3. 1985 zum Generalsekretär des ZK der KPdSU gewählt. Die vorausgegangenen politischen Führungen (zweite Phase der Breschnew-Zeit, Andropow 1982–1984, Tschernenko 1984–1985) hatten auf den wachsenden Problemdruck weder mit einer schlüssigen Zukunftsvision noch mit einem dynamischen Arbeitsstil reagiert. Anders Gorbatschow: er war gesund, vergleichsweise jung (Geburtsjahr 1931), redegewandt, gebildet (zwei Hochschulabschlüsse), suchte die Öffentlichkeit. Im Gegensatz zur „Partei- und Staatsgerontokratie"[94] verkörperte er nachgerade eine letzte Rettungschance für die Sowjetunion.

Über ein bündiges Reformkonzept verfügte Gorbatschow 1985 nicht. Er mußte erst Bedingungen dafür schaffen, es unter Beteiligung relevanter Teile der Bevölkerung zu entwickeln. Eine Vision hatte er allerdings – die eines demokratisierten, offenen und effektiven Sozialismus, in dem die Grundfesten des Sowjetstaates – sozialistische Wirtschaftsverfassung und Führungsrolle der Partei – unangetastet blieben. Die Begriffe Glasnost (Offenheit, Transparenz) und Perestroika (Umgestaltung) wurden schnell zu Synonyma der neuen Politik. Gorbatschows Grundsatzrede auf dem Plenum des ZK der KPdSU am 27. 1. 1987[95] skizzierte die großen Linien des Reformprojekts, die er wenig später in seinem Buch „Perestroika" erläuterte (Dok. Nr. 28): Die Wirtschaft sollte kostenbewußter, effizienter produzieren und die technologische Lücke zum Westen schließen. In der Politik sollte ein Demokratisierungsprozeß – „Motor der Umgestaltung" (Gorbatschow) – Mißstände offenlegen, Apparatsentscheidungen kontrollieren und echte Partizipation ermöglichen. Die politische Kultur war von Duckmäusertum und Zynismus zu befreien. Gorbatschows Reformpolitik zerfällt in mehrere Phasen:

1. anfängliche Konzeptlosigkeit 1985/86. Administrative Kampagnen gegen Disziplinlosigkeit am Arbeitsplatz, Alkoholmißbrauch u. ä. standen im Vordergrund.
2. eine konzeptionelle Phase 1987. Gorbatschow erhob – im Unterschied zur chinesischen Führung – die politische Demokratisierung zur *conditio sine qua non* der ökonomischen Modernisierung: „Wir brauchen die Demokratie wie die Luft zum Atmen."[96]
3. Beschleunigung der Reformen 1988–90. Serienweise fielen Tabus der Sowjetgeschichte, und die Gesellschaft geriet in einen fundamentalen Prozeß der Selbstaufklärung. Zuletzt wurden Leninismus und Marxismus selbst fragwürdig, und Nationalbewegungen entfalteten, ausgehend vom Baltikum und von Armenien, eine ungeahnte Sprengkraft.
4. Abbremsen des Reformtempos 1990/91. Gorbatschow versuchte im Bündnis mit den konservativen Führungseliten, die durch die Perestroika freigesetzten zentrifugalen Kräfte zu bändigen – Ernennung des späteren Putschisten Pawlow im Januar 1991 zum Ministerpräsidenten, prosowjetische Umsturzversuche in Lettland und Litauen im Januar 1991, Versuche zur Rettung der UdSSR in reformierter Gestalt in Frühjahr und Sommer 1991.

Der Putsch vom August 1991 zeigte nur noch, daß wichtigen Teilen des Partei- und Staatsapparates die Politik des Bremsens zu unentschieden und Gorbatschows Linie des Mittelweges zwischen Radikalreformern und konservativen Beharrungspolitikern an ihr Ende gekommen war. Sein Projekt eines reformierten Sozialismus war gescheitert.

Über alle vier Phasen hinweg lassen sich bestimmte Machttechniken der Gorbatschow-Führung identifizieren:

- Grundlegend ist die *Suchbewegung* als politische Figur, vorsichtiges Austarieren, das an „*piecemeal social engineering*" (Karl Popper) erinnernde schrittweise Vorgehen, Resultat eines Grundcharakteristikums russisch-sowjetischer Geschichte: der Vorbildlosigkeit. Wie die Bolschewiki in den zwanziger Jahren mit dem Paradoxon einer nachholenden sozialistischen Industrialisierung konfrontiert waren, bei der ihnen der Marxismus wenig half[97], so hatte Gorbatschows Öffnungspolitik kaum Vorbilder in der Sowjetgeschichte, bestenfalls ein wenig NEP, Bucharins Wirtschaftskonzept oder vorsichtige Wirtschaftsreformen der frühen sechziger Jahre. Suchbewegung hieß daher auch Lernprozeß: Ohne Glasnost keine Perestroika, ohne Demokratie keine Wirtschaftsreform, ohne freie Wahlen keine Demokratie, ohne Einschränkung der Macht des Apparats keine freien Wahlen, kein Fortbestand des Sowjetimperiums bei freien Wahlen – so läßt sich die Dialektik der Entwicklung nach 1985 zuspitzen.
- Mit der traditionellen bolschewistischen Praxis der innerstaatlichen *Feindbildkonstruktion* brach Gorbatschow: „In unserer ganzen Geschichte", so 1988 die Zeitschrift „Kommunist", „haben wir immer wieder eine Gruppe von Menschen nach der anderen für wertlos erklärt... Klassenfeinde..., Abweichler der verschiedensten Art, Dissidenten."[98] Ähnlich Schewardnadse: „Es ist bequemer, den Kopf des Kritikers zu zerschmettern als die Idee, die er hervorbrachte. Dies hatte sich in uns derart festgesetzt, daß wir es verlernten, miteinander zu reden."[99] Die Tugenden der Kompromißbereitschaft, des Ausgleichs, der Toleranz galten traditionell wenig in der politischen Kultur Rußlands und der Sowjetunion; politische Polizei, Rhetorik der Vernichtung (so in den Schriften Lenins), Verachtung des Pluralismus als bourgeois hatten die Mentalität der politischen Klasse geprägt. Gorbatschows Bruch damit kam aus der Einsicht, daß die Sowjetunion keine weitere Revolution von oben, sondern eine von der Parteiführung initiierte, aber von der ganzen Gesellschaft getragene demokratische Umgestaltung benötigte[100].
- Der *Zentrismus* der Gorbatschow-Führung lavierte behutsam zwischen radikalreformerischer „Linken", anfangs von Sacharow personifiziert, und reformskeptischer „Rechten", personifiziert durch Gorbatschows Hauptgegner im Politbüro, Ligatschow.
- Gorbatschows *Personalaustausch* in Staat und Partei war im Umfang in der Sowjetgeschichte allenfalls mit der Personalpolitik Stalins vergleichbar[101]. Systematisch zog er reformbereite Kräfte in Politbüro, Regierung, Unionsregierungen, regionale und lokale Parteiführungen. Ähnlich weitgehende Veränderungen scheiterten jedoch im Zentralkomitee, so daß in dieser zentralen Instanz des Parteiapparats zahlreiche Reformgegner blieben.
- *Persönliche Machtkonzentration:* Gorbatschow war Generalsekretär (März 1985), Vorsitzender des Präsidiums des Obersten Sowjets (1988), schließlich – im März 1990 erhielt die UdSSR eine Präsidialverfassung – Staatspräsident mit weitreichenden Vollmachten. Aber synchron zum institutionellen Machtzuwachs verfiel seine tatsächliche politische Autorität, zerrieben zwischen Radikalreformern, die zunehmend Jelzin zur Integrationsfigur für eine postkommunistische Perspektive erhoben, und Reformgegnern, die sich immer offener artikulierten.

Glasnost – ein neuer Blick auf Vergangenheit und Gegenwart

Auch Glasnost war Machttechnik, da Gorbatschow mit ihr Gegner der Perestroika schwächen und abwartende Teile der Bevölkerung auf seine Seite ziehen wollte, indem er die Realitäten der Sowjetgesellschaft hinter den gewohnten Fassaden öffentlich machen ließ.[102] Ein Ziel ließ sich rasch erreichen: mit der beschönigenden Informationspolitik zu brechen und die repräsentative durch eine kritisch-diskutierende Öffentlichkeit zu ersetzen. Vor allem die Intellektuellen, die gebildeten Mittelschichten, die jüngere Generation und die ethnischen Minderheiten nutzten die neuen Möglichkeiten.

Seit 1986 veränderte sich die sowjetische Presselandschaft; Zeitungen und Zeitschriften wie „Moscow News", „Ogonjok" (Flämmchen), „Argumenty i fakty" (Argumente und Fakten) entwickelten sich schnell zu Motoren der Umgestaltung. Bislang unterdrückte Filme wurden gezeigt, wie der 1984 entstandene, 1987 freigegebene Film „Die Reue" von Tengis Abuladse[103]. Werke vergangener Jahrzehnte (u. a. von Bulgakow, Mandelstam, Nabokov, Orwell, Kafka) wurden zugänglich, nicht publizierte Romane konnten erscheinen – Rybakows „Die Kinder vom Arbat" (1966 entstanden, 1987 veröffentlicht), Pasternaks „Doktor Schiwago" (1988 veröffentlicht), sogar Solschenizyns „Archipel Gulag" (in Auszügen 1989). Im August 1990 schaffte das Gesetz über die Presse die Zensur offiziell ab.

Typisch für die ersten Glasnost-Jahre war der Bruch mit Tabus der Vergangenheit. Die bisherige Konstruktion der Sowjetgeschichte erwies sich schnell als brüchig, sobald ihre „weißen Flecken" sichtbar wurden. Eine neue Entstalinisierung machte die Repression der dreißiger und vierziger Jahre zum Thema, wirtschaftliche Erfolgszahlen der Stalin-Zeit wurden nach unten korrigiert, prominente Bolschewiki (Bucharin, Rykow) wie über eine Million Stalin-Opfer[104] rehabilitiert. Der vormalige Dissident R. Medwedew schätzte die Zahl der Stalin-Opfer auf seither immer wieder genannte 40 Millionen. Allerorts gründeten sich Memorialgesellschaften zum Gedenken an die eigene Geschichte. Wie Dominosteine fielen die Mythen der Sowjetgeschichte, und hinter das anfängliche Lob der zwanziger Jahre, des Bucharinschen Industrialisierungskonzepts und der NEP ging die Kritik bis zu Lenin und zur Oktoberrevolution. So zitierte M. Schatrows Stück „Weiter ... weiter ... weiter" Rosa Luxemburgs weitsichtige Kritik an Lenins Partei- und Staatstheorie[105]. Weit über Schatrow, Rybakow, Medwedew und andere hinaus gingen „Westler" wie A. Zipko. In einer Folge von vielbeachteten Zeitschriftenartikeln („Die Quellen des Stalinismus") machte er 1988/89 nicht nur Lenin, sondern auch Marx und den romantischen Utopismus der russischen Intelligenzija für den Stalinismus verantwortlich[106]. So war schon bald von einer „Stolypinschen Alternative" zu 1917 zu lesen[107], und gar ein schwärmerisch-verklärter Blick auf den Zarismus gewann an Popularität.

Zugleich wandte sich die neue Öffentlichkeit der Gegenwart zu, im informellen Milieu von Selbstverlagen („Samisdat"), Zirkeln und Diskussionsklubs, zunehmend auch in offiziellen Medien. In einer schonungslosen Analyse der Sowjetwirklichkeit zertrümmerte sie das Selbstbild einer fortschrittlichen, egalitären und sozialen Gesellschaft. Sie legte den Zustand des Gesundheitswesens bloß (höhere Säuglingssterblichkeit als in Portugal oder der Türkei), die Zahl der Arbeitsunfälle (20mal höher als in der BRD), Arbeitslosigkeit (in islamischen Republiken über 20 %), Gewaltkriminalität, Unterdrükkung in der Armee, die oft verzweifelte Situation der Afghanistanheimkehrer, Armut im Sowjetstaat (1988 etwa 20 % der Bevölkerung unterhalb der Armutsgrenze[108]) und Korruption (Dok. Nr. 27). Umweltprobleme wurden publik, schlimme Erblasten sowjetischer Industrialisierung – von extremer Schadstoffbelastung in Großstädten, Industriezentren und Gewässern bis zur Nuklearverseuchung ganzer Regionen (Semipalatinsk, Tscheljabinsk). Weitere Nuklearkatastrophen von der Dimension der Tschernobyl-„Havarie" wurden öffentlich, ebenso der verantwortungslose Umgang mit Atommüll. 1992 zeigte eine Studie von Geographen der Akademie der Wissenschaften, daß in 300 Regionen der Sowjetunion wegen Umweltverseuchung „akute Gefahren" für die Bevölkerung bestehen, und sprach von siebzehn „ökologischen Katastrophenregionen"[109].

Daß sich Gorbatschow im April 1990 bei dem polnischen Volk für das Massaker von Katyn entschuldigte, war nur noch ein Nachtrag: Glasnost hatte das bisher propagierte Bild sowjetischer Geschichte und Gegenwart gründlich zerstört und eine literarisch-publizistische Öffentlichkeit ermöglicht, die schnell zu einer politischen Öffentlichkeit auch jenseits des sozialistischen Ordnungsrahmens wurde. „Spätestens seit 1988 begann Glasnost das alte Gehäuse des sowjetischen Sozialismus aufzusprengen. Der Geist aus der Flasche ließ sich nicht zähmen; Glasnost wurde zur wichtigsten Triebkraft bei der Auflösung des Sowjetsystems, das doch nach dem Willen der Väter der Perestroika gestärkt aus der Glasnost-Kur hatte hervorgehen sollen."[110]

Perestroika im politischen System – Erfolge und Aporien

Prägte in der frühen Gorbatschow-Ära Glasnost das Bild, so wandelte sich seit 1988 und 1989 das politische System selbst. Die Rückkehr Sacharows aus der Verbannung nach Moskau, die Freilassung zahlreicher Systemkritiker aus Gefängnissen und Straflagern, Ausreiseerleichterungen für Juden und Deutschstämmige, die Duldung unabhängiger Organisationen und informeller Vereinigungen[111] – all das eskalierte seit 1988 zu einer neuen Qualität, zur schrittweisen Parlamentarisierung des Systems. Die 19. Parteikonferenz (die erste seit 1941) beschloß im Sommer politische Reformen. Im Dezember folgten Revisionen von Verfassung und Wahlgesetz, im März 1989 allgemeine und geheime Wahlen zu einem zweistufigen Parlament. Der Kongreß der Volksdeputierten, oberstes Organ der Staatsgewalt der UdSSR, umfaßte 2250 Mitglieder, wovon ein Drittel von Partei und „gesellschaftlichen Organisationen" bestimmt wurde. Aus seiner Mitte wählte er den Obersten Sowjet, mit zwei Kammern (Unions- und Nationalitätensowjet) das eigentliche Arbeitsparlament, und den Vorsitzenden des Obersten Sowjets.

Die Wahlen zum Volksdeputiertenkongreß mit einer Beteiligung von 83 % bestätigten, daß die Bevölkerung die Perestroika unterstützte. Auch wenn in einem Viertel der Wahlkreise nur eine Person kandidierte und ein Drittel der Deputierten ohne Volkswahl in den Kongreß einzog, waren die Wahlen vergleichsweise frei, ein Novum in der Sowjetgeschichte. Zahlreiche Kandidaten des Apparats blieben auf der Strecke, prominente Reformer erreichten hohe Stimmenzahlen.

Die Machtbefugnisse sollten von verkrusteten Parteiorganen auf gewählte, von unten kontrollierbare Sowjets übergehen, um die Perestroika zu stärken und das Einparteiensystem zu stabilisieren. In der Praxis prägten die entschiedensten Reformer die Debatten des Kongresses und übten vor den Augen der Kameras (und des neugierigen Sowjetpublikums) öffentlich Kritik an Mißständen. Sie forderten, die Führungsrolle der KPdSU aus der Verfassung zu streichen, und bereiteten – im Herbst 1989 – selbst Gorbatschow Abstimmungsniederlagen. Rasch bildeten sich im Parlament verschiedene Strömungen – die *„Linke"* (Radikalreformer um die „Interregionale Arbeitsgruppe"), die „Rechte"

(Konservative, anfänglich für eine behutsamere Perestroika, später offen reaktionär, etwa die im Februar 1990 gegründete „Sojus"-Abgeordnetengruppe um den „schwarzen Oberst" V. Alksnis) und das Zentrum um Gorbatschow, das je nach Situation Bündnispartner auf der einen oder anderen Seite suchte.

Die Wahlen von 1990 zu den Obersten Sowjets in Unionsrepubliken, Regionen, Städten und Gemeinden brachten einen weiteren Demokratisierungsschub. Die vorjährige Eindrittelregel zur Privilegierung der KPdSU fiel weg, serienweise wurden, besonders in Großstädten, Reformer gewählt. Zudem traten organisatorische Alternativen zur KPdSU auf. Im Baltikum, in Armenien und in Georgien siegten nichtkommunistische Mehrheiten, in Rußland stellte der Block „Demokratisches Rußland" knapp ein Drittel der Deputierten.

Im März 1990 führte der Volksdeputiertenkongreß das Präsidialsystem ein, strich die Führungsrolle der KPdSU aus der Verfassung und übertrug dem von ihm gewählten Präsidenten Gorbatschow neue, weitreichende Vollmachten: Er vertrat die UdSSR nach innen und außen, war Oberbefehlshaber, hatte ein Vetorecht gegenüber Gesetzen des Obersten Sowjets, konnte Kriegs- und Ausnahmezustand verhängen und schlug den Regierungschef vor. Im Juni 1991 wurde Jelzin, seit einem Jahr Vorsitzender des Obersten Sowjets Rußlands, unterstützt vom „Wahlbündnis Demokratisches Rußland", mit 57,3 % der Stimmen vom Volk zum russischen Präsidenten gewählt – gegen Ryschkow, einen Vertreter des Apparats (16,8 %), und den rechtspopulistischen Demagogen Schirinowski (7,8 %). Gleichzeitig wählte die Bevölkerung Leningrads, das in St. Petersburg umbenannt wurde, und Moskaus führende Demokraten zu Oberbürgermeistern.

Mit dem parlamentarischen und präsidialen Machtzuwachs 1989–91 verfiel das alte System. Zwar versuchten konservative Kräfte im Parteiapparat, die politische Hegemonie zurückzugewinnen, so spektakulär mit dem Leserbrief der Leningrader Chemiedozentin Nina Andrejewa („Ich kann meine Prinzipien nicht aufgeben") in der „Sowjet-

Karrikatur (1990) von Hans Traxler

skaja Rossija" vom März 1988, in dem sie emphatisch die Rückkehr zur traditionellen Sowjetgesellschaft forderte[112] (Dok. Nr. 29). Doch bot der traditionelle Apparat, als bedrohliche „Schattenmacht"[113] scheinbar omnipräsent, weder massenwirksame Führungspersonen noch überzeugende Alternativen (Dok. Nr. 30). Die Reformer verließen die Partei aus Protest gegen das Lavieren des Zentrums, so Jelzin nach dem 28. Parteitag der KPdSU im Juli 1990[114]. Parallel schwand der Einfluß der Partei in Provinzen und Betrieben. 1990 glaubte nur noch jeder Dritte fest an eine sozialistische Zukunft[115] (Dok. Nr. 31). In das ideologische Vakuum stießen neben auf eine westliche Entwicklung setzenden Demokraten vor allem russisch-nationalistische und sogar antisemitische Tendenzen.

So ergab sich politisch am Ende der Ära Gorbatschow ein Bild, das von den Absichten der Reformer meilenweit entfernt war: Die Partei hatte sich nicht revitalisiert, sondern zwischen Parlament und Präsident ihren Einfluß weitgehend eingebüßt. Gorbatschows Position wurde – trotz institutioneller Machtfülle – prekär, die Kräfteverhältnisse begannen sich ohne ihn neu zu gruppieren. Ideologisch hatte – trotz aller Bekenntnisse zu einem demokratischen Sozialismus der Zukunft[116] – die sozialistische Idee ihre Kraft verloren. An ihre Stelle trat allmählich etwas, das über hundert Jahre zuvor schon einmal die Debatten der russischen Intelligenzija bestimmt hatte: der alte Gegensatz zwischen Westlern, die für liberalen Kapitalismus und westliche Demokratie eintraten, und Slawophilen verschiedenster Couleur, die auf die russische Nation, ihre besondere Mission und Geschichte sowie die imperiale russische Idee setzten[117].

Das Nationalitätenproblem

Nirgendwo wird der Zerfall des Sowjetsystems deutlicher als in der Nationalitätenproblematik. Behauptete das Programm der KPdSU noch 1986, die nationale Frage sei „erfolgreich gelöst", so sprengten schon wenige Jahre später Unabhängigkeits- und Nationalbewegungen das alte Regime: 1987 fanden im Baltikum die ersten unabhängigen Massendemonstrationen statt, seit Februar 1988 toben bürgerkriegsähnliche Unruhen um Berg-Karabach, eine armenische Enklave in Aserbeidschan. Im Oktober 1988 forderten in Estland, Lettland und Litauen „Volksfronten" nationale Selbstbestimmung, im November 1988 erklärte sich Estland als erste Unionsrepublik für souverän, im März 1990 Litauen, nach einem Wahlsieg von „Sajudis", für unabhängig von der UdSSR. Staatsstreiche „nationaler Rettungskomitees" mit Moskauer Rückendeckung im Januar 1991 blieben erfolglos. Nationalistische Unruhen erschütterten im Juni 1989 Usbekistan und Kasachstan. In Aserbeidschan, Moldawien und der Ukraine gewannen nationale Gruppen an Boden, Kasachisch, Kirgisisch, Moldawisch und Ukrainisch wurden in den jeweiligen Republiken Amtssprache. 1990 erklärten sich sämtliche ehemaligen Unionsrepubliken für souverän. Die Desintegration der UdSSR beschleunigte sich – bis zum tatarischen und tschetschenischen Separatismus innerhalb Rußlands. Im März 1991 reagierte Gorbatschow mit einem Referendum über eine neue Unionsverfassung (76,4% Jastimmen für die „UdSSR als erneuerte Föderation gleichberechtigter souveräner Republiken"), seit April 1991 führte er Verhandlungen mit neun Republiken in Nowo-Ogarjowo bei Moskau, die in einen Entwurf für einen neuen Unionsvertrag mündeten, den am 20. 8. 1991 zunächst Rußland, Kasachstan und Usbekistan unterzeichnen wollten, was durch den Putsch vom 19. 8. unterblieb.

Der aufbrechende Nationalismus hatte mehrere Ursachen:

1. Moskaus Nationalitätenpolitik hatte zwar für eine vergleichsweise lange Stabilität sorgen können[118], aber zu Beginn der Perestroika die zentrifugalen Kräfte, Zerfallsprodukt einer scheiternden Modernisierung[119], unterschätzt.
2. Glasnost brach Tabus der Sowjetgeschichte, z. B. das um die geheimen Zusatzprotokolle zum Hitler-Stalin-Pakt, machte regionale und sprachpolitische Konflikte, ethnische Rivalitäten und chauvinistische Ambitionen öffentlich.
3. Der Rückgriff auf nationale Identität, mit Verspätung auch in Rußland selbst, bot Ersatz für die brüchig gewordene Identität als „Sowjetmensch", ein nun mit dem Odem von Stalinismus und Stagnation und pejorativem Beigeschmack versehener Begriff[120]. Religiöse, ethnische und vor allem nationale Zugehörigkeit versprach eine neue Identität, samt passenden Feindbildern.
4. Die Nationalbewegungen boten verschiedenen sozialen Schichten, von neuen Mittelschichten[121] über lumpenproletarische Randgruppen bis zu KP-Nomenklaturisten, die Chance, Machtpositionen abzusichern oder zu gewinnen.

Nationale Strömungen wurden Sammelbecken für ehemalige Dissidenten wie für regionale und lokale politische Eliten, deren Abhängigkeit vom Zentrum ab- und von lokalen Klientelen zunahm. So fanden unterschiedliche politische Positionen eine neue Heimat – von baltischen Umweltgruppen, die sich mit dem Umweltdesaster der sowjetischen Industrialisierung befaßten, über westlich eingestellte Dissidenten bis zu autoritär-faschistoiden Fanatikern, die sich von Rußland bis Georgien allenthalben fanden: Je stärker die Nationalbewegungen, desto schwächer das Zentrum; je schwächer das Zentrum, desto integrativer die Nationalbewegungen. Nationale Ideen und Institutionen füllten jene Leerstellen, die der Verfall des Sowjetsozialismus hinterließ. Die Aufwertung der Peripherie war logische Konsequenz aus der Schwäche des Zentrums.

„Neues Denken" und Ende der Blocklogik

Schnell hatte die Perestroika außenpolitische Erfolge – weltpolitisch, europapolitisch, deutschlandpolitisch. Gorbatschow und seinem Außenminister Schewardnadse gelang es, die tradierte Politik des „sozialistischen Internationalismus" und der „friedlichen Koexistenz" mit ihrer Übertragung des Klassenkampfes auf die internationalen Beziehungen abzulösen durch das „neue Denken", das die „Politik der Stärke" durch eine „Stärke der Politik"[122] ersetzen wollte. Zugrunde lagen die These von der „Priorität der allgemeinmenschlichen Werte" vor den Imperativen des Klassenkampfes und die Hoffnung, durch systematische Abrüstung und Großmachtkooperation mehr Sicherheit zu gewinnen und die Reformen in der Sowjetunion abzufedern. In dem Ziel, die Blocklogik selbst zu überwinden, ging der Neuansatz weit über die frühere Entspannungspolitik hinaus. Bereits im Januar 1986 erhoffte Gorbatschow in einer Erklärung die etappenweise Vernichtung aller Kernwaffenvorräte in naher Zukunft[123] – welch ein Abstand zu Stalins Doktrin von der Unvermeidbarkeit des Dritten Weltkrieges!

Der neue, entmilitarisierte Sicherheitsbegriff führte zu einem von Grund auf veränderten Verhältnis zu den USA und zur NATO. Die wichtigsten Etappen waren das Gipfeltreffen Reagan–Gorbatschow in Reykjavik im Oktober 1986, die Unterzeichnung des INF-Abkommens im Dezember 1987 (Nullösung bei atomaren Mittelstreckenraketen in Europa), der Abzug der letzten Truppen aus Afghanistan 1988/89, der Pariser Vertrag der KSZE im November 1990 mit seiner „Charta für ein neues Europa" („Das Zeitalter der Konfrontation und der Teilung Europas ist zu Ende gegangen.") und dem Bekenntnis zu pluralistischer Demokratie und Marktwirtschaft sowie die Unterzeichnung des START-Abkommens durch Gorbatschow und Bush im Juli 1991.

Ein „gemeinsames europäisches Haus“ (Gorbatschow) konnte jedoch den osteuropäischen Mitgliedstaaten des Warschauer Vertrags, der 1985 noch einmal um zwanzig Jahre verlängert worden war, nicht länger eine nur eingeschränkte Souveränität (sogenannte Breschnew-Doktrin von 1968) gewähren. Die Demokratisierung der UdSSR selbst mußte scheitern, wenn sie den „sozialistischen Bruderländern“ eine analoge Öffnung verwehrte. Daher wurde die militärische Präsenz der Sowjetarmee in Osteuropa, so Schewardnadse, „lange vor den Ereignissen von 1989/90 in Frage gestellt“[124]. Osteuropa, so der Gorbatschow-Berater Daschitschew in seiner Denkschrift vom April 1989, entwickele sich andernfalls „allmählich von einer Sicherheitszone zu einer Zone der Gefahr und Instabilität“. Die hohen finanziellen und moralischen Belastungen aus der Hegemonie der UdSSR über Osteuropa ständen im Widerspruch zu Glasnost und Perestroika[125]. Die schließliche Auflösung der Organisationen des Warschauer Vertrages und des Rats für gegenseitige Wirtschaftshilfe (RGW) 1991 ratifizierte nur noch eine Entwicklung, die gegen die Erwartung der russischen Führung nicht Reformkommunisten an die Macht brachte, sondern die sozialistische Ordnung samt kommunistischen Führungseliten zusammenbrechen ließ. Die Revolution gegen das rumänische Ceauşescu-Regime von 1989 und der Wahlerfolg westlich orientierter Parteien in Polen (1989), Ungarn (1990) und der früheren ČSSR (1990) bedeuteten das Ende einer Nachkriegsordnung in Europa, die 40 Jahre lang trotz aller Entspannungspolitik von Blockkonfrontation und Kaltem Krieg gekennzeichnet war. Dieselbe Erosion, die die Macht der KPdSU in der Sowjetunion selbst zerstörte, beendete auch die sowjetische Hegemonie über Ostmitteleuropa.

Zwangsläufig stellte sich die Deutsche Frage neu: Schewardnadse selbst sah die deutsche Teilung bereits 1986 als eine „Anomalie“ in Europa an und hielt ihre Beendigung „demnächst“ für „unvermeidlich“[126]. Die entschiedenen Reformer in Moskau kalkulierten nüchtern, ein vereintes befreundetes Deutschland sei den sowjetischen Interessen nützlicher als ein geteiltes, im westlichen Teil feindseliges und im östlichen instabiles[127], und erkannten, daß die Ideen von Glasnost, Demokratie und europäischer Friedensordnung im Widerspruch zur DDR-Machtstruktur standen. Von der perestroikafeindlichen Honecker-Führung der SED distanzierte sich Gorbatschow bei seinem Besuch zum 40. Jahrestag der DDR mit dem seither geflügelten Wort: „Wer zu spät kommt, den bestraft das Leben.“ Gegen erhebliche Widerstände zu Hause ließ er, nach der friedlichen Revolution in der DDR ohne realistische Alternative, 1990 die deutsche Vereinigung zu.

Die Lösung Ostmitteleuropas von der Sowjetunion und die politische Kooperation mit dem vormaligen Hauptgegner USA beendeten das bipolare Machtsystem in der Welt und veränderten die internationalen Kräfteverhältnisse dramatisch, wie sich spätestens im Golfkrieg von 1991 (bzw. Präsident Bushs „neuer Weltordnung“) und im Jugoslawienkrieg seit 1991 zeigte. Was unter dem Druck der Perestroika als „neues Denken“ begonnen hatte, endete mit dem Zerfall des „sozialistischen Weltsystems“ und dem zeitweiligen Abschied Rußlands von der weltpolitischen Bühne.

Perestroika in der Wirtschaft – Unentschiedenheit und Mißerfolg

Die großen Streikaktionen von ca. einer Million Bergarbeitern in Workuta, im Kussbass und Donbass vom Sommer 1989 waren ein deutliches Zeichen: Die wirtschaftliche

Öffnungspolitik Gorbatschows war – neben seiner Unterschätzung des Nationalismus – sein größter Mißerfolg. Eine effektivere sozialistische Wirtschaftsordnung blieb Chimäre: Aus dem Schwanken zwischen Zögern und Voluntarismus erwuchs kein neues ökonomisches System. Die Plandisziplin verfiel, überkommene Sanktionsmechanismen griffen immer weniger, die seit 1987 propagierte Hinwendung zu mehr Markt blieb Stückwerk. So krankte das Unternehmensgesetz vom Sommer 1987, das dem Management mehr Autonomie versprach, daran, daß die Zentrale nach wie vor die Ressourcen verteilte und die Gewinnabführungsquote festlegte. Das Gesetz über die Genossenschaften vom Sommer 1988, das private Kooperativen in Handel, Dienstleistungen usw. erlaubte, löste einen Gründungsboom für Kleinunternehmen aus. Deren im Vergleich zu den Staatshandelsläden hohe Preise demonstrierten den Sowjetbürgern, wie unrealistisch ihr bisheriges Preissystem war, und schürten Ressentiments gegen die Kooperativen. Auch die Förderung von Joint-Ventures (seit Dezember 1988 konnte der Kapitalanteil ausländischer Investoren über 50% liegen) brachte keine substantielle Verbesserung.

1989 verschlechterte sich die Versorgungslage weiter, sogar bei Grundnahrungsmitteln. Weitgehende Rationierung von Konsumgütern, massive Preiserhöhungen und wachsende Massenarmut waren die Folgen. Von 1988 bis 1991 sank das Bruttosozialprodukt dramatisch (1989 real um 3–4%, 1990 um 5–7%, 1991 um 15%[128]). Das Defizit im Staatshaushalt wuchs durch hemmungslose Geldvermehrung in eine galoppierende Inflation, die Investitionen nahmen deutlich ab (1990 um 32,3% gegenüber dem Vorjahr), die Reallöhne sanken kontinuierlich[129]. Gorbatschows Zentrismus erwies sich wirtschaftspolitisch als Schwäche. In Grundfragen der Reformen – Tempo und Schrittfolge – brachten die Reformer keine einheitliche Linie zustande[130]. Das gemäßigt marktorientierte Programm Abalkins von 1989, der kleine Schritte und eine Synthese von Plan und Markt favorisierte, scheiterte an beharrenden Kräften um Ministerpräsident Ryschkow, dem selbst diese vorsichtige Öffnung zu weit ging. Das „500-Tage-Programm“ des Radikalreformers und Abalkin-Kritikers Schatalin wollte 1990 den raschen Wandel zur freien Marktwirtschaft, die Schocktherapie des „*big bang*“, scheiterte aber an Gorbatschow, der im Herbst 1990 die Nähe der Konservativen suchte, aus Furcht vor sozialer Destabilisierung. Kollaps der Wirtschaft, Rückzug führender Wirtschaftsreformer aus Gorbatschows Beraterstab, wachsende Unzufriedenheit in der Bevölkerung, schwindendes Vertrauen in Gorbatschows Führungsqualitäten kennzeichneten die Lage vor dem Augustputsch von 1991.

3. Der Putsch und die Folgen – postsowjetische Übergangsgesellschaft

Der Putsch

Der Putsch vom 19. 8. 1991 blieb ein hilfloser Versuch des Apparats, die entglittene Macht zurückzugewinnen. Äußerer Anlaß war der neue Unionsvertrag, der einen Tag später unterzeichnet werden sollte und das Ende der UdSSR in ihrer alten Gestalt gebracht hätte. Eine Rolle mag auch der Jelzin-Ukas vom 20. Juli 1991 gespielt haben, der die Betätigung politischer Parteien in Betrieben und staatlichen Institutionen verbot und die Machtbasis der KPdSU erschütterte. Getragen wurde der Putsch, eine „Verschwörung der Verlierer“[131], von führenden „Rechten“ – Vizepräsident Janajew, Ministerpräsident Pawlow, Innenminister Pugo, Verteidigungsminister Jasow, KGB-Chef Krjutschkow u. a. Die

Putschisten isolierten den „aus Gesundheitsgründen" abgesetzten Gorbatschow in seiner Ferienvilla auf der Krim, ernannten sich zum „Staatskomitee für den Ausnahmezustand in der UdSSR" und nahmen die Medien unter Kontrolle. Massendemonstrationen in Moskau, unklares Programm, fehlende sichere Unterstützung in Armee und Partei und organisatorische Unfähigkeit ließen den Staatsstreich rasch zusammenbrechen.

Der Putschversuch wurde Katalysator der weiteren Entwicklung: Statt ihn aufzuhalten, beschleunigte er den Verfall des alten Systems, diskreditierte das Putschopfer Gorbatschow, der die Putschisten wenige Monate zuvor in Spitzenpositionen gebracht hatte, und machte Jelzin zur Personifizierung des demokratischen Widerstands gegen die Junta. Die fragwürdige Rolle der KPdSU-Führung beim Putsch begründete Jelzins Verbot der KP. Gorbatschow trat, trotz Rücktritt vom Parteivorsitz und Empfehlung zur Selbstauflösung des ZK, erfolglos dafür ein, die Partei zu reformieren, statt zu verbieten. Die UdSSR selbst zerbrach am dilettantischen Staatsstreich. Gorbatschows Glaube an die immanente Reformierbarkeit des Sowjetsystems erwies sich endgültig als Illusion[132].

Von der UdSSR zur GUS

Konnten die Kommunisten 1917 und 1941 noch den vom Zarismus ererbten Vielvölkerstaat retten, so wurde sein Ende nach dem Putsch unvermeidlich. Immerhin gelang am 8. 12. 1991 noch die Gründung der GUS durch Rußland, die Ukraine und Weißrußland, die das Ende der UdSSR erklärten; am 21. 12. schlossen sich die anderen ehemaligen Unionsrepubliken (außer Estland, Lettland, Litauen und Georgien) der neuen Gemeinschaft an, am 25. 12. trat Gorbatschow als letzter Präsident der Sowjetunion zurück. Seither entstanden auf dem Territorium der ehemaligen UdSSR „30 bis 40 neue Räume und nationale Interessen" und zahlreiche „partikulare Rationalitäten"[133]. Bewaffnete Konflikte um Grenzen labiler Nachfolgestaaten, ethnische und politische Rivalitäten sind an der Tagesordnung: vom Krieg zwischen Armenien und Aserbeidschan über Sezessions- und Bürgerkriege in Moldawien und Georgien bis hin zur unklaren Lage der großen russischen Bevölkerungsgruppen in Estland und Lettland, aber auch in Kasachstan.

Ca. 25 Millionen Russen außerhalb Rußlands bleiben Spielmaterial für russischen Hegemonismus, ebenso wie die Streitigkeiten zwischen Rußland und der Ukraine um die erst 1954 der Ukraine zugesprochene Krim, um Schwarzmeerflotte und Atomwaffen. Die offizielle russische Sprachregelung, die zwischen „Ausland" und „Nahem Ausland" (den Nachfolgestaaten der UdSSR) unterscheidet, die Unterstützung für die abchasische Sezession von Georgien 1993, die Stationierung russischer Soldaten an der turkmenisch-afghanischen Grenze, der Wahlerfolg Schirinowskis im Dezember 1993, die sich 1994 zuspitzenden Bestrebungen der Krim, sich von der Ukraine zu lösen und Rußland zuzuwenden – all dies sind Indizien für die Instabilität der GUS und einen unveränderten russischen Dominanzanspruch über weite Teile des ehemaligen Sowjetimperiums. Tendenzen zur „ethnischen Homogenisierung" könnten die Destabilisierung verstärken, leben doch rund 65 Millionen Menschen „außerhalb ihres eigenen ethnischen Territoriums"[134]. Im Idealfall könnte statt einer Jugoslawisierung eine Entwicklung nach EU-Vorbild beginnen. Immerhin rückten die GUS-Staaten mit dem Abkommen für eine Wirtschaftsunion im September 1993 wieder enger zusammen.

Südosteuropa
Finnland
Norwegen
Oslo
Schweden
Stockholm
Helsinki
Tallinn
Estland
Nordsee
Riga
Lettland
Dänemark
Kopenhagen
Ostsee
Litauen
Wilna
Minsk
Belorußland
Nied. lande
Berlin
Warschau
Polen
Bundesrepublik
Bonn
B.
L.
Deutschland
Prag
Tschechische Rep.
Slowak.Rep.
Preßburg
Frank-reich
Wien
Budapest
Schweiz
Bern
Österreich
Ungarn
Ljub.
Slow.
Zagr.
Kroatien
Bosnien
Sarajewo
Belgrad
Serbien
Rumänien
Bukarest
Bulgarien
Sofia
Italien
Korsika
Rom
Tirana
Alban.
Sardinien
Mittelmeer
Griechenland
Udmurtische
Ischewsk
Rep.
Joschka-Ola
Mari
Rep.
Kasan
Tscheboksary
Tschuwaschisch Rep.
Tartarische Rep.
Baschkirische
Ufa
Rep.
MOSKAU
Mordwinische Rep.
Saransk
Russische Föderation
Kasachstan
Kiew
Ukraine
Mold.
Kisch.
Dnestr Rep.
Asow. Meer
Krim
Kalmückische Rep.
Elista
Kaspisches Meer
Nord-Ossetien
Tsche-tschenien
Machatschkala
Dagestanische Rep.
Baku
Abchasien
Tiflis
Georgien
Aserbeidschan
Schwarzes Meer
Armenien
Jer.
Berg-Karabach
Ankara
Türkei
Iran
0 100 300 km

Rußland – Wirtschaft und Gesellschaft

In seiner Rede vom 28. 10. 1991 vor dem russischen Volksdeputiertenkongreß erläuterte Jelzin seine wesentlichen ökonomischen Vorhaben („Die Zeit der kleinen Schritte ist vorbei“[135]): Übergang zu freien Marktpreisen, Privatisierung der Staatsbetriebe, Freigabe der Löhne, Konsolidierung des Staatshaushalts, Entflechtung der Staatsmonopole.

Die Schocktherapie der Ökonomen um den liberalen Wirtschaftstheoretiker Gaidar (Jelzins Ministerpräsident von August 1991 bis Dezember 1992) zielte auf eine rasche Transformation zur freien Marktwirtschaft. Die isolierte Preisfreigabe vom Januar 1992 (Ausnahmen bei Brot, Miete u. a.) brachte indes keine schnelle Belebung der Wirtschaft, sondern Geldentwertung, wachsende Budgetdefizite und sinkenden Lebensstandard für breite Schichten. Nach Angaben des Regierungschefs Viktor Tschernomyrdin lebte 1993 in Rußland jeder Dritte an der Armutsgrenze[136], vor allem Rentner, die am sogenannten „zweiten Verteilungssystem“ der Betriebe nicht teilhatten.

Der Verlust von Ersparnissen durch Hyperinflation (1992: 2600%), Produktionsstillstand in vielen Betrieben und ein irrationales Einkommensgefüge (ein Hilfsarbeiter verdiente im Sommer 1992 viermal soviel wie ein Arzt oder Wissenschaftler[137]) erschütterten das Vertrauen in Gaidars Wirtschaftspolitik, so daß Jelzin ihn im Dezember 1992 der Parlamentsmehrheit opferte und durch den vorsichtigeren Tschernomyrdin ersetzte. Gleichwohl ging die wirtschaftliche Umgestaltung weiter. Anfang 1993 erhielt jeder Russe einen Gutschein (Voucher) im Nominalwert von 10000 Rubel, der zum Aktienerwerb berechtigte; Großbetriebe verteilten Aktien an ihre Belegschaft, zahlreiche Betriebe verkauften im Sommer und Herbst auf sogenannten „Privatisierungsauktionen“ Unternehmensanteile. Im Oktober 1993, 76 Jahre nach Lenins „Dekret über den Boden“, verfügte Jelzin den freien Besitz, Kauf und Verkauf von Grund und Boden auf dem Lande. Hindernisse für eine tatsächliche Privatisierung blieben das unentwickelte Rechtssystem, ein unbefriedigendes Kreditsystem auf dem Lande, fehlende einzelbäuerliche Traditionen seit 1929, mangelnde Technik für kleine Höfe und der Widerstand der mächtigen Kolchosdirektoren.

Seit 1991 beschleunigt sich die Bildung einer privatwirtschaftlichen Besitzklasse aus ehemaliger Staats- und Parteinomenklatura, Managern bislang staatlicher Betriebe und Wirtschaftskonglomerate, erfolgreichen Jungunternehmern (*bisnismeni*) und jener mafiosen Schattenwirtschaft, die den Alltag der russischen Gesellschaft längst durchdrungen hat. Informelle Pressure-groups und einflußreiche Industrievertreter ringen um die Kontrolle von Devisengeschäften und Auslandskrediten, miteinander verflochtenen Firmenimperien und lukrativen Spekulationsgeschäften. In einem „postkommunistischen Sozialdarwinismus“ teilt eine „Gesellschaft von Endzeitraffern“[138] mit wirtschaftskrimineller Energie über Scheinfirmen und Strohmänner den Staat als Beute unter sich auf. Die alten Fabrikdirektoren versuchen, in den Betrieben ihre patriarchalische Macht zu retten, entfalten hinter den Kulissen großen Einfluß und wissen sich in Moskau von einer mächtigen Lobby vertreten. Hinter politischen Machtkämpfen stehen oft weniger politische Gegensätze (nach dem Muster Demokratie-Diktatur) als wirtschaftliche Interessengruppen, die sich bei der „wilden Privatisierung“ ihren Teil des Kuchens sichern. Korruptionsvorwürfe und Geldschiebeaffären trafen nicht zufällig den Moskauer Bürgermeister und Demokraten Popow ebenso wie Ruzkoi, Jelzins Kontrahenten von 1993.

Die Gesellschaft ist auf dem Weg zu einer postsozialistischen Sozialstruktur – eine wirtschaftliche Führungselite mit erheblichen Eigentums- und Verfügungsrechten, ein

Mittelstand von Kleinbesitzern und gutbezahlten Angestellten, eine breite Masse von Lohnarbeitern und eine Unterschicht Marginalisierter (Dok. Nr. 32, 33).

Daneben bleibt die Frage des Wachstums akut: Die Industrieproduktion sank 1993–1994 weiter, im Vergleich zum jeweiligen Vorjahr 1990 um 0,1 %, 1991 um 8 %, 1992 um 19 %, 1993 um 17 %[139]. Ein sich selbst tragender Aufschwung ist auch 1995 nicht in Sicht. Die ehemals innersowjetische Arbeitsteilung ist angeschlagen, jahrelange Beziehungen zwischen Lieferanten und Kunden sind gestört, die Energiepreise explodieren. Überdurchschnittlich betroffen vom Strukturwandel sind Schlüsselbranchen wie Maschinenbau und – durch dramatisch gesunkene Staatsnachfrage – Rüstungsindustrie. Wirtschaftspolitische Grundfragen sind 1995 noch offen – Senkung des Budgetdefizits, Deregulierungstempo, sozialstaatliche Abfederung der Wettbewerbswirtschaft, Umgang mit künftiger Massenarbeitslosigkeit, Entflechtung der großen Firmenimperien und eine überfällige Währungsreform[140]. Die Mentalität der Sowjetzeit ist eine weitere Hypothek: Passivität, sozialer Fatalismus, Mangel an Arbeitsdisziplin und Initiative stehen in krassem Widerspruch zu den Erfordernissen moderner Marktwirtschaft. Offene Konkurrenz, der Verlust tradierter Sicherheiten und eine neue Einstellung zu Zeit und Effizienz führen zu erheblichen psychosozialen Belastungen. Rußland steht vor einer dreifachen Aufgabe: Es muß einen neuen Wirtschaftsmechanismus, neue Sozialstrukturen und neue Mentalitäten herausbilden, wieder in kurzer Zeit eine Entwicklung nachholen, zu der Westeuropa Jahrhunderte brauchte.

Rußland – Staat und Politik, 1991–1995

Die Aufgabe eines demokratischen „institution building“ stieß auch nach 1991 auf Schwierigkeiten. Besonders die traditionelle russisch-sowjetische Orientierung an starken Führungspersonen statt an prozedural-institutionellen Regeln[141] setzte sich unter Jelzin fort. Statt mit einer eigenen Partei die antidiktatorischen Kräfte zu bündeln, pflegte er das Image des überparteilichen Integrators und stützte sich auf präsidentiale Ukas-Politik. Die Fülle von Klein- und Kleinstparteien mit unklarer Programmatik und diffuser Organisation machte deutlich, daß die neue Gesellschaft sich noch nicht genügend in klar definierte Interessengruppen ausdifferenziert hat. Zugleich ging die Suche nach ideologischer Orientierung weiter – nicht ohne krasse Widersprüche: Im Herbst 1993 verteidigten unter sowjetischen und zaristischen Fahnen Stalinisten, ehemalige Jelzin-Gefährten von 1991, Monarchisten, Pamjatfaschisten und allerlei „Operettenrevolutionäre“ das Parlament (im „Weißen Haus“), das derselbe Jelzin von Panzern beschießen ließ, der es zwei Jahre zuvor gegen die Augustputschisten verteidigt hatte.

Unter Parlamentspräsident Chasbulatow hatte sich 1992 und 1993 der Volksdeputiertenkongreß zum eigentlichen Gegenspieler des Präsidenten entwickelt. Nachdem es im Dezember 1992 dem Parlament gelungen war, Gaidar als Regierungschef abzulösen, eskalierte die Rivalität der zwei Staatsorgane zu einer neuen „Doppelherrschaft“. Jelzin berief sich darauf, daß seine Wahl durch das Volk ihm die höhere demokratische Legitimation verschaffe. Umgekehrt kritisierte das Parlament Jelzins Wirtschaftsdekrete als „Ausverkauf des Volksvermögens“ und engte durch Verfassungsänderungen den Spielraum des Präsidenten ein. Jelzins Referendum vom April 1993 stärkte zwar seine Position, da ihm 58,7 % der Wähler das Vertrauen aussprachen, gab ihm jedoch nicht das gewünschte Votum zur Auflösung des Parlaments. Als der Kongreß im Sommer 1993 Jelzins Verfassungsentwurf ablehnte, suspendierte er seinen Stellvertreter Ruzkoi, inzwischen neben Chasbulatow Hauptsprachrohr der Jelzin-Gegner, löste das Parlament per Dekret auf und verfügte Neuwahlen für Dezember. Der Oberste Sowjet erklärte daraufhin Jelzins Dekret für illegal, ihn selbst für abgesetzt und Ruzkoi zum Präsidenten.

Die bewaffneten Konflikte Anfang Oktober 1993 konnte Jelzin dank dem Realitätsverlust seiner Kontrahenten und der Unterstützung von Armee und Bevölkerungsmehrheit, die dem Generalstreikaufruf Chasbulatows nicht folgte, für sich entscheiden. Jelzins neue Verfassung, am 12. 12. 1993 von der Mehrheit der russischen Wähler angenommen, gibt noch über die Präsidialverfassungen Frankreichs und der USA hinaus dem Präsidenten eine beherrschende Stellung (Dok. Nr. 34): Er ernennt Regierungschef und Minister, kann Referenda veranlassen, im Parlament Gesetzentwürfe einbringen, die Duma auflösen und Neuwahlen ausschreiben. Überdies ist er „Garant der Verfassung", Oberkommandierender der Streitkräfte, kann Kriegs- und Ausnahmezustand verhängen und verfügt über ein Vetorecht gegen Gesetze, das nur eine Zweidrittelmehrheit beider Kammern des Parlaments überstimmen kann. Das Parlament besteht aus Oberhaus, dem Föderationsrat – 178 Mitglieder, je zwei Repräsentanten der 89 „Subjekte der Russischen Föderation"[142] –, und Unterhaus, der Staatsduma, deren 450 Mitglieder je zur Hälfte in Verhältniswahl über Listen und in Mehrheitswahl in Wahlkreisen gewählt werden. Die Legislaturperiode beträgt vier Jahre (nach der Dezemberwahl 1993 ausnahmsweise zwei Jahre). Die Machtfülle des Präsidenten, die an die Weimarer Verfassung denken läßt, ist als Tribut an die Wirrnisse der russischen Politik gedeutet worden, aber auch als Einfallstor für ein autoritäres System. Beide Sichtweisen konnten sich durch die Wahlergebnisse zur Staatsduma am 12. 12. 1993 bestätigt fühlen (Dok. Nr. 35): Die westlich ausgerichteten Parteien („Rußlands Wahl", „Russische Einheit und Eintracht", Jawlinski-Block) erhielten nicht einmal 30 %, KP und die ihr nahestehende Agrarpartei ca. 21 %, Schirinowskis rechtsextreme „Liberaldemokratische Partei" ca. 23 % der Listenwahlstimmen. Dies zeigt, wie bei einer wachsenden Zahl von Modernisierungsverlierern die Zahl derjenigen zunehmen kann, die nostalgisch auf die verlorene imperiale Größe und die vermeintliche Sekurität der Vergangenheit zurückschauen. Nicht zufällig amnestierte die Staatsduma im Februar 1994 die Anführer der Putschversuche vom August 1991 und vom Oktober 1993, u. a. Alexander Ruzkoi, der wenig später offen „die Wiedererrichtung der Großmacht Rußlands in den Grenzen der UdSSR"[143] fordert.

Versuche, die Weichenstellungen von 1991 in die eine oder andere Richtung zu revidieren, werden bei den zu erwartenden ökonomischen und sozialen Erschütterungen weitergehen. Schewardnadses Diktum von 1991 bleibt auch nach dem Ende der UdSSR gültig: „Ich glaube, daß die Rolle der Sowjetunion für Europa und für die westliche Welt von entscheidender Bedeutung ist. Erschütterungen in diesem Land können, wenn sie ihren Höhepunkt erreicht haben, in allen Teilen der Welt und vor allem in Europa verheerende Folgen zeitigen und die gesamteuropäische Situation destabilisieren."[144]

4. Nationalismus und nationale Fragen

Der Zerfall der Sowjetunion setzte enormes Konfliktpotential in einem Land frei, in dem ca. 140 Völker leben und ca. 130 verschiedene Sprachen gesprochen werden. Seit der Ära Gorbatschow konnten sich nationale Emanzipationsbewegungen, die vorher nur untergründig wirkten, offen artikulieren. Sie beschleunigten die innere und äußere Erosion

Staatenbildung auf dem Gebiet der ehemaligen UdSSR

der Sowjetunion und demontierten eine zeitweise scheinbar erfolgreiche sowjetische Nationalitäten- und Integrationspolitik: Vom zaristischen „Völkergefängnis“ (Lenin) führte ein gewundener Weg zum Zerfall der UdSSR.

Die nationale Frage im russischen Vielvölkerreich

Vom 16. bis 19. Jahrhundert dehnte sich Rußland um mehr als das 45fache aus. Mit dieser territorialen Expansion war eine enorme Steigerung seiner Multinationalität verbunden. Während um 1600 nur 10% der Untertanen des Zaren Nichtrussen waren, waren es um 1900 bereits über 55%,[145] nach der Revolution von 1917 senkten Gebietsverluste den Anteil der Nichtrussen geringfügig. Erst recht nach seiner gewaltigen Expansion nach 1856, mit der Einverleibung riesiger zentralasiatischer Regionen, galt Rußland sich artikulierenden nationalen Bewegungen im westlichen Europa als rückständige, zahlreiche Nationen unterdrückende Festung. Tatsächlich hielt diese Völker nur ein bürokratischer, zentralistisch organisierter Zwangsapparat zusammen, der in der Regel gleichermaßen Russen wie Nichtrussen bedrückte. Dennoch konnten Nichtrussen in vielen Regionen eine wichtige Rolle spielen, denn die zaristische Politik bediente sich häufig der traditionellen feudalen Eliten. Im späten 19. Jahrhundert erwachende Nationalbewegungen richteten sich daher nicht nur gegen die russische „Fremdherrschaft“ und Russifizierung, sondern oft auch gegen fremdnationale oder eigene Herrschaftsschichten in der eigenen Region.[146]

Die russische Niederlage im Russisch-Japanischen Krieg 1904/05 stürzte das autokratische System in eine schwere Krise. In den Metropolen hatte die Revolution von 1905 einen liberaldemokratischen, teilweise sozialrevolutionären Charakter. Allerdings gab es davor schon Unruhen an der Peripherie des Reiches, so im Königreich Polen, in den Ostseeprovinzen, der Ukraine, in Weißrußland, Finnland, Transkaukasien. Hier verband sich der soziale und politische Protest mit dem gewaltsamen Kampf gegen fremde Oberschichten. In den Ostseeprovinzen z. B. richtete sich die Agrarbewegung gegen den deutschbaltischen Adel: 563 Rittergüter wurden zerstört, zahlreiche Gutsbesitzer und Pastoren vertrieben. Anschließend wurden in gemeinsamen Strafexpeditionen von Russen und Deutschbalten über 2000 Menschen getötet, danach über 600 zum Tode verurteilt. Die Behörden duldeten Judenpogrome und konnten sie zur Ablenkung von sozialrevolutionären Aktivitäten instrumentalisieren.[147] Obwohl die nationalrevolutionären Bewegungen einige Zugeständnisse (Sprachenpolitik, Einrichtung nationaler Organisationen und Parteien) erzielten, blieben weiterreichende nationale Hoffnungen unerfüllt.

Scheinföderalismus: Die Nationalitätenpolitik der UdSSR

Lenins Nationalitätenpolitik hoffte, die verschiedenen Ethnien würden das ihnen formal gewährte Recht auf nationale Selbstbestimmung und damit auf Unabhängigkeit nicht nutzen, zumal die meisten nationalen Bewegungen keine völlige Trennung wollten. Seine Deklaration vom 15. November 1917 warb mit folgenden Grundsätzen: 1. Gleichheit und Souveränität der Völker; 2. Recht auf freie Selbstbestimmung bis zur Sezession; 3. Abschaffung nationaler Diskriminierung und Privilegierung; 4. freie Entwicklung nationaler Minderheiten (Dok. Nr. 17).[148] Nach der Eroberung der Macht schränkten die Bolschewiki diese Zugeständnisse wieder ein, denn Rußland war auf die Ressourcen der nichtrussischen Gebiete dringend angewiesen. Ihr neues Konzept zielte auf einen

Föderalismus als Übergangsstadium zu einem einheitlichen Sowjetstaat, sofern die betroffenen Völker den Bolschewismus unterstützten.

Im Frieden von Brest-Litowsk mußte Rußland auf riesige Territorien verzichten, eine Reihe von Gebieten sagte sich los. Lenin mußte den Verlust von Estland, Lettland, Litauen, Finnland, Polen und anderer Länder anerkennen. In anderen Regionen, z. B. Ukraine, Transkaukasien, tobten mörderische Bürgerkriege, und die Bolschewiki füllten die Machtvakuen mit ihrer Macht aus. Der Unionsvertrag zwischen den nichtrussischen Sowjetrepubliken und der Russischen Sozialistischen Föderativen Sowjetrepublik vom Dezember 1922 war daher keine freiwillige Übereinkunft. Nach kommunistischer Auffassung waren nationale Gebilde ohnedies nur Übergangsphänomene. Hinter der Fassade eines Föderationsprojektes entstand die zentralistisch organisierte UdSSR, die den einzelnen Republiken nur eng begrenzte Kompetenzen ließ – Landwirtschaft, Inneres, Justiz, Sozialversicherung und Erziehung.

Der 13. Parteitag der KPdSU stellte 1924 fest, daß die nationale Frage gelöst sei. Für eine vertikale Gewaltenteilung blieb kein Raum mehr. Diese Ausgrenzung der Ethnizität hatte zur Folge, daß im späteren Zusammenbruch der UdSSR ethnische Fragen zum zentralen Thema wurden und angestaute Probleme ethnisch wahrgenommen wurden. Mit der Etablierung der UdSSR avancierte der „Sowjetpatriotismus" zur umfassenden Ideologie. Kräfte oder Bestrebungen, die sich nicht der Staatsräson beugten, wurden als „nationalistisch" diffamiert. Bei den berüchtigten „Säuberungen" in der Stalin-Ära wurden zahlreiche Angehörige der Intelligenz (keineswegs nur der nichtrussischen) verfolgt und ermordet, damit die traditionellen Träger und Propagandisten ethnischer bzw. nationaler Bewegungen ausgeschaltet. Politische Schlüsselpositionen in den Republiken besetzten Russen. Hungerkatastrophen und Deportationen zahlreicher ethnischer Gruppen, Zwangskollektivierung, forcierte Industrialisierung im Interesse der Zentrale und massive russische Einwanderung beschleunigten die Russifizierung. Heute beträgt z. B. im Baltikum das Verhältnis von Esten/Russen: 61,5 %:30,3 %; Letten/Russen: 50 %:34 %; Litauern/Russen: 79,6 %:9,4 %.[149] Im „Großen Vaterländischen Krieg" hatte der „Sowjetpatriotismus" deutlich großrussische Züge. Auf der anderen Seite bemühte sich die sowjetische Führung – im Gegensatz zur zaristischen Politik – um Förderung der jeweiligen Landeskulturen und -sprachen. Seit Lenin zielte die Politik der „Verwurzelung" (*korenisazija*) auf die allmähliche Integration der verschiedenen Völker in die Sowjetmacht. Die Führungskader in den Republiken sollten möglichst aus den jeweiligen Völkern rekrutiert werden. Zeitweise wurde sogar die antisemitische Diskriminierung, die jahrhundertelang (und wieder in der Gegenwart) zum russischen Alltag gehörte, ausgesetzt. Mit dem Niedergang des großrussischen „*Imperium Sovieticum*" gewannen die Nationalitäten der Peripherie neuen Spielraum.

Gorbatschow setzte zunächst keine neuen Akzente in der Nationalitätenpolitik, sondern vertraute auf positive Effekte eines interregionalen Kaderaustauschs, vor allem in den als „korrupt" geltenden zentralasiatischen Republiken. Auch sollten Glasnost und Aufarbeitung der Stalinschen Verbrechen zur Integration der UdSSR beitragen und die Bevölkerung zur Unterstützung der Perestroika mobilisieren. Gorbatschows Kalkül ging nicht auf, denn jahrzehntelang unterdrückte, allenfalls für den Zentralstaat manipulierte Nationalinteressen ließen sich so nicht aus der Welt schaffen. Tatsächlich gab es eine enge Wechselwirkung zwischen Perestroika, der Renaissance nationaler Bewegungen und der gesamtstaatlichen Desintegration.

Elektrisierend für neue nationale Massenbewegungen wirkten neben der Enttabuisierung der sowjetischen Geschichte, die insbesondere die Intelligenz aktivierte, vor allem zwei herausragende Ereignisse: Die Reaktorkatastrophe von Tschernobyl im April 1986 und der erzwungene Austausch des kasachischen Staatspräsidenten Kunajew durch den Russen Kolbin, der massive Proteste in der kasachischen Bevölkerung provozierte. Die Perestroika schuf nicht die neuen nationalen Bewegungen, die zum Zerfall der UdSSR maßgeblich beitrugen, sondern gab ihnen nur neuen Raum, wie am Beispiel der Vorgänge im Baltikum konkreter und detaillierter zu beleuchten ist.

Das Beispiel Baltikum

In den baltischen Staaten Estland, Lettland und Litauen bildeten sich tief in der Bevölkerung verankerte nationale Emanzipationsbewegungen am nachhaltigsten heraus. Sie lösten sich als erste kompromißlos aus der UdSSR. Obwohl sich ihr völkerrechtlicher Status deutlich von dem anderer Sowjetrepubliken unterschied, illustriert ihr Kampf um nationale Unabhängigkeit die Agonie der UdSSR sowie Chancen und Probleme der Unabhängigkeit.[150]

Seit dem 13. Jahrhundert bildeten deutschbaltische Ritter/Adelige und Bürger die soziale und kulturelle Oberschicht über Esten und Letten, die einen eigenen Staat erst 1917/18 mit dem Untergang des zaristischen Reiches gewannen. Vorher unterstanden sie wechselnden Oberhoheiten benachbarter Staaten, vor allem Schweden oder Rußland. Demgegenüber konnte Litauen auf eine jahrhundertelange Eigenstaatlichkeit zurückblicken. Seit 1386 war es mit Polen in Personalunion verbunden; erst durch die 3. Teilung Polens kam es 1795 zu Rußland. Das Schicksal dieser drei baltischen Völker bestimmten vor allem Deutschland und Rußland/die UdSSR. Am Nordostrand des lateinischen Europa partizipierten Esten, Letten und Litauer an seinen Entwicklungen, wenn auch nur gebrochen oder gedämpft unter wechselnden Fremdherrschaften. Gemessen an anderen russischen bzw. sowjetischen Gebieten, wiesen die baltischen Republiken daher einen hohen Entwicklungsstand auf. So stellte die bedeutende Industriestadt Riga den größten Export- und zweitgrößten Importhafen Rußlands bzw. der UdSSR. Die Universitäten Dorpat und Wilna genossen international einen hohen Ruf. Die Menschen fühlten sich eher dem lateinischen Westen als dem orthodoxen Osten verbunden und sahen sich als „Fremdkörper“ in der Sowjetunion. Erinnerungen an die Unabhängigkeit zwischen den Weltkriegen und an den gemeinsamen gewaltsamen Untergang im Gefolge des Hitler-Stalin-Pakts blieben im Bewußtsein der Betroffenen wie der Außenwelt fest verankert.[151]

Mit der Annexion durch die UdSSR 1940 geriet die baltische Region gleich in mehrfacher Hinsicht ins Abseits: Die Weltöffentlichkeit war abgelenkt vom Zusammenbruch Frankreichs und den Eroberungen Hitlerdeutschlands. Die baltischen Staaten erlitten – unbeachtet vom Westen – traumatische Bevölkerungsverluste, die zu den höchsten in Europa gehören: Estland verlor 25 %, Lettland 30 % und Litauen 15 % der Vorkriegsbevölkerung durch Kriegsereignisse, Flucht, Deportation und Zwangsarbeit. Den deutschen Überfall auf die Sowjetunion begrüßte daher ein Großteil der Bevölkerung als Befreiung von sowjetischer Zwangsherrschaft. Estnische, lettische und litauische Politiker träumten, in völliger Verkennung der NS-Politik, von einer neuen baltischen Staatlichkeit. Nach dem Überfall ermordeten die deutschen Besatzer neben Teilen der Intelligenz systematisch die Juden.[152] In Litauen war der Anteil der von den Nationalsozialisten getöteten Juden mit 94 % der höchste in allen von Deutschen besetzten Ländern.[153] Die Rückeroberung dieser Gebiete durch die Rote Armee (1944/45) zerstörte erneut

gewachsene Strukturen nachhaltig: Echte und vermeintliche „Kollaborateure“ und „Faschisten“ wurden deportiert und getötet. Einige Jahre später wurde die Landwirtschaft zwangskollektiviert; allein im März 1949 wurden 10 % aller estnischen Bauern verbannt. Die Sowjetisierung ergriff auch Bereiche, die dem sowjetischen Herrschaftsanspruch gefährlich werden konnten – Literatur, Geschichte, Kunst und Alltagskultur.

Gorbatschows Perestroika setzte in den baltischen Republiken sofort nationale Kräfte frei und gab ihnen aus historischen Gründen eine „Vorreiterrolle“: Die von Moskau zugelassene, ja ermunterte Auseinandersetzung mit der Stalin-Zeit ließ die noch lebendigen nationalen Traumata der Okkupation, der Repression und Deportation neu aufbrechen.[154] Rasch zeigte die Enttabuisierung der Geschichte praktische Konsequenzen. Historische Gedenktage boten Anlässe für Massenveranstaltungen (sog. Kalenderdemonstrationen), um der nationalen Unabhängigkeitsbewegung historische Legitimität zu vermitteln und ein Gemeinschaftsgefühl zu stiften, zuerst am Jahrestag des Hitler-Stalin-Paktes, am 23. August 1987. Zwei Jahre später, zum 50. Jahrestag des Paktes, bildeten über eine Million Menschen eine Menschenkette, die Tallin über Riga mit Wilna verband. Zur nationalen Politisierung trugen ökologische Probleme bei: Umweltschädliche Projekte der Moskauer Zentrale (Abbau von Brennschiefer in Estland, Konflikte um das litauische Kernkraftwerk Ignalina, hohe Wasser- und Luftverschmutzung durch Industriekombinate)[155] stimulierten das Verlangen nach nationaler und regionaler Selbstbestimmung. Bereits im Mai 1989 stellten die baltischen Staaten die Uhren gegenüber Moskau um eine Stunde entsprechend der finnischen Zeit zurück – ein symbolischer Akt der Abkehr von der UdSSR und der Rückkehr zu Europa. Die ersten Massenbewegungen im Baltikum nannten sich konsequent „Volksfront zur Unterstützung der Perestroika“. Moskau reagierte mit Unverständnis, unsicher und hilflos. Widerstand galt als Ausdruck ökonomischer Konflikte bzw. Versorgungsprobleme oder als Werk konspirativer und/oder krimineller Kräfte.

Die Ankündigung von Wahlen (Ende 1988) zum Volksdeputiertenkongreß, der u. a. über die Beziehungen der Gliedstaaten zum Zentralstaat beraten sollte, deuteten die

Balten als beabsichtigte Stärkung des sowjetischen Zentralismus. Darauf erklärte Estland als erster Staat seine Souveränität. Der Oberste Sowjet bezeichnete diese Deklaration umgehend als „null und nichtig“. Kompliziert wurden die Unabhängigkeitsbestrebungen vor allem dadurch, daß sich in den baltischen Staaten lebende Russen diskriminiert fühlten, wollten doch die Titularnationen ihre Sprache zur Staatssprache erheben und eigene – bislang verbotene – nationale Symbole wieder einführen.[156]

Am 13./14. Mai 1989 belebten die baltischen Republiken den (bereits 1934 eingerichteten) Baltischen Rat als Koordinationsorgan für die Konflikte mit der UdSSR. Sie schlugen sich auf die Seite der radikaldemokratischen Opposition um Jelzin, beteiligten sich nicht an den Beratungen über einen neuen Unionsvertrag und demonstrierten so, daß sie an einer Weiterexistenz der Sowjetunion nicht interessiert waren. Bei den Wahlen zum Volksdeputiertenkongreß erzielten die Repräsentanten nationaler Bewegungen einen beachtlichen Erfolg und nutzten die obersten Organe der Sowjetunion, um nationale Interessen und Klagen vorzutragen. So erreichte die baltische Gruppe wirtschaftliche Autonomie und die Annullierung des Hitler-Stalin-Paktes (Dok. Nr. 36).

Ende 1989/Anfang 1990 tilgte der litauische Oberste Sowjet den Führungsanspruch der KPdSU aus der Landesverfassung, kurz darauf vollzogen Estland und Lettland den gleichen Schritt. Bei den Wahlen zu den Republikparlamenten erreichten die separatistischen nationalistischen Strömungen Zweidrittelmehrheiten. Als Litauen eine Unabhängigkeitserklärung verabschiedete, reagierte Moskau mit Wirtschaftsblockade und militärischer Intervention. Am 13. 1. 1991 richteten sowjetische Truppen in Vilnius ein Blutbad an. Darauf verbarrikadierten Einwohner von Riga das Parlament und das Fernseh- und Pressegebäude und schützten es Tag und Nacht. Eine Woche später stürmten Spezialeinheiten des Moskauer Innenministeriums das lettische Innenministerium und töteten unter anderem Journalisten, die die Vorgänge vor laufenden Fernsehkameras kommentierten. Die Ereignisse radikalisierten den Umschwung in der öffentlichen Meinung und hatten auch für andere Sowjetrepubliken Signalwirkung, diametral zu den Intentionen der Moskauer Zentrale. Gorbatschow mußte sich von den repressiven militärischen Maßnahmen distanzieren. Den Augustputsch 1991 nutzten schließlich die drei Republiken, um formell aus der UdSSR auszutreten. Am 6. September 1991 erkannte Moskau die staatliche Unabhängigkeit der baltischen Staaten an.

Belastend für die Beziehungen zwischen den baltischen Staaten und Rußland blieben die Truppenstationierung und Nutzung militärischer Einrichtungen: Während in Litauen bereits 1993 die letzten russischen Truppen abzogen, begann in Estland und Lettland der Abzug erst 1995. Probleme bereiten ferner die Staatsangehörigkeit und – eng damit verknüpft – der Sprachenstreit. In der estnischen Grenzstadt Narwa z. B. leben fast nur Russischstämmige, die nun Ausländer in der eigenen Heimat wurden und kaum bereit sind, Estnisch zu lernen, umgekehrt aber den vergleichsweise hohen Lebensstandard im Baltikum nicht missen wollen. Ungeklärt sind viele Fragen der künftigen Wirtschaftsbeziehungen. Die Drohungen des Parteiführers der chauvinistischen Liberaldemokraten, Schirinowski, mit wirtschaftlichen und militärischen Sanktionen (z. B. Öllieferungen) auf Benachteiligungen der im Baltikum lebenden Russen zu reagieren, lösten bei den jungen Staaten blankes Entsetzen aus und verstärkten deren Bemühen um stärkere Anlehnung an den Westen und NATO-Sicherheitsgarantien. So tut sich ein neues Dilemma auf: Viele der Russen im Baltikum wählten Schirinowski, aber eine verstärkte Anlehnung an den Westen könnte unkalkulierbare russische Gegenmaßnahmen provozieren.

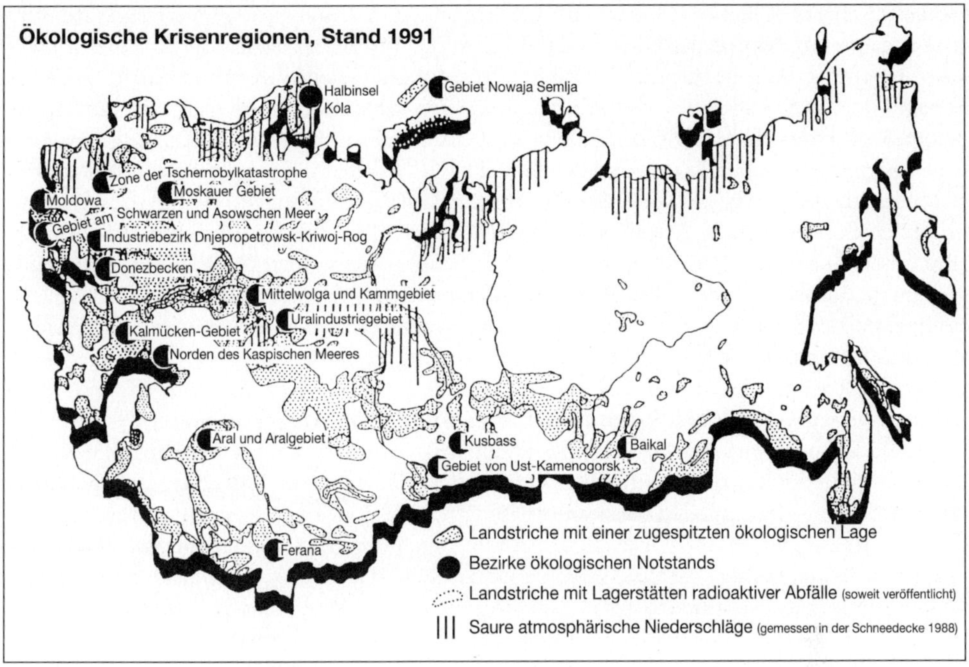

Ökologische Krisenregionen, Stand 1991

5. Ökologische Folgeprobleme sowjetischer Industrialisierung

„In keiner anderen großen Industriezivilisation sind so lange und systematisch Land, Luft, Wasser und Menschen vergiftet worden. Keine andere fortgeschrittene Gesellschaft sieht sich in einer derart hoffnungslosen politischen und wirtschaftlichen Situation und verfügt zugleich über derart wenige Mittel, um in ihre Zukunft zu investieren", lautet das deprimierende Fazit eines Berichts der Weltgesundheitsorganisation aus dem Jahr 1992.[157] Die von Georgi Watschnadse zusammengestellte Bilanz[158] der Umweltbelastungen und -katastrophen in der ehemaligen UdSSR liest sich wie ein Horrorszenario: Die Reaktorkatastrophe von Tschernobyl ist nur ein Glied in einer endlosen Kette gigantischer Umweltverbrechen: Große Teile des Urals und eine Reihe anderer Regionen sind durch Atomtests hochgradig radioaktiv verseucht. Auf den Ölfeldern im sibirischen Tjumen wird das gesamte Erdölgas einfach abgefackelt. Bei Transport und Bearbeitung von Rohöl versickern riesige Mengen von Öl im Boden. Die großen russischen Binnengewässer wie Ladogasee, Aralsee, Balchaschsee, Baikalsee sind hoch mit Chemikalien aus benachbarten Industriekombinaten und anderen Abwässern belastet. Zahlreiche Ströme, die bereits radioaktiv kontaminiert sind, wurden zu Abwasserkloaken usw. Die ökologischen Folgen lassen sich kaum ermessen, ebensowenig die enormen menschlichen und ökonomischen Schäden und Folgekosten.

Seit einigen Jahren – Umweltschutzbewegungen konnten sich erst unter Gorbatschow öffentlich artikulieren – werden derartige Probleme nicht mehr kollektiv verdrängt, auch wenn eine genauere Einsicht in ökologische Zusammenhänge wenig verbreitet ist. Der Protest gegen die zynische Ausbeutung von Natur und Mensch verband sich mit Kritik am gesellschaftlichen und politischen System der UdSSR, die so etwas ermöglichte, und an der früheren Nationalitätenpolitik. Wie andere Probleme geriet die Umweltzerstörung in eine ethnische Optik[159]: Nicht abstrakt „Umwelt" wurde zerstört, sondern konkret Heimat ethnischer Gemeinschaften. Vor allem Literaten nahmen sich dieses Themas an. Hierzulande sind besonders Werke des kirgisischen Autors Tschingis Aitmatow bekanntgeworden. In seinem Roman „Der Richtplatz", der zuerst 1986 in Moskau erschien, klagt er bitter die seelenlose, bürokratische Ausplünderung der Natur an, die er mit einer Zerstörung der Menschlichkeit vergleicht. Bezeichnenderweise wurde Aitmatow unter Gorbatschow 1990 kurzzeitig Beauftragter für kulturelle Fragen im Präsidialrat. Im Folgenden gilt es, den Zusammenhang zwischen Industrialisierung, Umweltzerstörung und nationaler Frage exemplarisch anhand des Baumwollanbaus in Kasachstan und Usbekistan etwas detaillierter zu verfolgen.

Baumwollanbau in Kasachstan und Usbekistan: Die Vorgeschichte

Die imperialistische russische Kontinentalexpansion in der zweiten Hälfte des 19. Jahrhunderts zielte nicht primär auf den Erwerb neuer Absatzmärkte oder Investitionsfelder. Die Eroberungszüge auf dem Balkan, in Zentralasien und im Fernen Osten folgten eher militärischer Logik als ökonomischem Kalkül. Nach der Niederlage Rußlands im Krimkrieg (1853–56) sollten rasche Gebietseroberungen das Selbstwertgefühl der Militärs wiederaufrichten. Nationalistisch und panslawistisch begründete risikoarme militärische Unternehmungen überdeckten die innere Schwäche des russischen Imperiums und das Krisenbewußtsein der Machteliten. In kurz aufeinanderfolgenden Kriegszügen eroberte Rußland 1865 Taschkent, das zum Zentrum russischer Macht in Zentralasien wurde, und 1868 Samarkand. Die Khanate Chiwa und Buchara wurden 1873 „freiwillig" russische Protektorate, die Khanate von Kokand und Merw wurden 1876 und 1884 annektiert. Das Verteidigungspotential in diesen dünnbesiedelten Regionen war denkbar gering, die schlecht ausgerüsteten Nomadenvölker konnten den modernen Waffen der russischen Armee kaum ernsthaften Widerstand leisten, die einheimische Bevölkerung litt unter der Ausplünderung durch ihre eigene feudale Oberschicht. Die riesigen annektierten Regionen (Russisch-Turkestan umfaßte ca. vier Millionen Quadratkilometer mit 3–4 Millionen Einwohnern) boten russischen Adeligen und Bauern die Chance, ausgedehnte Güter zu billigsten Preisen zu erwerben. Erst nach der Eroberung begannen weitreichende Pläne zur Baumwollproduktion in Zentralasien[160].

Das Statut der russischen Militärregierung in Turkestan erklärte sämtlichen Boden zum Staatseigentum, das Nomaden und Bauern nur zur Benutzung überlassen werde, um so den Landhunger der russischen Bauern zu stillen. Zwischen 1890 und 1905 wälzte sich ein Strom von Kolonisten nach Turkestan. Für 327000 Soldaten des Kosakenheeres und 122100 Bauern wurden über 30 Mio. ha Land enteignet. Arme Kolonisten brachten es mit Hilfe der Militärbehörden zum Großgrundbesitzer und verpachteten Land an die Turkestaner, die zu besitzlosen Landarbeitern herabsanken.

Vor allem der Generalgouverneur von Turkestan, General Konstantin von Kaufmann (1818–1882), trieb den Baumwollanbau massiv voran. An die Stelle der traditionellen „primitiven", aber intensiven und wassersparenden Oasenbewirtschaftung wollte er auf riesigen Flächen „weißes Gold" anbauen. Im Gefolge des amerikanischen Bürgerkriegs stockte der Import von Rohbaumwolle aus den USA. Durch verstärkte eigene Produktion wollte Rußland unabhängig von teuren Einfuhren werden. General Kaufmann ließ den Anbau studieren, neue Sorten einführen und plante, amerikanische Reinigungsmaschinen einzusetzen. Das vielleicht in Jahrzehnten zu Erwartende wurde schon für das Morgen vorausgenommen: Um 1900 plante Rußland schon zur Bewässerung die Umleitung großer Ströme und entwickelte gewaltige Eisenbahnprojekte. Tatsächlich weitete sich die Baumwollanbaufläche schon vor dem Ersten Weltkrieg enorm aus, freilich auf Kosten der Produktion von Weizen, der nun eingeführt werden mußte.

Bereits im Zarenreich kündigte sich – wenn auch bescheiden – jener tiefgreifende sozialökonomische und kulturelle Transformationsprozeß an, den die Sowjets massiv forcierten, die Umwandlung eines rückständigen Randgebiets, das sich gegenüber der Revolution von 1917 ziemlich resistent verhalten hatte, in eine auf die industrielle Produktion von Baumwolle spezialisierte Region. Ferner strebten die Sowjets eine „Homogenisierung" der sowjetischen Bevölkerung an. Die stalinistische „Revolution von oben" wollte die „rückständige Nomadenwirtschaft" überwinden und halbfeudale Strukturen zerstören, in denen die in Sippenverbänden denkenden und lebenden Menschen verharrten. Die Kasachen schlachteten ihr Vieh, um es vor der Zwangskollektivierung zu retten, oder flohen mit ihren Herden ins benachbarte China. Der Viehbestand in Kasachstan sank von ca. 36 Millionen Stück 1929 auf weniger als ein Zehntel im Jahr 1933. Die Folge waren soziale und ökonomische Verwüstungen, eine Hungersnot, der etwa eine Million Menschen zum Opfer fielen.

Kein anderes Volk der Sowjetunion mußte einen so hohen Tribut an die stalinistische Umgestaltung seiner sozialökonomischen Strukturen entrichten.[161] Die negativen Auswirkungen dieser Politik heute beschreiben Medien gelegentlich als „Kolonialismus".[162] Kulturelle Entfremdung und Enteignung durch russische Eroberer und Kolonisten gruben sich gedemütigten Nomadenvölkern tief in kollektive Erinnerungen. In den letzten Jahren belebten dramatische ökonomische und ökologische Krisen sie wieder und werden Grundlage für ethnische Konflikte, die sich in aggressivem Verhalten der Titularnationen gegen „fremde" Russen und andere Zugezogene entluden. Seitdem emigrieren daher zunehmend europäische Bevölkerungsgruppen (Russen, Deutsche u. a.) aus Usbekistan und Kasachstan.

Gigantische Projekte mit desaströsen Folgen: Neulandgewinnung seit den 50er Jahren

Wurden 1913 im heutigen Usbekistan 350000 t Baumwolle jährlich geerntet, so heute über 6 Mio. t. Den dramatischen Zuwachs erzwang die Eingliederung Zentralasiens in das stalinistische Wirtschaftssystem. Bereits 1938 erreichte die Sowjetunion Importunabhängigkeit, später den ersten Platz in der Weltproduktion für Baumwolle, von dem es nach 1980 China verdrängte.[163] Chruschtschows Neulandkampagne der fünfziger Jahre sollte die Versorgungsprobleme der Sowjetunion endgültig lösen, indem sie riesige brachliegende Flächen außerhalb der traditionellen Wirtschaftsräume entlang der Steppengebiete von der mittleren Wolga bis nach Südsibirien und Kasachstan in Nutz- und Saatflächen umwandelte. Der ehemalige Außenminister und derzeitige Staatspräsident von Georgien, Eduard Schewardnadse, erinnert sich:

„Man ging an die Urbarmachung von Neu- und Brachland. Transporte von jungen Freiwilligen rollten in Richtung Kasachstan und Altai. ... Einige Monate lebten wir in der kasachischen Steppe, pflügten Neuland um, bauten Wohnhäuser und landwirtschaftliche Gebäude. Wir schlossen Freundschaften mit Altersgenossen aus anderen Republiken. Ich habe jener Zeit vieles zu verdanken und denke gern an sie zurück. Möglicherweise hat das etwas mit meinem Alter zu tun – die für immer verlorene Vergangenheit, die eigene Jugend zu idealisieren und sie nostalgisch durch den Schleier der Zeiten zu betrachten. Doch all dies entstellt die Bilder jener Jahre nicht, verwischt nicht die Details unseres damaligen eindeutig harten Lebens und verleiht keineswegs allen meiner damaligen Gefährten heroische Züge. Ich sehe deutlich die Organisationsfehler des grandiosen Unterfangens der Neulanderschließung, ich erkenne durchaus, wie unvernünftig manche Entscheidungen und wie wenig durchdacht einzelne Schritte waren, weshalb das Erreichte später weitgehend wieder zunichte gemacht wurde. Vor unseren Augen verrotteten landwirtschaftliche Maschinen, die für das Neuland aus der ganzen Sowjetunion abgezogen worden waren. Tausende fielen vor Erschöpfung beinahe um und schafften es trotzdem nicht, von den riesigen Flächen die Ernte einzubringen. Aussaat ging schon gleich auf dem Feld zugrunde. Man wußte nicht, wo man nach dem Dreschen das Korn lagern sollte. So wurden auf ungeheuerliche Weise Milliardensummen, technisches Gerät, Saatgut und menschliche Arbeit verschleudert."[164]

Schewardnadse führt den Mißerfolg dieses Unternehmens vorrangig auf organisatorische und planerische Mängel und Defizite zurück, ignoriert aber tiefer liegende Probleme bei der Schaffung von Monokulturen, der fundamentalen ökonomisch-sozialen Umgestaltung zur neuen Arbeitsteilung in der Sowjetunion. Tatsächlich liegen in diesem Wandel seit dem Zarenreich, den aber erst die Sowjetunion in den fünfziger und sechziger Jahren forcierte, die Ursachen für die ökologischen Krisen in großen Teilen der Sowjetunion bzw. in vielen GUS-Staaten. Zentrale Merkmale unterentwickelter Gesellschaften („Entwicklungsländer") – induziert u. a. durch massiven Baumwollanbau – sind in Usbekistan und Kasachstan geradezu exemplarisch faßbar: Einer überdurchschnittlich hohen Geburtenrate entsprechen eine dramatisch hohe Säuglingssterblichkeit, Arbeitslosigkeit, Kinder- und Billiglohnarbeit von Frauen auf den Baumwollfeldern, ärztliche Unterversorgung und Unterernährung.[165] Die Wirtschaft ist geprägt durch Monokultur – 78 % der landwirtschaftlichen Nutzflächen Usbekistans dienen der Baumwollproduktion, Zentralasien produzierte 90 % der sowjetischen Baumwolle, während ihre industrielle Weiterverarbeitung im wesentlichen in anderen Regionen erfolgt. Die Baumwollregion kann ihre eigene Bevölkerung noch nicht einmal mit eigenen Fertigprodukten kleiden. Ein Ausscheren aus dem Verband der GUS würde also diese Länder (anders als die baltischen Staaten) in noch größere Probleme stürzen, sind doch Kasachstan und Usbekistan auf die ökonomische Zusammenarbeit mit anderen Staaten angewiesen.[166] Kaum lösbar erscheinen die katastrophalen Folgen des Baumwollanbaus und der Neulandkampagne – schwindende Wasserressourcen und Umweltzerstörung.

Vielfältig ineinander verwoben sind ökonomische und ökologische Krisen dieser Region.[167] Der Aralsee, der viertgrößte Binnensee der Erde, hat seit den sechziger Jahren zwei Drittel seines Volumens und mehr als die Hälfte seiner Oberfläche verloren, sein Wasserspiegel sank um mehr als 15 m. Die Stadt Aralsk, ehedem ein Zentrum der Fischindustrie, liegt heute etwa 60 km von der Küste entfernt. Vermutlich bald wird der Aralsee völlig ausgetrocknet sein. Die Ursachen sind bekannt: Seit Anfang der sechziger Jahre das Wasser der beiden Aralzuflüsse Amu-darya und Syr-darya zur Bewässerung der enorm ausgedehnten Baumwollanbauflächen diente, verringert sich der Zufluß in den Aralsee. Überdies entstanden an den Unterläufen beider Flüsse riesige Reisfelder, die auch einen höheren Salzgehalt des Wassers vertragen. Russische Ökonomen hatten errechnet, wieviel ein Kubikmeter Wasser im Aralsee erwirtschaftet und wieviel er in der Landwirtschaft wert ist. Das Ergebnis: Wasser zur Bewässerung der Felder ist viel produktiver. Wasser und Boden kosten ja nichts! Ökologische Folgekosten blieben unbeachtet. Ein beachtlicher Teil des Wassers verdunstete oder versickerte in offenen und schlecht abgedichteten Kanälen. Damit erhöhte sich dramatisch der Salzgehalt des Wassers, das der Bewässerung dienen soll. Zunehmend versalzende Böden muß zudem eine Waschbewässerung vom Salz reinigen. Überdies ist das Wasser durch massiven Einsatz von Düngemitteln und Pestiziden (Monokulturen!) stark verschmutzt und als Trinkwasser unbrauchbar. Da kein sauberes Wasser zur Verfügung steht, sind hohe Kindersterblichkeit und andere Krankheiten die Folge. Fischerei und fischverarbeitende Industrie kamen zum Erliegen. Die frühere Wasseroberfläche steht kaum mehr als Ausgleich für Temperaturveränderungen zur Verfügung, Stürme verteilen Staub und Salz bis in eine Entfernung von 800 km. Die Nomadenwirtschaft wird zunehmend schwieriger: Schafe und Kamele können nur Wasser trinken, das bis zu zehn Gramm Salz pro Liter enthält, aber der Salzgehalt des Aralsees liegt mittlerweise bei 30 Gramm.

Die Krise der Regionalwirtschaft provoziert seit einigen Jahren gewalttätige ethnische Zusammenstöße, so massive Ausschreitungen in der Stadt und Umgebung von Nowy Usen östlich des Kaspischen Meeres, wo Öl und Gas gefördert werden, und im Ferganatal. Sie richteten sich gegen ethnische Minderheiten, die den einheimischen Menschen Arbeit und Wohnungen wegnähmen[168]. Diese Krise schafft einen Vertreibungsdruck – im Sommer 1989 verließen z. B. mehr als 60 000 Mescheten Usbekistan, ferner Zehntausende Russen, Deutsche, Kaukasier[169]. Sprachunkundige sehen sich aus begehrten sozialen und politischen Positionen verdrängt und ausgeschlossen. Staaten und Regionen, die früher der „2. Welt“ zugeordnet wurden, stürzen sozial und ökonomisch auf das Niveau von Schwellen- und Entwicklungsländern. Ausdruck der Krise ist auch die neue Hinwendung zum Islam: Der autoritär regierende Präsident Nursultan Nasarbajew hofiert seit kurzem muslimische Würdenträger, zunehmend viele Kasachen suchen eine neue Identität im Islam. Dem entspricht auch die tief verwurzelte Tradition, den Alltag im Rahmen von Familienverbänden zu organisieren und zu bewältigen. Den Bau von Moscheen und die Ausbildung von Geistlichen fördert das Ausland (u. a. Türkei, Pakistan, Ägypten und Iran), um so Einfluß in der zweitgrößten der ehemaligen Sowjetrepubliken zu gewinnen.[170] Jedoch sind Kasachstan und Usbekistan schon aus ökonomischen (und ökologischen) Erwägungen an einer engen Zusammenarbeit mit Rußland interessiert. Die ehemaligen Kolonialregionen spielten bei der Auflösung der UdSSR nur eine Nebenrolle, und sie unterstützen bislang den Erhalt der GUS.

6. Nationale Minderheiten und Migration in und aus der ehemaligen Sowjetunion

Im Vielvölkerreich Rußland gab es seit zwei Jahrhunderten zahlreiche Migrationsbewegungen, denn gerade einschneidende historische Zäsuren waren mit Flucht oder Massendeportation unterdrückter nationaler Minderheiten verbunden. Nach dem Zerfall der Sowjetunion sehen sich die Nachfolgestaaten wieder mit dem Problem nationaler Minderheiten konfrontiert. Allein die Zahl der Russen außerhalb der Russischen Föderation, die sich einem wachsenden Nationalismus der einheimischen Bevölkerung ausgesetzt sehen, wird auf 25 Millionen geschätzt. Die Migrationsproblematik kann exemplarisch die deutsche Minderheit illustrieren, die seit einigen Jahren in beträchtlichem Umfang ihre Ausreise betreibt, vor allem aus Kasachstan, wo noch heute besonders viele Deutschstämmige leben (vgl. Tab. 2).

Zahlreiche andere nationale Minderheiten in Rußland bzw. der UdSSR erlitten ein ähnliches Schicksal. Einigen war ein glücklicheres Los beschieden, gegen andere schwelte jahrzehntelang ein innerer Bürgerkrieg, von dem die Weltöffentlichkeit bis 1985 kaum etwas erfuhr.[171] Schlagzeilen galten vor allem dem Krieg zwischen Aserbeidschan und Armenien um die Enklave Berg-Karabach, der einen riesigen Flüchtlingsstrom auslöste und die gesamte Region und die angrenzenden Staaten erschüttert. Schätzungen zufolge ist hier jeder siebte auf der Flucht, Aserbeidschan gleicht heute einem riesigen Flüchtlingslager. Nach Angaben des Flüchtlingskommissariats der Vereinten Nationen sind 900000 Menschen auf der Flucht – aus Armenien 200000, aus anderen ehemaligen Sowjetrepubliken 50000, aus Berg-Karabach 250000 und aus von Armenien eroberten Gebieten rund um Berg-Karabach 400000.[172]

Deutsche in Rußland: Ein kurzer historischer Rückblick

Deutsche wanderten nach Rußland in mehreren großen Schüben ein, vor allem seit der Mitte des 18. Jahrhunderts.[173] Kleinere Gruppen deutscher Verwaltungsbeamter, Handwerker, Ärzte und Offiziere waren bereits unter Peter I. (1689–1725) nach Rußland gekommen. Größere Gruppen, 27000 Siedler, strömten erst unter Katharina II. (1762–1796) in neu eroberte und/oder dünn besiedelte Regionen, um zur Modernisierung Rußlands beizutragen. Die Kolonisten erhielten Steuererleichterungen, Religionsfreiheit, Befreiung vom Militärdienst und kommunale Selbstverwaltung. Hauptsiedlungsgebiete lagen um St. Petersburg, an der Wolga, in der Ukraine, im Kaukasus, auf der Krim und in Bessarabien.

Von anderen nationalen Minderheiten hob sich die deutsche vor allem durch Privilegierung und Andersgläubigkeit ab – viele waren in Deutschland verfolgte Baptisten, Mennoniten und Angehörige anderer Sekten. Tüchtigkeit und Arbeitsdisziplin brachten ihnen wirtschaftliche Erfolge. Ihr Wohlstand und panslawistische Ideen führten im 19. Jahrhundert die deutschen Siedler jedoch in Konflikte mit der russischen Bevölkerung. Um 1900 lebten knapp zwei Millionen Deutsche in Rußland, meist (76%) Lutheraner, zu 13% Katholiken. Ein Teil der deutschen Mennoniten wanderte, als die Befreiung vom Militärdienst und andere Privilegien aufgehoben wurden, aus religiösen Gründen von Rußland nach Amerika aus.

Deportation und Zwangsarbeit: Die Lage der deutschen Minderheit vom Ersten Weltkrieg bis zur stalinistischen Diktatur

Im Ersten Weltkrieg verschlechterten sich die Lebensbedingungen der Rußlanddeutschen dramatisch: Ihre Sprache wurde verboten, sie wurden nach Osten deportiert, ein für viele Menschen tödlicher Vorgang, den erst die Revolution 1917 beendete. Wie die russische Bevölkerung litt auch die deutsche unter Bürgerkrieg und Hungersnot: Die deutsche Bevölkerung halbierte sich bis 1926 auf 1,2 Millionen.

Tabelle 1: Regionale Verteilung der Deutschen in der Sowjetunion im Jahre 1926[174]

Sowjetunion insgesamt	1 238 486		
RSFSR	806 251		
davon			
ASSR der Wolgadeutschen	379 630	Ukraine	393 924
Kasachische ASSR	51 102	Weißrußland	7 075
Kirgisische ASSR	4 291	Transkaukasus	25 327
Sibirische Region	77 560	Usbekistan	4 646
Region Ferner Osten	2 421	Turkmenien	1 263
andere Gebiete	291 482		

Die Nationalitätenpolitik der jungen Sowjetunion nährte anfangs Hoffnungen auf Autonomie: Tatsächlich entstanden einige autonome deutsche Verwaltungseinheiten, die deutsche Sprache, Zeitungen, Theater, Hochschulen, Bibliotheken usw. wurden wieder zugelassen. Dagegen zerstörte seit 1928/29 die Zwangskollektivierung, die auch die wohlhabenderen deutschen Bauern traf, alle Illusionen. Viele Deutsche wurden als „Kulaken" nach Sibirien, in den Norden oder nach Kasachstan deportiert. Kirchen, Schulen und andere kulturelle Institutionen wurden geschlossen. Den Stalinschen „Säuberungen" fielen große Teile der kulturellen Eliten, russische wie nichtrussische, zum Opfer. Die listenmäßige Erfassung der Rußlanddeutschen schuf eine Grundlage für weitere spätere Deportationsmaßnahmen.

Den härtesten Einschnitt für die Deutschen in der Sowjetunion brachte der Einmarsch der deutschen Wehrmacht am 22. Juni 1941: Die Nationalsozialisten hofften, die Deutschen in der Sowjetunion würden sie bei ihrem Vernichtungsfeldzug unterstützen. Umgekehrt bezichtigte die sowjetische Führung die Deutschen pauschal der Kollaboration und Spionage. Die Deutschen im Westen der Sowjetunion wurden in großangelegten Unternehmungen hinter den Ural, nach Sibirien und Kasachstan, deportiert (Dok. Nr. 37). Ein ähnliches Schicksal ereilte Deutsche, die die Sowjets nicht mehr rechtzeitig nach Osten abschieben konnten. Sie wurden von deutschen Behörden in den von der deutschen Wehrmacht eroberten sowjetischen Gebieten angesiedelt. Als nach der Schlacht von Stalingrad (1942/43) die Sowjetarmee nach Westen vorrückte, wurden zunächst von der Zwangsumsiedlung verschonte Deutsche ebenfalls nach Osten deportiert. Überlebende mußten als Verbannte unter häufig unmenschlichen Bedingungen in Lagern Zwangsarbeit (Trudarmja) verrichten, die vielen das Leben kostete. Traumatische Erlebnisse wirken bis in unsere Tage bei Überlebenden und ihren Nachkommen weiter und brannten in ihnen tief den Wunsch ein, bei erster Gelegenheit die Sowjetunion zu verlassen.

Ähnlich litten andere zwischen 1941 und 1944 „bestrafte Völker" unter gewaltsamen Umsiedlungen – Polen, Tschetschenen, Inguschen, Karatschaier, Balkaren, Krimtataren, Kalmücken, insgesamt etwa drei Millionen Menschen.[175] Zahlreiche territoriale Konflikte der Gegenwart erklären sich auch aus diesen düsteren Vorgängen.

Erste Erleichterungen seit 1955

Auch nach dem Krieg blieb die Bewegungsfreiheit der nationalen Minderheiten stark eingeschränkt: Für sie gab es keine staatliche Fürsorge, keine Möglichkeiten, die eigene Kultur und Sprache zu pflegen. Eine Wende kam erst mit dem Tod Stalins 1953 mit dem

Amnestiedekret, das der Oberste Sowjet im Dezember 1955, wenige Monate nach der Reise Bundeskanzler Adenauers nach Moskau, verkündete. Moskau dekretierte die Entlassung aus Arbeitslagern und Sondersiedlungen, erlaubte jedoch keine Rückkehr in die Vorkriegswohnorte. Erst ein Rehabilitierungsdekret des Obersten Sowjets nahm am 29. August 1964 (Dok. Nr. 38) die Anklage der Spionagetätigkeit und Kollaboration seit 1941 und Zwangsmaßnahmen als „Ausdruck der Willkür unter den Bedingungen des Personenkults Stalins“ zurück. Seitdem belebten sich alte Autonomievorstellungen und Auswanderungswünsche. Der deutschen Minderheit bescheinigte die Regierung „im Krieg, nach dem Krieg und auch heute eine gute Führung“ und eine ausgezeichnete Leistung bei der Arbeit. Eine Wiederherstellung ihrer Republik sei jedoch unmöglich, weil man sonst die jetzigen Bewohner des Wolgagebiets umsiedeln müßte. Viele aus den Arbeits- und Sonderlagern entlassene Deutschstämmige wanderten damals nach Kasachstan. Denn hier lebte bereits seit längerem eine beachtliche deutsche Minderheit[176], und in manchen Teilen Kasachstans gab es kultivierbares Land. Die große Neulandkampagne der fünfziger und sechziger Jahre, für die Hunderttausende von Arbeitskräften nach Mittelasien angeworben wurden, verhieß erträgliche Existenzmöglichkeiten.

Tabelle 2: Regionale Verteilung der Deutschen in der Sowjetunion im Jahre 1989[177]

Sowjetunion	2 038 603	Weißrußland	3 517
RSFSR	842 295	Georgien	1 546
Moldawien	7 335	Armenien	265
Ukraine	37 849	Aserbaidschan	748
Kasachstan	957 518	Estland	3 466
Usbekistan	39 809	Litauen	2 058
Kirgisien	101 309	Lettland	3 783
Turkmenien	4 434		

Auswanderung Deutscher aus Kasachstan seit Gorbatschow

Neue Chancen eröffnete die Politik Gorbatschows den nationalen Minderheiten: Mit Glasnost und Perestroika entstand im März 1989 die Organisation „Wiedergeburt“, um auf die Wiederherstellung früherer Rechte, vor allem die Autonomie der deutschstämmigen Bevölkerung, zu drängen und die deutsche Sprache, Kultur und Traditionen zu pflegen. Sie sollte den Deutschen Mut geben, in der Sowjetunion zu bleiben. Tatsächlich vertritt „Wiedergeburt“ nur die Interessen eines kleinen Teils der deutschen Minderheit, wie ein Blick auf die amtlichen Auswandererzahlen belegt: Während sich zwischen 1954 und 1986 die Zahl der alljährlich aus der Sowjetunion ausgereisten Deutschen zwischen einigen Hunderten bis knapp 10 000 bewegte, schnellte sie seit 1987 rasant empor:

Tabelle 3: Deutsche Auswanderer aus der Sowjetunion[178]

Jahr	Anzahl
1987	14 488
1988	47 572
1989	98 134
1990	147 950
1991	147 320
1992	195 576, davon 114 382 aus Kasachstan
1993	207 000[179]

Zu elementaren Auswanderungsmotiven kamen zuletzt neue: Die materielle Situation hat sich in den letzten Jahren eher noch verschlechtert, ethnische Konflikte, hinter denen sich nicht selten soziale verbargen, flackerten verstärkt auf. Insbesondere die Sprachenfrage erwies sich für viele Rußlanddeutsche als drängendes Problem. Sie bedienten sich bereits seit den dreißiger Jahren aus Furcht vor Diskriminierung und Repression des Russischen, verboten ihren Kindern, außerhalb des (ohnedies nur selten erteilten) Deutschunterrichts und der eigenen „vier Wände" ihre „Muttersprache" zu sprechen. Zahlreiche deutschstämmige Aussiedler aus Rußland bzw. der GUS – zumal aus der jüngeren und mittleren Generation – beherrschen daher die deutsche Sprache, wenn überhaupt, nur gebrochen. 1989 wurde das Kasachische Staatssprache, obgleich die Kasachen als Titularnation nur ca. 40% der Bevölkerung stellen (und keineswegs alle Kasachen diese Sprache sprechen). Seitdem werden Personen, die Kasachisch beherrschen, beim Hochschulzugang, bei der Vergabe wichtiger gesellschaftlicher und politischer Positionen, Arbeitsplätze usw. bevorzugt. Da den Russen, die gleichsam die (ehemalige) Sowjetmacht repräsentieren, die gegenwärtige schlechte materielle Lage und das Leid der Zwangskollektivierung angelastet wird[180], umgekehrt russischsprechende Deutsche sich für Kasachen nicht von Russen unterscheiden, gilt manche xenophobische Aggression gleichermaßen der russischen wie der deutschen Bevölkerung Kasachstans. Obwohl die politische Führung die deutsche Minderheit im Lande behalten will, reagiert ein beachtlicher Teil der kasachischen Bevölkerung feindselig[181].

Welche Folgen die Massenauswanderung vor allem von Russen und Deutschen aus Kasachstan haben wird, ist kaum abzuschätzen. Die innenpolitische Parteien- und soziale Frontenbildung verläuft derzeit, wie auch in anderen GUS-Republiken, entlang ethnischen Unterscheidungslinien. Für Kasachstan stellt sich die Frage, wie es sich künftig definieren soll: Will es kasachischer Nationalstaat sein, ein gemischt kasachisch-russisches Gebilde oder ein Vielvölkerstaat?[182] Einiges spricht dafür, daß vor allem ökonomische Sachzwänge und autoritäre Staatsräson dazu beitragen, daß wenigstens die Staatsführung nationale Spannungen und Konflikte nicht politisch instrumentalisiert.

V. Die neue Smuta: Das postsowjetische Rußland

Nach dem Verlust des Kalten Krieges durch die Zweite Welt stürzten Rußland und die meisten postsowjetischen Nachfolgestaaten auf das Niveau der Dritten Welt ab, ökonomisch, sozial, politisch. Nach allen historischen Erfahrungen eskaliert ihre Instabilität in der neuen „Smuta“ bis zu heißen Bürgerkriegen. Rußland ist noch formal Weltmacht, kann aber als „Chaos-Macht“ (FAZ) sein eigenes Chaos auf seine Umwelt übertragen – als Ex-Jugoslawien im Großen (Dok. Nr. 39). Der Tschetschenienkrieg und die Tragödie von Budjonnsk 1995 wären weitere Auftakte zur eigentlichen Katastrophe, die auch jüngste Ansätze zu ökonomischer Erholung und Friedensverhandlungen mit Tschetschenien unter Ministerpräsident Tschernomyrdin zerschlagen würden.

Für das russische Selbstverständnis wie für Parteigänger des Kommunismus in der übrigen Welt kam der Zusammenbruch der Sowjetunion urplötzlich, ist heute noch immer unbegreiflich. Überspannte Heilserwartungen, slawisch-orthodoxer Provenienz bis 1917, säkularisiert seit der Oktoberrevolution mit der Idee der Weltrevolution, lassen den Sturz subjektiv noch tiefer erscheinen, als er objektiv ohnehin ist: Die Russen sind „müde geworden“, wie eine jüngere Historikerin im Mai 1994 privat sagte, nach all den welthistorischen Aufschwüngen und niederschmetternden Abstürzen. Andererseits wollen sie, wie ein älterer Kollege verbittert über das gegenwärtige Chaos meinte, nur noch „Ordnung“, gleichgültig welche. Der Griff zum Altbewährt-Vertrauten liegt nahe.

Wie nach dem Zerfall jeder Machtstruktur, zumal einer so zentralisierten wie der sowjetischen, brach Chaos aus. Seit 1989/91 bestätigen sich düstere Prognosen deutscher Sozialismuskritiker vor über einem Jahrhundert: Sozialismus als Funktionärsherrschaft kann nicht funktionieren. Wo er sich dennoch isoliert durchsetzt, wird er scheitern, im schrecklichsten Bürgerkrieg, den die Weltgeschichte bis dahin kannte.[183] Nach Jahrzehnten trügerischer Stabilität steht Rußland eine neue „Smuta“-Periode bevor, vielleicht sogar mit einem Boris II. (Jelzin) als Übergangsfigur. Zeitgenössische Präzedenzfälle (Libanon, Afghanistan, Ex-Jugoslawien) legen nahe, daß die neue „Smuta“ lange anhalten wird. Die „Gemeinschaft Unabhängiger Staaten“ ist weniger als eine lockere Konföderation. Die postsowjetischen Nachfolgestaaten sind heterogen und instabil, ringen auf der Suche nach definierender Identität um ihre staatlichen Grenzen, die Stalin willkürlich gezogen hatte, nur im Interesse der Zentralmacht. Deportationen von Minderheiten in und nach dem Zweiten Weltkrieg haben sie ethnisch-religiös weiter kompliziert.

Folgen nach innen – zwischen Föderalisierung und neuer Zentralisation

Rußland selbst mutierte vom straffen Zentralstaat in eine Föderation, um durch Autonomie für die zahlreichen Minderheiten den Zerfall zu verhindern, zunächst die Sezession der Tschetschenen im Kaukasus durch eine riskante Militärintervention (Dezember 1994). Sie wirkt wie ein zweiter Afghanistankrieg, jetzt für das postsowjetische Rußland, verschärft die inneren Konflikte, auch zwischen Russen. Litt Rußland zuvor am Übergewicht von zuviel Staat mit seinen zentralen Reglementierungen und Durchgriffen bis auf die lokale Ebene, so hat sich der Zentralstaat weitgehend aufgelöst, allenfalls noch respektiert in Moskau und Umgebung. Die innere Freizügigkeit ist weitgehend zusammengebrochen. Den einzelnen Regionen ist in der Schwäche der Moskauer Zentrale automatisch mehr Macht zugefallen, schon weil sich viele Probleme vor Ort eher lösen lassen. Nach historischen Erfahrungen ist jedoch damit zu rechnen, daß das föderative Prinzip nur Aushilfe im staatlichen Notstand ist. Früher oder später wird sich der „Normalfall" russischer Geschichte wieder durchsetzen – Zentralisation und Autokratie. Die Zentrale dürfte dann lokale und regionale Rechte wieder kassieren, die nur Abfallprodukt der allgemeinen Staatskrise waren. Dafür ist das Gewicht langfristiger Strukturen und Kontinuitäten gegenüber solchen „Abweichungen" zu groß: Sollte die Menschheit ihre gegenwärtige Globalkrise einigermaßen überstehen, dürfte das flächenmäßig immer noch größte Land der Erde auch als Großmacht wiederauferstehen, die sie für Jelzin und seine Regierung dem Anspruch nach immer noch ist.

In der allgemeinen Desorientierung brechen traditionelle Denkstrukturen wieder auf. Handgreiflicher Antisemitismus kam schon in der Gorbatschow-Ära an die Oberfläche, so daß Tausende Juden fluchtartig das Land verließen, besonders nach Israel und Deutschland. Für russische Neofaschisten ist Hitler erstaunlich populär, obwohl er gerade ihr eigenes Land mit mörderischem Krieg überzogen hatte. Andererseits haben sich Altkommunisten nach dem Verbot der KPdSU sofort neu konstituiert. Anders als in der Weimarer Republik schwanken beide Extreme in Rußland nicht zwischen spektakulärem Kampf gegeneinander und klammheimlicher Kooperation in Zerstörung der parlamentarischen Demokratie, sondern treten offen Arm in Arm gegen Demokraten und Reformer an. Dem Amalgam orthodoxer und alt-neo-kommunistischer Welterlösung entspringt die rot-braune Allianz. Sie trug den Oktoberputsch 1993, den Jelzin mit loyalen Elitetruppen nur knapp niederschlagen konnte. Wie wacklig die demokratische Konstruktion um den fast schon autoritär regierenden Jelzin ist, zeigen Freispruch und Rehabilitierung der Putschisten (auch der vom August 1991) als Patrioten. Die Dumawahlen verwiesen Ende 1993 die Parteien der Demokraten in die Minderheit. Die vereinigten Extremen „rechts" und „links" lenken zunehmend den Zorn über die Misere vom sowjetischen Ancien régime, das sie verursachte, auf die Demokratie, unter der sie nur sichtbar, allerdings auch schlimmer wurde. Der Druck der neochauvinistischen Mehrheit, angeführt von Schirinowski mit seiner „Liberaldemokratischen Partei", zwingt Jelzin und die Gemäßigten immer stärker, sich traditionellen Positionen anzunähern, gerade in der Außenpolitik.

Die Folgen nach außen – neoimperiale Ansprüche

Nach dem Sturz des Kommunismus tritt die multi-ethnische Föderation Rußland auch in außenpolitische Traditionen und Ansprüche des Russischen Reiches und der Ex-Sowjetunion wieder ein, offen oder verdeckt. Jahrhundertelange Hegemonie und imperiale Herrschaft sind für Russen so selbstverständlich geworden, daß sie sich ihre politische Existenz gar nicht mehr anders vorstellen können. Von Schirinowski mit seinen neoimperialen Träumereien heißt es, daß er nur offen ausspricht, was Russen nach mehreren Wodkas sagen. Russisch-sowjetische Geschichte illustriert so massiv außenpolitische Kontinuitäten von Völkern, Ländern und Mächten jenseits aller innenpolitischen Schwankungen, daß mit ihrer Fortsetzung durch das demokratische Rußland zu rechnen ist, zumal es in der postsowjetischen „Smuta" vielleicht nur ein Intermezzo darstellt. Nach Überwindung des ersten Schocks reklamiert selbst Jelzins Regierung die Hegemonie über das „Nahe Ausland", also über alle Gebiete der Ex-Sowjetunion, u. a. zum „Schutz" der rund 25 Millionen Russen, die plötzlich aus Angehörigen der Reichsnation zu ungeliebten Minderheiten wurden. Soweit sie nicht heim ins verarmte Rußland kehrten, bleiben sie doppelte Geiseln: Neuen oder neu erwachten Nationalismen der Nachfolgestaaten sind sie Sündenböcke für alle Übel der imperial-sowjetischen Vergangenheit und der tristen Gegenwart, je weiter von Rußland entfernt, um so mehr. Einem neoimperialen Rußland werden „Auslandsrussen", wie sie, analog zu den „Auslandsdeutschen" nach dem Ersten Weltkrieg, heißen könnten, Vorwand zur Intervention der „Ordnungsmacht", „fünfte Kolonne" oder Stoßtrupps zur Restauration des russischen Großreichs und erneuten „Sammlung russischer Erde".

Formal anerkannte Rußland zwar die Unabhängigkeit der anderen postsowjetischen Nachfolgestaaten und der früheren Satellitenstaaten. Aber in ihrer Schwäche stehen sie dem späteren Zugriff, unter welchem Titel auch immer, eines wiedererstarkten Rußland fast unbegrenzt offen, die ex-sowjetischen Republiken mehr als die Ex-Satellitenstaaten, die näher zum Westen liegen. Die Verzögerung des Abzugs sowjetischer Truppen aus den baltischen Republiken und die Präsenz der starken russischen „Minderheit", die in Estland und Lettland in den Großstädten und in Randgebieten zu Rußland schon die Mehrheit ausmacht, zeigt, wie schwer dem neuen Rußland der Abschied von imperialen Ambitionen fällt. Die Weigerung, den von der Sowjetunion einst beherrschten Ostrand des lateinischen Westens (die Ex-DDR ausgenommen) in den Schutz des Westens durch Mitgliedschaft in der NATO zu entlassen, weist in dieselbe Richtung.

Die russische Argumentation beim Budapester KSZE-Gipfel Ende 1994 unterstellt dem Westen indirekt als Absicht die Aggression gegen Rußland. Im Kalten Krieg war das westliche Verteidigungsbündnis als Reaktion auf sowjetische Expansion entstanden, als die sowjetische Kriegsdoktrin des Warschauer Paktes, wie von Gorbatschow und Jelzin nachträglich eingeräumt, offensiv war. Gleichzeitig bot die NATO faktisch, aber offen nie ausgesprochen, auch dem Ostblock Schutz gegen die Bundesrepublik, solange sie nicht die Oder-Neiße-Grenze anerkannt hatte. Auch nach dem Kalten Krieg könnte die NATO allseitigen Schutz bieten, vor allem den Völkern zwischen Deutschen und Russen gegen erneute Hegemonie oder imperiale Herrschaft beider Großvölker. Indirekt würde die NATO so die Sicherheit Rußlands nach Westen ermöglichen.

Das demokratische Rußland muß Ängste ex-sowjetischer Untertanen und Satellitenvölker ernst nehmen, muß die Sicherheit Polens usw. garantieren, weil sich Rußland sonst seine Rückkehr als neoimperiale Groß- und Ordnungsmacht im „Nahen Ausland" vorbehalten würde. Sein Anspruch, ein Veto über den Beitritt der ostlateinischen Völker in die NATO auszuüben, gleichzeitig die NATO der OSZE (bisher: KSZE) unterzuordnen, der OSZE aber friedensstiftende Maßnahmen in seinem „Nahen Ausland" weitgehend zu verweigern, hätte gravierende Folgen: Die Aufgabe, allseitige Sicherheit für ganz Europa zu finden, auch für die Völker zwischen Deutschen und Russen, ohne die Russen auszugrenzen, würde so noch schwerer.

Rußland zwischen lateinischem Westen und japanisch-chinesischem Osten, zwischen Europa und eigenen Kontinuitäten

Wieder stellt sich für Rußland die Frage nach seiner Stellung in der Welt, damit auch zum Westen, zwischen Kooperation oder neuer Konfrontation: Denn historisch richtig ist Jelzins Furcht, eine Mitgliedschaft der früheren Satellitenstaaten in der NATO und EU könnte die alte Kluft zwischen lateinischem Westen und orthodoxem Osten wieder vertiefen. Ohnehin schlägt das West-Ost-Wohlstandsgefälle in Europa heute unerbittlicher denn je zuvor durch: Von der Rhein-Rhône-Achse über Elbe und Oder zu Weichsel und Bug, von dort über Dnjepr und Wolga zum Ural fallen Wohlstand und Stabilität in riesigen Katarakten ab, die destrukive Energien bergen. Dazu hat sich inzwischen im Fernen Osten zu Rußland ein neues Wohlstandsgefälle aufgebaut, das auf Chinas jahrtausendealtem Zivilisationsvorsprung gegenüber seiner Peripherie nach Norden und Westen beruht. Nach der Industrialisierung Japans seit über einem Jahrhundert hat sich die Volksrepublik China seit ihren Wirtschaftsreformen und der Öffnung zum Westen ab 1979 in die Industrialisierung geworfen, ergänzt um Taiwan, Südkorea und Südostasien. Eingeklemmt zwischen dem sich nach Osten bis zur Grenze von 395/1054 erweiternden lateinischen Westen und dem prosperierenden überwiegend chinesisch geprägten Fernen Osten und Südosten, muß sich das gebeutelte Rußland heute neu definieren.

In dieser schwierigen Situation steht Rußland vor einer fundamentalen Wahl – Zugehörigkeit zu Europa oder nicht. Wie auch immer es sich entscheidet, sind schwere Konflikte zu erwarten. Bisher ergab sich ein unlösbares Dilemma russisch-sowjetischer Entwicklung: Sicher ist der Westen nicht der einzige Weg zur modernisierenden Industrialisierung, wie wir heute seit der jüngsten Entwicklung Ost- und Südostasiens wissen. Aber bis dahin war er das einzig vorhandene Modell, und Rußland wollte den Westen ein- und überholen, mit seinen eigenen (technologischen) Waffen schlagen. Schon selektive Übernahme aus dem Westen (rechts- und verfassungsstaatliche Ansätze, Marxismus, Menschenrechte) und die Annexion von Völkern lateinischer Prägung verursachten Spannungen und Konflikte mit traditionellen russischen Werten (Autokratie, Orthodoxie).

Wollen die Russen heute zum überwiegend lateinisch geprägten Westen gehören, so müssen sie auch die unvermeidlichen Konsequenzen tragen, sich seinen Werten und Strukturen anzupassen. Sie können nicht beides zugleich haben – Vorteile der Zugehörigkeit zu Europa und Beibehaltung älterer Strukturen nach innen (Autokratie, in welcher Form auch immer) und außen (russische Hegemonie oder imperiale Vorherrschaft über den lateinischen Ostrand Europas). Das ist kein westlicher Neoimperialismus, sondern logische Folge aus dem freiwilligen Beitritt zu einer schon bestehenden Gemeinschaft: Wer einem Klub beitritt, muß seine Spielregeln anerkennen.

Wollen die Russen jedoch lieber zu einer neuen Variante ihrer autokratisch-kollektivistischen Traditionen zurückkehren, so müßte Europa ihre Entscheidung respektieren, weil sie aus dem Schwergewicht tausendjähriger Kontinuitäten am ehesten zu erwarten ist und den Standards der außerwestlichen Welt entspricht. Danach sollten beide Seiten alles tun, um aus unvermeidlichen Differenzen keine Feindschaft entstehen zu lassen. Die formale Zugehörigkeit der GUS-Staaten zum erweiterten Europa der OSZE eröffnet die Chance zur Vermittlung. Kulturelle, technische und ökonomische Kooperation in einem neuen Geist wirklicher Internationalität müßte folgen, um ein Minimum an Stabilität wiederherzustellen und zu sichern.

Jede Hilfe, soweit die Russen und die anderen Völker der Ex-Sowjetunion sie in

Anspruch nehmen wollen, sollte der Westen nach Kräften leisten, ohne politische Hintergedanken. Die allseitig friedenserhaltende Absicht der NATO käme dann auch Rußland zugute. Kooperation mit Deutschland dürfte sich nicht wieder gegen die kleineren Länder zwischen Russen und Deutschen richten, vor allem gegen Polen, das, nicht erst seit Rapallo 1922, historisch berechtigte Angst davor hat. Beide Großvölker, Deutsche wie Russen, müßten die gleichberechtigte Existenz der kleineren Völker zwischen ihnen anerkennen und schützen. Jeder Versuch, sie als Glacis gegen die andere Großmacht wieder aufzuteilen oder auszuspielen, würde nur neue Konflikte auslösen. Die Deutschen müssen sich mit ihrer latenten Sprengkraft von Europa integrieren und bändigen lassen, auch zum Schutz der Russen. Das wäre ihr konstruktivster Beitrag, Rußland die Angst vor dem Westen zu nehmen, umgekehrt es vor der Illusion zu bewahren, mit den Deutschen gegen den Westen vorzugehen. So verknüpft sich die Frage nach der Stellung Rußlands in Europa und der Welt auch mit der deutschen Frage, die nach der Vereinigung Deutschlands 1990 in ein neues Stadium eingetreten ist.

Anmerkungen

1 Vgl. die Bibliographie, unten S. 158f.
2 Vgl. unten Bibliographie, S. 158f.
Gerhard und Nadja Simon: Verfall und Untergang des sowjetischen Imperiums. dtv Wissenschaft 4598. München 1993; Eberhard Beckherrn: Pulverfaß Sowjetunion. Der Nationalitätenkonflikt und seine Ursachen. Knaur 4815. München 1990; Helmut Altrichter: Kleine Geschichte der Sowjetunion 1917–1991. Beck'sche Reihe 1015. München 1993; Andrejs Urdze, Hg.: Das Ende des Sowjetkolonialismus. Der baltische Weg. rororo aktuell 12897. Reinbek b. Hamburg 1991.
3 Genau unter diesem Titel ein Beitrag des Vf. zur Fischer-Weltgeschichte, Bd. 36, das Zwanzigste Jahrhundert III. Weltprobleme zwischen den Machtblöcken. Frankfurt/Main 1981, ^{4}1994, S. 29–100, allerdings mit Schwergewicht auf der damals noch so genannten „Dritten Welt".
4 I. Geiss/G. Intemann: Der Jugoslawienkrieg. Brennpunkt Geschichte. Frankfurt/Main 1993, ^{2}1995.
5 Ders.: Zukunft als Prognose, 1980–1992. Polen – Sowjetunion – Deutschland. Stuttgart 1995.
6 Als hervorragende Aufschlüsselung der geographischen Dimension in der russisch-sowjetischen Geschichte vgl. Martin Gilbert: The Dent Atlas of Russian History. From 800 BC to the Present Day. London 1972, ^{2}1973.
7 Geoffrey Blainey: The Tyranny of Distance. How Distance Shaped Australia's History. Melbourne 1972.
8 Elçin Kürsat-Ahlers: Zur frühen Staatenbildung von Steppenvölkern. Über die Sozio- und Psychogenese der eurasischen Nomadenreiche am Beispiel der Hsiung-Nu und Göktürken mit einem Exkurs über die Skythen. Berlin 1994.
9 Näher ausgeführt bei I. Geiss: Europa – Vielfalt und Einheit. Meyers Forum 12. Mannheim 1993.
10 E. Kürsat-Ahlers: Staatenbildung von Steppenvölkern, S. 64.
11 Instruktiv Marc Raeff: Understanding Imperial Russia. State and Society in the Old Regime. Aus dem Französischen. New York 1993; schon älter, die Kiewer Rus einbeziehend, Richard Pipes: Rußland vor der Revolution. Staat und Gesellschaft im Zarenreich. Aus dem Amerikanischen. dtv wissenschaft 4423. München 1984.
12 George V. Lantzeff/Richard A. Pierce: Eastward to Empire. Exploration and Conquest of the Russian Open Frontier to 1750. Montreal, London 1973.
13 Grundlegend zum Verständnis die Monographie eines russischen Historikers aus dem Jahr 1923, die nur Zusammenfassung eines weitaus umfangreicheren Werkes ist; vgl. S. E. Platanov: The Time of Troubles. A Historical Study of the Internal Crisis and Social Struggle in Sixteenth and Seventeenth Century Muscovy. Aus dem Russischen. Lawrence, Kansas, 1970, ^{6}1985.
14 James Cacraft: Peter the Great transforms Russia. Lexington, Mass., Toronto ^{3}1991.
15 M. S. Anderson: The Eastern Question 1774–1923. London ^{6}1978.
16 S. W. Baron: The Russian Jews under the Tsar and the Soviets. New York 1964.
17 So nach M. Hildermeier: Die jüdische Frage im Zarenreich. Zum Problem der unterbliebenen Emanzipation, in: Jahrbücher für Geschichte Osteuropas 32, 1984/3, S. 321–57.
18 Allgemein für das Russische Reich seit Alexander I., vgl. Hugh Seton-Watson: The Russian Empire 1801–1917. Oxford 1967, ^{2}1988.
19 Allgemein Ralph Melville/Hans-Jürgen Schröder, Hg.: Der Berliner Kongreß von 1878. Die Politik der Großmächte und die Probleme der Modernisierung in Südosteuropa in der zweiten Hälfte des 19. Jahrhunderts. Wiesbaden 1982.
20 Ausführlich, mit vielen lehrreichen Details über die Rolle der Panslawisten, George F. Kennan: Bismarcks europäisches System in der Auflösung. Die französisch-russische Annäherung 1875–1890. Aus dem Amerikanischen. Frankfurt/Main 1981.
21 M. E. Falkus: The Industrialisation of Russia 1700–1914. London 1972, ^{6}1993.
22 Eindrucksvoll bei Richard Pipes: Die russische Revolution. Bd. 1: Der Zerfall des Zarenreiches. Aus dem Amerikanischen. Berlin 1992, Kap. 1–5.
23 C. J. Lowe/F. Marzini: Italian Foreign Policy 1870–1940. London 1975, S. 124.
24 Fritz Fischer: Griff nach der Weltmacht. Die Kriegsziele des kaiserlichen Deutschland 1914/18. Düsseldorf 1961, ^{4}1964, Kap. „Revolutionierung".

25 Ausführlicher R. Pipes: Russische Revolution, I, Kap. 5: „Das Verfassungsexperiment", S. 271–292.
26 Ebenda, S. 292–335.
27 Vgl. oben Anm. 24.
28 U. a.: J. L. Keep: The Russian Revolution. A Study in Mass Mobilization. London 1976; H.-G. Linke: Die russischen Revolutionen 1905/1917. Zusammenbruch der zarischen Herrschaft und Machtergreifung der Bolschewiki. Stuttgart 1986; Manfred Hellmann, Hg.: Die russische Revolution 1971. Von der Abdankung des Zaren bis zum Staatsstreich der Bolschewiki. München 1987; B. Bonwetsch: Die russische Revolution 1917. Eine Sozialgeschichte von der Bauernbefreiung 1861 bis zum Oktoberumsturz. Darmstadt 1991; J. D. White: The Russian Revolution 1917–1921. A Short History. Kent 1993.
29 Ausführlicher bei R. Pipes: Russische Revolution, II, S. 180–220.
30 Eine exilrussische Darstellung, die ausdrücklich die hier skizzierten Kontinuitätselemente als Bestandteile des sowjetischen Geschichtsbildes ablehnt und daher konsequent mit dem Ersten Weltkrieg beginnt, vgl. Michali Heller/Alexander Nekrich: Geschichte der Sowjetunion. Königstein/Ts. 1981. Als jüngste Darstellungen, vgl. Mary McAuley: Soviet Politics 1917–1991. Oxford 1992; Geoffrey Ponton: The Soviet Era. Soviet Politics from Lenin to Yeltsin. Oxford 1994.
31 Lehrreich noch immer die klassische Darstellung von Norman Cohn: Das neue irdische Paradies. Revolutionärer Millenarianismus und mystischer Anarchismus im mittelalterlichen Europa. Aus dem Englischen. Reinbek ²1988, allerdings mit einem Nachwort von Achatz v. Müller, das Cohns Gesamtthese für ihre aktuelle Anwendung auf den damals noch real existierenden Kommunismus eher abzuschwächen suchte, S. 385–403, vor allem S. 399, Anm. 1, wo v. Müller „für das deutsche Publikum" am liebsten die Debatte über den historischen Zusammenhang von Milleniarismus und Totalitarismen mit seiner deutschen Neuausgabe Cohns beendet hätte, also zu einer Zeit, als sich die Berechtigung, beide miteinander zu verknüpfen, mehr denn je bestätigte.
32 Karl Kautsky: Vorläufer des neueren Sozialismus, 2 Bde., Neudr. Berlin 1976, ¹⁰1981.
33 Werner Hahlweg, Hg.: Der Friede von Brest-Litowsk. Düsseldorf 1971.
34 Mit viel instruktivem Material, aber in der Verabsolutierung übertreibend, vgl. Ernst Nolte: Der Europäische Bürgerkrieg 1917–1945. Nationalsozialismus und Bolschewismus. Berlin 1987.
35 Ausführlicher J. F. N. Bradley: Civil War in Russia 1917–1920. New York 1975.
36 Zur Kontinuität japanischer Kriegsziele im Ersten Weltkrieg gegen den Fernosten Rußlands und Japans Beteiligung an den Interventionskriegen vgl. Yukio Tominaga: Anleihe und Drang nach Norden. Japanische Kriegszielpolitik im Ersten Weltkrieg, in: Joachim Radkau/I. Geiss, Hg.: Imperialismus im 20. Jahrhundert. Gedenkschrift für George F. W. Hallgarten. München 1976, S. 145–170.
37 Norman Davies: White Eagle. Red Star. The Polish-Soviet War 1919–20. London 1972.
38 A. Berkman: Die Kronstadt-Rebellion. Berlin 1990.
39 E. Zaleski: Planning for Economic Growth in the Soviet Union, 1928–1932. Chapel Hill 1971; ders.: Stalinist Planning for Economic Growth 1933–1952. Chapel Hill 1980.
40 Am ausführlichsten Robert Conquest: The Harvest of Sorrow. Soviet Collectivization and the Terror Famine. New York 1986. Seine Ergebnisse wurden in der Endphase der Sowjetunion von russischen Autoren gestützt. Dagegen operiert Stephan Merl seit dem deutschen „Historikerstreit" mit niedrigeren Zahlen, zuletzt gestützt auf statistisches Material, das erst seit „Glasnost" zugänglich wurde; vgl. Stephan Merl: „Ausrottung" der Bourgeoisie und der Kulaken in Sowjetrußland? Anmerkungen zu einem fragwürdigen Vergleich mit Hitlers Judenvernichtung, in: Geschichte und Gesellschaft 13 (1987), S. 368–381; ders.: Wie viele Opfer forderte die „Liquidierung der Kulaken als Klasse"? Anmerkungen zu einem Buch von Robert Conquest, in: ebenda, 14 (1988), S. 534–540; ders.: Kollektivierung und Bauernvernichtung, in: Dietrich Geyer, Hg.: Die Umwertung der russischen Geschichte. Göttingen 1991, S. 103–132; ders.: Das System der Zwangsarbeit und die Opferzahl des Stalinismus, in: GWU 5/6 1995, S. 277–305.
41 Robert Conquest: The Great Terror. Stalin's Purges in the Thirties. Rev. Aufl. Harmondsworth 1971.
42 Alan Bullock: Hitler und Stalin. Parellele Leben. Aus dem Englischen. Berlin 1991. S. 557.
43 Hermann Weber: „Weiße Flecken" in der Geschichte. Die KPD-Opfer der Stalinischen Säuberungen und ihre Rehabilitierung. Frankfurt/Main ²1990.
44 St. Merl: Das System der Zwangsarbeit.
45 Gerhard L. Weinberg: Germany and the Soviet Union 1939–41. Leiden 1954.
46 Klaus Segbers: Die Sowjetunion im zweiten Weltkrieg. Die Mobilisierung von Verwaltung, Wirtschaft und Gesellschaft im ‚Großen Vaterländischen Krieg' 1941–1943. München 1987.

47 Josef Werpup: Ziele und Praxis der deutschen Kriegswirtschaft in der Sowjetunion, 1941 bis 1944, dargestellt an einzelnen Industriezweigen. Diss. phil. Bremen 1992.
48 Joachim Hoffmann: Die Geschichte der Wlassow-Armee. Freiburg/Br. ^{2}1986.
49 Christian Streit: Keine Kameraden. Die Wehrmacht und die sowjetischen Kriegsgefangenen 1941–1945. Stuttgart 1978.
50 G. H. Hodos: Schauprozesse. Stalinistische Säuberungen in Osteuropa 1948–54. Berlin 1990.
51 Dietrich Beyrau/Ivo Bock, Hg.: Das Tauwetter und die Folgen. Kultur und Politik in Osteuropa nach 1956. Bremen 1988.
52 Lew Bezymensky: Katheder-Revanchismus. Gedanken über die Ursprünge einer politisch-psychologischen Kampagne, in: Blätter für deutsche und internationale Politik 32 (1987), S. 273–284, das Zitat auf S. 277.
53 Schon vor dem Afghanistankrieg Hélène Carrère d'Encausse: Risse im roten Imperium. Das Nationalitätenproblem in der Sowjetunion. Aus dem Französischen, Wien 1979. Der französische Originaltitel („L'Empire éclate" – „das Reich zerbricht") drückt die Grundthese viel deutlicher aus.
54 Werner Adam: Das Scheitern am Hindukusch. Afghanistan ist nicht zu unterjochen. Stuttgart 1989.
55 I. Geiss: „Odnowa" – Rebirth and Crisis in Poland 1980–81, in: The Australian Journal of Politics and History 27 (1981), S. 210–220; jetzt auch oben Anm. 5.
56 Eduard Schewardnadse: Die Zukunft gehört der Freiheit. Reinbek bei Hamburg 1991, S. 85.
57 Tim Guldimann: Moral und Herrschaft in der Sowjetunion. Erlebnis und Theorie. Frankfurt/Main 1984, S. 164ff.
58 G. und N. Simon: Verfall, S. 50.
59 Nach Angaben des sowjetischen Ökonomen V. Seljunin, vgl. G. und N. Simon: Verfall, S. 107.
60 „Frankfurter Allgemeine Zeitung" vom 10. 1. 1983.
61 Auszüge in der „Frankfurter Allgemeinen Zeitung" vom 10. 8. 1983.
62 „Der Spiegel", Heft 28/1987.
63 Michail Gorbatschow: Perestroika. Die zweite russische Revolution. Eine neue Politik für Europa und die Welt. München 1989, S. 54–56. Vgl. auch Gorbatschows bedeutsames Referat zum 70. Jahrestag der Oktoberrevolution, zusammengefaßt in: Robert W. Davies: Perestroika und Geschichte. Die Wende in der sowjetischen Historiographie. München 1991, S. 166f.
64 M. Gorbatschow: Perestroika, S. 56.
65 So A. Gelman, zit. nach R. W. Davies: Perestroika und Geschichte, S. 151.
66 Winfried Thaa: Gorbatschows Reformpolitik. Umbau auch im Herrschaftssystem?, in: Sozialwissenschaftliche Informationen, Heft 2/1988, S. 69–76, hier S. 71.
67 Victor Zaslavsky: In geschlossener Gesellschaft. Gleichgewicht und Widerspruch im sowjetischen Alltag. Berlin 1982, S. 52f.
68 E. Schewardnadse, Zukunft, S. 65.
69 Die Verfassung der Union der Sozialistischen Sowjetrepubliken von 1977, in: Gert Meyer (Hg.): Das politische und gesellschaftliche System der UdSSR. Ein Quellenband. Köln ^{2}1980, S. 40ff.
70 Offiziell galt der „demokratische Zentralismus" als Ineinander demokratischer Elemente (Wählbarkeit der Leitungsebenen, deren regelmäßige Rechenschaftspflicht) und zentralistischer Elemente (strikte Disziplin, Unterordnung der Minderheit unter die Mehrheit, Verbindlichkeit der Beschlüsse der jeweils höheren Organe, einheitliche Position nach außen). Nominell war der Parteitag höchstes Organ der Partei, faktisch aber bestimmten Politbüro (zuständig für Leitung der Partei und Richtlinien der Politik) und Sekretariat (zuständig für Kaderauswahl und Ausführungsprotokolle).
71 G. Meyer: System, S. 59f.
72 Georgi Arbatow: Das System. Ein Leben im Zentrum der Sowjetpolitik. Frankfurt/Main 1993, S. 258.
73 Vgl. Michael S. Voslensky: Nomenklatura. Die herrschende Klasse der Sowjetunion. Wien etc. 1980, besonders das Schlußkapitel mit dem auf Solschenizyns „Iwan Denissowitsch" anspielenden Titel „Ein Tag im Leben des Denis Iwanowitsch".
74 G. Arbatow: System, S. 250f.
75 G. u. N. Simon: Verfall, S. 11, datieren diesen Positionswechsel auf 1989; ähnlich G. Arbatow: System, S. 380.
76 Oskar Negt: Marxismus als Legitimationswissenschaft. Zur Genese der stalinistischen Philosophie, in: O. Negt u. a.: Zur stalinistischen Philosophie. Hamburg 1970, S. 1–42.
77 So eine geläufige russische Formulierung; vgl. T. Guldimann: Moral, S. 47.

78 Michail Gorbatschow, Der Schöpfer der Umgestaltung ist das Volk, Ansprachen des Generalsekretärs des ZK der KPdSU bei seinem Aufenthalt in Lettland und Estland. Februar 1987, Moskau 1987, S. 11.

79 G. Arbatow: System, S. 212–323, spricht vor allem von 1975–1982 als den „Jahren des Verfalls".

80 Ebenda, S. 237.

81 Ebenda, S. 249: Die Jahre der Stagnation „waren wahrhaft das goldene Zeitalter des Apparats und der Bürokratie. Stalin verringerte den Apparat gelegentlich durch gnadenlose Säuberungen, und Chruschtschow erschütterte ihn wenigstens. (...) Breschnew verkündete das Schlagwort der ‚Stabilität' und diente selbst als Inkarnation und Sinnbild dieses Konzepts, wenn man unter Stabilität in erster Linie Immobilität versteht. Ämter auf Zeit wurden in lebenslange Ernennungen verwandelt, und die Bürokraten wurden praktisch unabsetzbar. Viele Bezirkssekretäre, Minister und hohe Funktionäre der Partei und des Apparats hielten ihre Ämter auf fünfzehn bis zwanzig Jahre. Eine sehr komplizierte Technik wurde eigens entwickelt, um selbst total inkompetente Offizielle gegen jede Verantwortung für ihre Entscheidung abzuschirmen. (...) Ein inkompetenter Minister wurde entweder von einem Ministerium zum nächsten geschleust, oder für ihn wurde eigens ein neues Ministerium geschaffen."

82 G. u. N. Simon: Verfall, S. 25.

83 Victor Zaslavsky: Das russische Imperium unter Gorbatschow. Seine ethnische Struktur und ihre Zukunft. Berlin 1991, S. 7.

84 T. Guldimann: Moral, S. 207ff., versucht mit einiger Plausibilität und Weitsicht, was die spätere Entwicklung angeht, das Stufenmodell Kohlbergs auf die Stagnationsphase in der Sowjetunion zu übertragen, und spricht von einem Rückfall des gesellschaftlichen Moralbewußtseins auf eine Stufe der präkonventionellen Moral.

85 G. Arbatow: System, S. 270–80, 286, 316; vgl. auch die Mitteilungen von Breschnews Leibarzt J. Tschasow laut „Welt am Sonntag" vom 7. 6. 1992.

86 Vgl. Stalins Begründung seiner „Revolution von oben" in seiner Rede vom 4. 2. 1931 (= J. W. Stalin: Fragen des Leninismus, Moskau 1947, S. 399): „Wir sind hinter den fortgeschrittenen Ländern fünfzig bis hundert Jahre zurückgeblieben. Wir müssen diese Distanz in zehn Jahren durchlaufen. Entweder bringen wir das zustande, oder wir werden zermalmt."

87 Hans-Heinrich Nolte: Perestrojka und Internationales System: Zur Rolle der Rüstung, in: Das Argument. Zeitschrift für Philosophie und Sozialwissenschaften, Heft 183 (5/1990), S. 759–768, hier S. 764.

88 G. Arbatow: System, S. 214–235.

89 E. Schewardnadse: Zukunft, S. 117, schätzt, daß die Kosten hierfür mehr als dreimal so hoch waren wie für die Afghanistan-Intervention.

90 Ebenda, S. 117.

91 Ebenda, S. 109f.

92 Ebenda, S. 152.

93 M. Gorbatschow: Perestroika, S. 61.

94 E. Schewardnadse: Zukunft, S. 313.

95 Osteuropa 5/1987, S. A 238ff.

96 Vgl. Gorbatschows Rede in Estland vom 21. 2. 1987: „Das Leben selbst ... führte uns daran, daß die Aufgabe, die sowjetische Gesellschaft zu demokratisieren, zum aktuellsten, zum brennendsten Erfordernis unserer Gesellschaft geworden ist." (M. Gorbatschow: Schöpfer, S. 37.) Am systematischsten entwickelte er seine Ideen dieser Phase in „Perestroika", wo er von der Umgestaltung als einer „Revolution" (S. 59) und einem „Sprung nach vorne in der Entwicklung des Sozialismus" (S. 61) sprach.

97 Alexander Ehrlich: Die Industrialisierungsdebatte in der Sowjetunion 1924–1928. Frankfurt/Main 1971.

98 Zitiert nach R. W. Davies: Perestroika, S. 151.

99 E. Schewardnadse: Freiheit, S. 19.

100 G. u. N. Simon: Verfall, S. 15f., 20; M. Gorbatschow, Perestroika, S. 67–71.

101 G. u. N. Simon: Verfall, S. 38.

102 Wolfgang Leonhard vermutete in einem Vortrag in Wiesbaden im Mai 1988, daß zum damaligen Zeitpunkt jeweils ein Drittel der Bevölkerung der Perestroika zustimmend, abwartend oder ablehnend gegenüberstand, aber nur maximal 20 bis 25 Prozent des Apparats als ernsthafte Perestroikaanhänger betrachtet werden könnten.

103 Zu den Hintergründen: E. Schewardnadse: Freiheit, S. 299ff.
104 R. W. Davies: Perestroika, S. 263.
105 Auszüge in: G. Meyer (Hg.): Wir brauchen die Wahrheit. Geschichtsdiskussion in der Sowjetunion. Köln 1988, S. 155–170; aufschlußreich ist, daß drei Hefte der deutschsprachigen Ausgabe der Moskauer Zeitschrift „Neue Zeit" mit Schatrow-Textauszügen in der damaligen DDR nicht ausgeliefert wurden (vgl. taz vom 25. 2. 1988).
106 Vgl. R. W. Davies: Perestroika, S. 248ff., und die Zusammenfassung der Thesen Zipkos in „Die Quellen des Stalinismus oder der Egoismus der Träumer", in: Sowjetunion heute, Heft 3/1990, S. 35–41; noch schärfer: A. Zipko: Sind unsere Prinzipien gut? (eine Grundsatzkritik an Marx und Lenin), abgedruckt in: G. und N. Simon, Verfall, S. 232–240.
107 R. W. Davies: Perestroika, S. 39.
108 G. u. N. Simon: Verfall, S. 49–54; vgl. auch R. Ahlberg: Armut in der Sowjetunion, in: Zum Nachdenken (hrsg. von der Hessischen Landeszentrale für politische Bildung) Nr. 31/1991, ursprünglich in: Osteuropa 12/1990.
109 Horst Förster: Das Sechstel der Erde, das einst Sowjetunion hieß. Der Raum, seine Chancen, seine Probleme, in: ders. u. a.: Die Gemeinschaft Unabhängiger Staaten (GUS). Entstehung – Entwicklung – Probleme. Stuttgart/Berlin/Köln 1992, S. 11–26, hier S. 24. Zur Umweltfrage vgl. auch: A. Jablokow: Ökologische Ignoranz und ökologisches Abenteurertum. Sperren auf dem Weg der Umgestaltung, in: Juri Afanassjew (Hg.): Es gibt keine Alternative zu Perestroika: Glasnost, Demokratie, Sozialismus. Dreißig aktuelle Beiträge aus der Sowjetunion, Nördlingen 1988, S. 307–326 (in diesem Sammelband finden sich auch weitere Aufsätze zur Umweltproblematik); Ulrich Weißenburger: Der ökologische Notstand – ein Erbe der Planwirtschaft, in: Brigitte Löhr u. a.: Die Sowjetunion im Umbruch. Eine Zwischenbilanz 1991. Bonn 1991, S. 113–118; Valentin Thurn/Bernhard Clasen (Hg.): Klassenfeind Natur. Die Umweltkatastrophe in Osteuropa. Gießen 1992; Georgi Watschnadse: Rußland ohne Zensur. Eine Bilanz. Frankfurt/Main 1993.
110 G. u. N. Simon: Verfall, S. 45; die Aufsätze in J. Afanassjew: Keine Alternative, spiegeln sehr klar den Stand der Perestroika im Jahr 1988.
111 Steffi Engert (taz vom 19. 4. 1988) spricht für Ende 1987 von 30000 informellen Gruppen, oft Musikgruppen, aber auch lokalhistorisch, umwelt- oder frauenpolitisch interessierten Vereinigungen. Vgl. Steffi Engert: Informelle Bewegungen. Der Versuch einer Perestrojka von unten, in: B. Löhr u. a., Sowjetunion, S. 40–43.
112 Zum Hintergrund des Leserbriefes R. W. Davies: Perestroika, S. 176ff.
113 E. Schewardnadse: Zukunft, S. 24.
114 K. Segbers: Der letzte Parteitag der KPdSU, in: Das Argument Nr. 183, Heft 5/1990, S. 729–735.
115 G. u. N. Simon: Verfall, S. 66. Vgl. auch: Juri Lewada: Die Sowjetmenschen 1989–1991. Soziogramm eines Zerfalls, München 1993.
116 „Zu einem humanen, demokratischen Sozialismus" – Programmerklärung des XXVIII. Parteitages der KPdSU, in: Dokumente und Materialien. XXVIII. Parteitag der Kommunistischen Partei der Sowjetunion, Moskau 1990, S. 75–95.
117 V. Zaslavsky: Imperium, S. 58ff., zeigt die Vorgeschichte dieses traditionellen Gegensatzes in russischen Debatten der sechziger und siebziger Jahre und weist darauf hin, daß der russische Nationalismus historisch auf der imperialen Idee basiere und eher staatlich als ethnisch fundiert sei.
118 V. Zaslavsky: Imperium, S. 13ff., nennt, neben politischer Repression und Geschichtsfälschung, auch Registrierung der Nationalität im Paß seit 1932, willkürliche Grenzziehung und ethnische Gemengelage, Bevorzugung lokaler Nationalitäten durch Quotensysteme, Loyalitätsbindung der einheimischen Eliten und vergleichsweise Homogenität der Sozialstruktur.
119 Dieter Senghaas: Vom Nutzen und Elend der Nationalismen im Leben von Völkern, in: Aus Politik und Zeitgeschichte, B 31–32/1992, S. 23–32.
120 Leonid Gosman: Von den Schrecken der Freiheit, in: „Frankfurter Rundschau" vom 14. 8. 1993.
121 Das ist die These G. u. N. Simons: Verfall, S. 128ff.
122 E. Schewardnadse: Zukunft, S. 102.
123 Ebenda, S. 100.
124 Ebenda, S. 217.
125 Abgedruckt in „Der Spiegel", Heft 6/1990.
126 E. Schewardnadse: Zukunft, S. 233f.; Valentin Falin: Politische Erinnerungen, München 1993, S. 483, bezweifelt diese Version.

127 Ebenda, S.238; vgl. auch die Denkschrift Daschitschews, siehe Anmerkung 125.
128 Zahlen nach G. u. N. Simon: Verfall, S. 117; andere Zahlen, aber mit ähnlicher Tendenz, bei Klaus-Dieter Schmidt: Wirschaftsmisere ohne Ausweg?, in: H. Förster u. a., Gemeinschaft, S. 145–161, hier S. 149.
129 K.-D. Schmidt: Wirtschaftsmisere, S. 149.
130 Über Grundprobleme des wirtschaftlichen Transformationsprozesses informieren K.-D. Schmidt und S. Kirelli in ihren Aufsätzen in: H. Förster u. a., Gemeinschaft, S. 145ff. und S. 162ff.
131 E. Schewardnadse u. a.: Revolution in Moskau. Der Putsch und das Ende der Sowjetunion. Reinbek 1991, S. 13.
132 Vgl. das für viele repräsentative Resümee G. Arbatows: System, S. 380: „Noch in den Jahren 1987 bis 1988 glaubte ich an die Möglichkeit einer Erneuerung der Partei, die helfen würde, das System zu reformieren. 1990 war fast nichts von diesen Hoffnungen geblieben. Und 1991 war ich überzeugt, daß die KPdSU zu einer Kraft geworden war, die dem öffentlichen Interesse unwiderruflich feindlich gegenüberstand."
133 K. Segbers: Die neue Unübersichtlichkeit, in: H. Förster u. a., Gemeinschaft, S. 192–208, hier S. 197f.
134 Karl-Heinz Meier-Braun: Eine neue Völkerwanderung aus dem Osten?, in: H. Förster u. a., Gemeinschaft, S. 209–218, hier S. 212.
135 Text der Rede in: G. u. N. Simon: Verfall, S. 305–316.
136 So in seinem Interview in „Der Spiegel", Heft 47/1993.
137 „Die Zeit" vom 12. Juni 1992.
138 Christian Schmidt-Häuer in: „Die Zeit" vom 8. 10. 1993; vgl. auch ders.: Rußland in Aufruhr. Innenansichten aus einem rechtlosen Land. München 1993.
139 Nach Angaben des DIW, zitiert nach „Der Spiegel", Heft 47/1993.
140 Vgl. Maria Huber: Regime der Preistreiber, in: „Die Zeit" vom 15. 10. 1993: „Betriebe und Regionen haben sich mit einem Schuldenberg, den sie miteinander gehäuft haben, gegenseitig vor dem Bankrott gerettet... Mittlerweile sind achtzig Prozent der Umlaufmittel der Wirtschaft ‚geliehen'."
141 Klaus von Beyme: Demokratisierung als Mittel des Systemzusammenbruchs, in: H. Förster u. a., Gemeinschaft, S. 116–144, hier S. 125.
142 21 Teilrepubliken, 2 Städte, 11 autonome Gebiete und Kreise, 6 Kreise und 49 Regionen.
143 „Süddeutsche Zeitung" vom 24. 5. 1994.
144 E. Schewardnadse: Zukunft, S. 323.
145 Vgl. zum Folgenden Uwe Halbach: Das sowjetische Vielvölkerimperium. Nationalitätenpolitik und nationale Frage. Mannheim 1992, S. 11ff.; Andreas Kappeler: Rußland als Vielvölkerreich. Entstehung, Geschichte, Zerfall. München 1992; G. Simon: Nationalismus und Nationalitätenpolitik in der Sowjetunion. Von der totalitären Diktatur zur nachstalinistischen Gesellschaft. Baden-Baden 1986.
146 Vgl. U. Halbach: Vielvölkerimperium, S. 12f.
147 A. Kappeler: Vielvölkerreich, S. 270f.
148 U. Halbach: Vielvölkerimperium, S. 22ff.
149 Vgl. Ruth Kibelka (Hg.): Auch wir sind Europa. Zur jüngeren Geschichte und aktuellen Entwicklung des Baltikums – Baltische Pressestimmen und Dokumente. Berlin 1991, S. 9.
150 Vgl. zum Folgenden den Überblick von Georg von Rauch: Geschichte der baltischen Staaten. München 1977, ^{3}1990.
151 G. v. Rauch: Geschichte der baltischen Staaten, S. 18f.
152 Vgl. hierzu R. Kibelka, Auch wir sind Europa, S. 7ff.
153 Grigorijus Smoliakovas: Die Nacht die Jahre dauerte. Ein jüdisches Überlebensschicksal in Litauen 1941–1945. Konstanz 1992, S. 10.
154 Vgl. hierzu Margareta Mommsen: Von der Union der Sozialistischen Sowjetrepubliken zur Gemeinschaft Unabhängiger Staaten, in: dies. (Hg.): Nationalismus in Osteuropa. Gefahrvolle Wege in die Demokratie. München 1992, S. 18–46, hier S. 28ff.
155 Vgl. U. Halbach: Vielvölkerimperium, S. 94.
156 M. Mommsen: Nationalismus, S. 32f.
157 Zit. nach taz vom 28. 3. 1992.

158 Georgi Watschnadse: Rußland ohne Zensur. Eine Bilanz. Frankfurt/Main 1993; vgl. ferner V. Thurn/ B. Clasen (Hg.): Klassenfeind Natur. Die Umweltkatastrophe in Osteuropa, Gießen 1992.
159 Vgl. U. Halbach: Vielvölkerimperium, S. 75.
160 Vgl. hierzu das Unterrichtsmodell mit detaillierten Literaturnachweisen von Hartmann Wunderer: „... schlicht militärischer Tatendrang?" Der russische Imperialismus in Zentralasien, in: Geschichte lernen, Heft 31 (1993), S. 59–64.
161 Roland Götz/U. Halbach: Politisches Lexikon GUS. München 1993, S. 117; G. Simon: Nationalismus und Nationalitätenpolitik in der Sowjetunion. S. 121 ff.
162 U. Halbach: Weißes Gold, weißer Tod... Materielle Krise und ethnische Unruhe in Sowjetisch-Zentralasien, in: Berichte des Bundesinstituts für ostwissenschaftliche und internationale Studien, 2/ 1991, Köln 1991, S. 2.
163 U. Halbach: Ebenda, S. 26
164 Eduard Schewardnadse: Die Zukunft gehört der Freiheit, S. 62.
165 Detaillierte Nachweise bei U. Halbach: Weißes Gold; vgl. auch Hartmann Wunderer und Klaus Verfuß: Neuere politische Entwicklungen in der ehemaligen Sowjetunion. Das Beispiel Kasachstan, in: SOWI 23 (1994), S. 150–161.
166 Ebenda, S. 2 und passim.
167 Vgl. zum Folgenden: Dietmar Keyer/Nikolay Aladin: Vom Meer zur Salzwüste: Der Aralsee, in: Peter E. Stüben/Valentin Thurn (Hg.): WüstenErde. Der Kampf gegen Durst, Dürre und Desertifikation. Ökozid 7, Gießen 1991, S. 213ff.; William S. Ellis: A Soviet Sea Lies Dying, in: National Geographic, Februar 1990, S. 73ff.
168 Vgl. z. B. Eberhard Beckherrn: Pulverfaß Sowjetunion, S. 212f.
169 Vgl. U. Halbach: Weißes Gold, S. 5ff.
170 Vgl Frankfurter Rundschau vom 23. August 1993, S. 6.
171 Vgl. hierzu z. B. G. Watschnadse: Rußland ohne Zensur.
172 Vgl. taz vom 9. September 1992, S. 3.
173 Ingeborg Fleischhauer/Hugo H. Jedig (Hg.): Die Deutschen in der UdSSR in Geschichte und Gegenwart. Ein internationaler Beitrag zur deutsch-sowjetischen Verständigung. Baden-Baden 1990; Barbara Dietz/Peter Hilkes: Rußlanddeutsche: Unbekannte im Osten. Geschichte, Situation, Zukunftsperspektiven. München 1992; Otto Benecke Stiftung e. V. (Hg.): Versöhnung über Grenzen. Rußlanddeutsche: Geschichte und heutige Wege. Bonn 1991; A. Kappeler, Boris Meissner, G. Simon: Die Deutschen im Russischen Reich und im Sowjetstaat. Köln 1987; Kulturinitiative Gröpelingen: Ausstellungstext „AussiedlerInnen aus der GUS", o. O., o. J.
174 Quelle: Dietz/Hilkes: Rußlanddeutsche, S. 20.
175 Vgl. hierzu U. Halbach: Vielvölkerimperium, S. 46f. und passim.
176 Vgl. Viktor Krieger: Deutsche Präsenz in Kasachstan zur Zarenzeit (= Arbeitsbericht Nr. 8 des Forschungsprojekts „Deutsche in der Sowjetunion und Aussiedler aus der UdSSR in der Bundesrepublik Deutschland" des Osteuropa-Instituts München). 1993.
177 Quelle: Dietz/Hilkes: Rußlanddeutsche, S. 32.
178 Angaben nach Dietz/Hilkes, S. 112; Info-Dienst Deutsche Aussiedler, hg. vom Beauftragten der Bundesregierung für Aussiedlerfragen, Nr. 39, Bonn, Februar 1993, S. 34f., Nr. 43, Bonn, Juli 1993, S. 6ff.
179 Vgl. Frankfurter Rundschau vom 3. Januar 1994.
180 Vgl. hierzu R. Götz/U. Halbach (Hg.): Politisches Lexikon GUS, S. 117.
181 Vgl. Rasma Karklins: Deutsche, Kasachen, Russen: Nationale Distanz und Nähe in Kasachstan, in: Andreas Kappeler/Boris Meissner/Gerhard Simon (Hg.): Die Deutschen im Russischen Reich und im Sowjetstaat. Köln 1987, S. 137–150.
182 R. Götz/U. Halbach: Politisches Lexikon GUS, S. 123.
183 Ausführlicher bei Lucian Hölscher: Weltgericht oder Weltrevolution. Protestantische und sozialistische Zukunftsvorstellungen im deutschen Kaiserreich. Stuttgart 1988, S. 404–406.

Dokumente

1. Gründung der Kiewer Rus (862)

Die „Nestor-Chronik“ ist die wichtigste Quelle zur frühmittelalterlichen Geschichte Rußlands. Sie beschreibt u. a. die Anfänge des ersten russischen Staates, der Kiewer Rus, unter dem Waräger Rurik. Akzeptiert man diese unter russischen Historikern nicht unumstrittene Gründungslegende in ihrem Kern als historische Realität, so beginnt 862 an der Wiege russischer Staatlichkeit mit den Warägern als Herrschaftselite die jahrhundertelange Tradition der Fremdherrschaft.

Im Jahre 6367[1] (859). Die Waräger von jenseits des Meeres erhoben Zins von den Tschuden[2], den Slowenen, den Meren, den Weßen und von den Kriwitschen; die Chasaren aber nahmen Zins von den Poljanen, den Sewerjanen und Wjatitschen, sie nahmen ein Eichhörnchenfell von jeglicher Herdstelle.

Im Jahre 6370 (862). Sie [die Zinspflichtigen] vertrieben die Waräger übers Meer und gaben ihnen keinen Zins. Und sie begannen, sich selbst zu regieren, und da war keine Gerechtigkeit unter ihnen, und es erhob sich Stamm wider Stamm, und Zwistigkeiten waren unter ihnen, und sie huben an, selbst einander zu bekriegen. Und sie sprachen bei sich: „Lasset uns einen Fürsten suchen, welcher uns regiere und gerecht richte.“ Und sie gingen übers Meer zu den Warägern, zu den Rus. Denn diese Waräger nannten sich Rus, gleichwie andere sich Schweden nannten und andere Normannen und Angeln und noch andere Gotländer, also gaben auch sie sich den Namen. Die Tschuden, die Slowenen, die Kriwitschen und die Weßen sprachen zu den Rus: „Unser Land ist groß und reich, aber es ist keine Ordnung darinnen. Kommt, über uns als Fürsten zu walten und zu herrschen.“ Und es wurden drei Brüder samt ihren Sippen ausgesucht. Und sie nahmen mit sich alle Rus und kamen herüber. Der älteste, Rurik, ließ sich in Nowgorod nieder, der andere, Sineus, in Bjelo-Osero und der dritte, Truwor, in Isborsk. Und nach diesen Warägern wurde das russische Land benannt. Die Nowgoroder aber sind jene Leute aus warägischem Stamm, vorher aber waren sie Slowenen.

Nach zwei Jahren aber starben Sineus und sein Bruder Truwor. Und Rurik übernahm die ganze Herrschermacht, und er begann, die Städte an seine Mannen zu verteilen: diesem Polozk, jenem Rostow, einem anderen Bjelo-Osero. Die Waräger sind in diesen Städten Zugewanderte, die angestammten Besiedler aber sind in Nowgorod die Slowenen, in Polozk die Kriwitschen, in Rostow die Meren, in Bjelo-Osero die Weßen, in Murom die Muromer. Und Rurik herrschte über sie alle.

Quelle: Serge A. Zenkovsky (Hg.): Aus dem alten Rußland. Epen, Chroniken und Geschichten. Darmstadt 1968, S. 12f.

---

1 Die Nestor-Chronik zählt „seit Erschaffung der Welt“.

2 Tschuden, Meren und Weßen waren finno-ugrische, Slowenen, Kriwitschen, Poljanen, Sewerjanen und Wjatitschen ostslawische Stämme, die Chasaren ein turkmongolisches Volk, das eine Tributsherrschaft über die Ostslawen ausübte.

2. Christianisierung (988)

Die Übernahme des orthodoxen Christentums von Byzanz[3] prägte die russische Geschichte fundamental: Orthodoxe Mentalitäten, Sozialvorstellungen und Rechtsnormen lenkten die gesellschaftliche Entwicklung in eine andere Richtung als im römisch-katholischen Westen. Die Nestor-Chronik, verfaßt von orthodoxen Mönchen, beschreibt die Christianisierung Rußlands:

Im Jahre 6495 (987). Wladimir rief seine Bojaren und Stadtältesten zusammen und sagte zu ihnen: „Seht, es sind Bulgaren[4] zu mir gekommen, welche sprachen: ‚Nimm unser Glaubensgesetz an.' Dann sind Deutsche gekommen und lobten ihr Gesetz. Nach ihnen kamen Juden. Nach allen aber kamen Griechen. Diese tadelten alle Glaubensgesetze, ihr eigenes aber lobten sie und redeten vielerlei, indem sie vom Anfang der Welt, von der Entstehung der ganzen Welt erzählten. Klug sprechen sie, und es ist wunderbar, sie zu hören, für jeden angenehm, ihnen zu lauschen. Sie erzählen auch von einer anderen Welt. ‚Wenn jemand zu unserem Glauben übertritt', sagten sie, ‚so wird er nach seinem Tode wieder auferstehen und danach nimmermehr sterben ewiglich. Nimmt er aber ein anderes Glaubensgesetz an, so wird er in jener Welt im Feuer brennen.' Was ratet ihr also? Was antwortet ihr?"

Und die Bojaren und Ältesten sagten: „Du mußt wissen, Fürst, daß niemand das Seine schmäht, sondern es lobt. Willst du Sicheres darüber erfahren, so hast du doch deine Männer bei dir. Schicke sie also aus, laß sie prüfen, was für einen Gottesdienst ein jeglicher hat und auf welche Weise ein jeglicher Gott diene." Die Rede gefiel dem Fürsten und allen Leuten. Sie wählten gute und verständige Männer aus, zehn an der Zahl [. . .]

Und sie [die Abgesandten] kehrten zurück in ihr Land, und der Fürst rief seine Bojaren und Ältesten zu sich. [. . .] Sie aber berichteten: „Wir kamen zu den Bulgaren und sahen, wie sie in einem Tempel, das heißt in der Moschee, beten. Sie stehen dort ohne Gürtel. Solch einer setzt sich, nachdem er die Verneigung gemacht hat, nieder und schaut wie ein Besessener hin und her, und keine Freudigkeit gibt es bei ihnen, sondern Betrübtheit und einen großen Gestank. Nicht gut ist ihr Gesetz. Und wir kamen zu den Deutschen und sahen vielerlei Gottesdienst in den Tempeln feiern. Von Schönheit aber haben wir nichts gesehen. Und wir kamen zu den Griechen und wurden dorthin geführt, wo sie ihrem Gott dienen – und wir wissen nicht, ob wir im Himmel oder auf Erden gewesen sind. Gibt es doch auf Erden nichts dergleichen zu schauen noch solche Schönheit, und wir vermögen das gar nicht zu erzählen. Wir haben nur erfahren, daß Gott dort unter den Menschen weilt, und ihr Gottesdienst steht über dem aller Lande. Nicht vergessen können wir jene Schönheit, denn jeder Mensch wird, nachdem er das Süße gekostet hat, nicht das Bittere zu sich nehmen. So können auch wir nicht hierinnen [im Heidentum] verbleiben. [. . .]" Und Wladimir antwortete und sprach: „Wo werden wir uns taufen lassen?" Und sie sagten: „Wo es dir beliebt."

Quelle: S. A. Zenkovsky (Hg.): Aus dem alten Rußland, S. 33–39.

---

3 = Konstantinopel.

4 Wolgabulgaren an der oberen Wolga, die den Islam angenommen hatten.

3. Schlacht auf dem Schnepfenfeld gegen die Tataren (1380)

1380 besiegten die Russen unter dem Großfürsten von Moskau, Dmitri Donskoi, die Tataren der Goldenen Horde unter Khan Mamaj auf dem Schnepfenfeld (Kulikowopole) am Don. Der Sieg ging in die russische Nationalliteratur ein, stellte doch Moskau daraufhin seine Tributzahlungen ein (bis zu seiner Zerstörung durch die Tataren 1382) und legte die Grundlage für seine Vormachtstellung innerhalb Rußlands. Die Tatarenherrschaft, von der sich Moskau erst 1480 endgültig befreite, erhielt einen ersten Stoß. Seine bedeutendste Verarbeitung fand der Sieg in der „Sadontschnina", der „Geschichte von den Ereignissen hinter dem Don" des Sofóni von Rjasan. Historische Details treten zurück zugunsten einer Stilisierung von Freund und Feind – die Russen als Söhne Japhets und Verteidiger der Christenheit, die Tataren als Söhne Sems und Vertreter der unzivilisierten asiatischen Horden.

Ihr wißt, liebe Brüder, daß der Chan Mamaj
am schnellen Don die russische Erde betrat,
um gegen unser Salesker Land vorzugehn.
Laßt uns, Brüder, in dies Mitternachtsland ziehn,
das dem Sohne Noahs, Japhet, zufiel,
von dem das ruhmreiche Russenvolk herkommt!
Steigen wir auf die Berge von Kiew,
zu schauen den hochberühmten Dnjepr!
Laßt uns erschauen das ganze Rußland,
auch drüben den Osten, der dem Sem zufiel,
Noahs Sohn, aus dem hervorgingen
die Tataren, die Ungetauften, die Heiden des Ostens!

Denn geschlagen haben sie Japhets Söhne an der Kajala.
Und von da an liegt das russische Land in Trauer:
von der Schlacht an der Kalka[5] bis zu Mamajs Niederlage[6]
waren alle von Kummer und Furcht heimgesucht,
und sie verloren Tränen und Klagelaute über ihre Kinder.
Ihr Fürsten, Bojaren, beherzte Männer,
verlassen wir Haus und Wohlstand, Weib, Kind und Vieh,
um Ehre und Ruhm dieser Erde für uns zu erringen,
unsere Häupter wagend für Rußland und den Glauben der Christen!
[. . .]
Schon knarren Nomadenkarren
zwischen Dnjepr und Don,
die Östlichen rücken vor auf russisches Land.
Gekommen sind graue Wölfe
von der Donmündung her, von der Mündung des Dnjepr.
Heulend stehen sie am Ufer des Flusses Mjetscha,
bereit, einzufallen in russisches Land.
Aber das waren nicht graue Wölfe,

---

5 1223.
6 1380.

da tummelten sich ungetaufte Tataren,
mit Krieg alles russische Land zu überziehn.
[...]
Es sind Russensöhne, die gegen starke tatarische Rotten angehn.
Mit stählernen Lanzen durchstießen sie tatarische Panzer,
gehärte Schwerter brachten östliche Helme zum Klirren
auf dem Felde von Kulikowo
beim Fluß Neprjadwa.
Schwarz ist die Erde unter Rußhufen,
besät das Feld mit Tatarengebein,
begossen mit Blut.
Aufeinander stießen gewaltige Heere,
niederstampfend Hügel und Wiesen.
Trüb wurden Flüsse und Seen.
Der Diw[7] schrie über das russische Land
und befahl allen Ländern zu hören,
und der Ruhm hallte wider bis zum Eisernen Tor[8],
bis nach Rom und Kaffa, bis an das Meer,
nach Tyrowo und von da nach Konstantinopel.
Das Große Rußland hat den Mamaj
besiegt auf dem Felde von Kulikowo.
[...]
So trieb der Fürst die Heidenrotten davon,
mit aller Kraft begann er, auf sie einzuhauen,
bis sie von Verzweiflung getrieben wurden.
Von den Pferden fielen die Fürsten.
Besät war das Feld mit tatarischen Leichen,
die Flüsse gingen über von Blut.
In wilder Flucht zerstreuten sich da die Heiden,
auf ungangbaren Wegen entkamen sie bis an das Meer.
Sie knirschten mit den Zähnen,
zerkratzten ihre Gesichter und klagten:
„Brüder, wir werden nicht auf heimische Erde entkommen,
und nicht wiedersehen werden wir unsere Kinder,
nimmer liebkosen werden wir unsere Frauen –
küssen werden wir das grüne Gras.
Nimmer werden wir gegen Rußland ziehen,
nimmer Tribut von russischen Fürsten einsammeln."
[...]

Quelle: S. A. Zenkovsky (Hg.): Aus dem alten Rußland, S. 187–197.

7 Gottheit des Unglücks in Vogelgestalt.
8 Engtal an der unteren Donau. Kaffa war eine genuesische Stadt auf der Krim, Tyrnowo die Hauptstadt des mittelalterlichen Bulgarien.

4. Einführung der „2. Leibeigenschaft" (1497, 1597)

Nach der Abschüttelung der Tatarenoberherrschaft 1480 sowie der Durchsetzung der Vorherrschaft des Großfürstentums Moskau als russische Führungsmacht begannen die Zaren mit dem Ausbau der inneren Macht, u. a. durch Vereinheitlichung und Verschärfung der Leibeigenschaft. Die „2. Leibeigenschaft" prägte die Sozialstruktur Rußlands bis 1861.

a) Auszug aus dem „Gesetzbuch" Iwans III. (1497)

56. Wenn Tatarenkräfte einen Leibeigenen gefangennehmen und dieser aus der Gefangenschaft flieht, ist dieser frei und nicht länger Leibeigener seines alten Herrn.

57. Über die Freizügigkeit der Bauern. Bauern können sich in einem bestimmten Zeitraum im Jahr, in der Woche vor dem St. Georgstag im Herbst [26. 11.] und in der Woche nach dem St. Georgstag im Herbst aus ihrem volost[9] entfernen, von Dorf zu Dorf. Für ihren Hof müssen die Bauern einen Wohnzins von einem Rubel für Hofstellen im Feld und einem halben Rubel für Hofstellen im Wald zahlen. Wenn aber ein Bauer ein Jahr unter jemandem lebt und dann fortgeht, bezahlt er ein Viertel der Hofstelle; wenn er aber zwei Jahre dort lebt und fortgeht, bezahlt er die Hälfte der Hofstelle; wenn er aber drei Jahre dort lebt und fortgeht, bezahlt er zwei Drittel der Hofstelle; wenn er aber vier Jahre dort lebt, bezahlt er für die gesamte Hofstelle.

Quelle: R. E. F. Smith: The Enserfment of the Russian Peasantry. Cambridge 1968, S. 82.

b) Ukas vom 21. November 1597

Welche Bauern von den Dienst- und Erbgütern der Bojaren und anderer Gutsbesitzer weggelaufen sind fünf Jahre von jetzt zurück, und gegen diese flüchtigen Bauern wegen ihrer Flucht und gegen die Gutsbesitzer, bei denen sie nach ihrer Flucht leben, soll man den Gutsbesitzern, zu denen die Bauern geflüchtet sind, Gericht geben und streng untersuchen mit allen Mitteln; und nach Gericht und Untersuchung soll man die flüchtigen Bauern mit ihren Weibern und Kindern und mit aller ihrer Habe zurückführen dahin, wo ein jeder vorher gelebt hat.

Aber welche Bauern vor sechs Jahren oder vor sieben oder vor zehn Jahren und mehr gelaufen sind und deren Gutsbesitzer haben gegen die Bauern wegen ihrer Flucht und gegen die Gutsbesitzer, bei denen sie nun leben, bis zu diesem Jahre 1597 vor sechs oder sieben oder zehn Jahren und mehr nicht geklagt, so hat der Zar befohlen, gegen solche Läuflinge wegen ihrer Flucht und gegen die Gutsbesitzer, bei denen sie leben, kein Gericht zu geben.

Quelle: Valentin Gitermann: Geschichte Rußlands. 3 Bde., Frankfurt/Main 1965, Bd. I, S. 451 f.

9 Gutsbezirk.

5. Der Zar als Autokrat (1517/26)

Sigmund Freiherr von Herberstain, der 1517 und 1526 als kaiserlicher Gesandter in Moskau weilte, beschreibt die Autokratie des Zaren.

Hinsichtlich der Macht, die er [Wassili III.] über seine Untertanen ausübt, übertrifft er bei weitem alle Monarchen der Welt. Er hat vollendet, was schon sein Vater [Iwan III.] begonnen, indem er nämlich allen Fürsten und sonstigen Gewalthabern alle ihre Städte und Befestigungen wegnahm. Festungen vertraut er nicht einmal seinen eigenen Brüdern an. Alle bedrückt er gleichermaßen mit grausamer Knechtschaft. Befiehlt er jemandem, an den Hof zu kommen oder in den Krieg zu ziehen oder eine Gesandtschaft zu übernehmen, so muß der Betreffende all dies auf eigene Kosten ausführen. Eine Ausnahme wird nur gewissen „Bojarenkindern" gewährt, das heißt bescheiden situierten Personen adeligen Standes; da sie durch ihre Armut bedrückt werden, pflegt er sie alljährlich zu sich [in seinen Dienst] zu nehmen, und er sorgt für ihren Unterhalt durch Aussetzung eines Gehalts, dessen Höhe jedoch verschieden ist. [. . .] Seine Macht erstreckt sich gleichermaßen auf geistliche und weltliche Personen, über deren Leben und Vermögen er schrankenlos nach Gutdünken verfügt. Von den Ratgebern, die er hat, besitzt keiner eine so bedeutende Stellung, daß er sich getrauen könnte, eine von der Meinung des Zaren abweichende Ansicht zu vertreten oder ihm gar in irgendeiner Angelegenheit entschieden zu widersprechen. Offen sprechen sie es aus, daß der Wille des Zaren Gottes Wille sein und daß der Zar in allem was er tue, nach Gottes Willen handle. Deshalb nennen sie ihn auch Hausmeister und Kämmerer Gottes. Schließlich glauben sie, daß er der Vollstrecker göttlichen Willens sei. [. . .]

Quelle: V. Gitermann: Geschichte Rußlands, Bd. I, S. 408f.

6. Ideologie des „Dritten Roms" (1524)

In seinen Briefen an den Großfürsten Djak Michail Grigorjevič prägte der Mönch des Eleazarklosters Stárec Filofěj 1524, 71 Jahre nach dem Fall Konstantinopels, die Formel vom „Dritten Rom", die in Moskau das einzig verbliebene orthodoxe Zentrum der Christenheit sah.

. . . Eine wenige Worte möchte ich über das heutige rechtgläubige Cartum[10] unseres allerlichtesten und höchstthronenden Herrschers sagen, der auf der ganzen Erde den Christen der einzige Car und Zügelhalter der heiligen, göttlichen Altäre der heiligen, ökumenischen, apostolischen Kirche ist, welche anstatt der römischen und der konstantinopolitanischen in der gottgesegneten Stadt Moskau ist, [der Kirche] der heiligen und gepriesenen Upsenie[11] der allerheiligsten Gottesmutter, die allein in der Ökumene heller denn die Sonne leuchtet. Denn wisse, Christusliebender und Gottliebender, daß alle christlichen Cartümer zu Ende gegangen sind und von dem einzigen Cartum unseres Herrschers aufgezehrt wurden, gemäß den prophetischen Büchern. Das ist das russische Cartum. Denn zwei Rome sind gefallen, aber das dritte steht, ein viertes aber wird nicht sein.

Quelle: Martin Winkler (Hg.): Slavische Geisteswelt. Rußland. Darmstadt, Genf 1955. S. 77.

10 Car(tum) = Zar(entum).

11 Kirche der heiligen Uspenie (= Uspenskij-Sobor): 1326 als erste Steinkirche im Kreml erbaut, nach einem Brand 1474–79 erneuert; Kathedrale der Himmelfahrt der Gottesmutter.

7. Gründung St. Petersburgs (1703)

Modernisierung geschah in Rußland häufig gewaltsam, da – bei hochgesteckten Zielen – enorme Schwierigkeiten zu überwinden waren. Der Bau St. Petersburgs in den Sümpfen der Newa seit 1703 wurde Symbol autokratischer Gigantomanie. Der französische Reisende Astophe de Custine besuchte 1839 Rußland und erfuhr von den Bedingungen beim Bau der neuen Hauptstadt.

[...] Endlich sah ich die Façade des neuen Winterpalastes, eines andern wunderbaren Resultates des Willens eines Menschen, der mit Menschenkraft gegen Gesetze der Natur kämpft. Der Zweck ist erreicht worden, denn binnen einem Jahre hat sich dieser Palast aus der Asche erhoben, und er ist, glaube ich, der größte, so groß wie der Louvre und die Tuilerien zusammen.

Es mußten ungeheure Anstrengungen gemacht werden, um die Arbeit zu der von dem Kaiser gewünschten Zeit zu Ende zu bringen. Im Inneren arbeitete man während des stärksten Frostes fort; fortwährend waren sechstausend Arbeiter beschäftigt. Zwar starben täglich mehrere, aber die Opfer wurden sogleich durch Andere ersetzt, die ihrerseits in dieser ruhmlosen Bresche sterben mußten. Und der einzige Zweck so vieler Opfer war die Erfüllung einer Herren-Laune. Bei den natürlich d. h. längst civilisirten Völkern giebt man das Leben der Menschen nur wegen gemeinsamer Interessen preis, deren Wichtigkeit fast Jedermann anerkennt. Aber wie viele Generationen von Herrschern hat das Beispiel Peters I. verleitet!

Bei einer Kälte von 25 bis 30 Grad waren 6000 unbekannte Märtyrer, Märtyrer ohne Verdienst, die unfreiwillig Gehorsam leisteten, was bei den Russen eine angeborne und aufgenöthigte Tugend ist, in Säle eingeschlossen, welche man bis zu 30 Grad geheizt hatte, damit die Wände um so schneller trockneten. So setzen sich die Unglücklichen, wenn sie in dieses Haus des Todes, das durch ihre Aufopferung ein Asyl der Eitelkeit, der Prachtliebe und des Vergnügens wurde, hineintraten oder aus ihm heraus, einer um 50 bis 60 Grad verschiedenen Temperatur aus. [...]

Die Millionen, welche Versailles kostete, nährten so viele Familien von französischen Handwerkern, als die zwölfmonatliche Arbeit an dem Winterpalaste slawische Leibeigene umbrachte; durch dieses Opfer hat aber auch das Wort des Kaisers Wunder gewirkt und der zur allgemeinen Zufriedenheit beendigte Palast wird durch Hochzeitsfeste eingeweiht werden. Ein Fürst kann in Rußland beliebt sein, ohne daß er großen Werth auf Menschenleben legt. Nichts Colossales wird ohne Mühe bewirkt; wenn aber ein einzelner Mensch die Nation und die Regierung ist, sollte er es sich zum Gesetze machen, die großen Triebfedern der Maschine, die er in Bewegung setzt, nur anzuwenden, um ein der Anstrengung würdiges Ziel zu erreichen. [...]

Quelle: Astophe de Custine: Russische Schatten. Prophetische Briefe aus dem Jahre 1839. Nördlingen 1985, S. 40–42.

8. Das „Griechische Projekt“ Katharinas II. (1781)

Auf dem Höhepunkt seiner Machtstellung entwickelte Rußland unter Katharina II. seine Mission als „Drittes Rom“ zur letzten Konsequenz und strebte im „Griechischen Projekt“ die Eroberung Konstantinopels zur Wiedererrichtung des orthodoxen byzantinischen Reiches unter einem Zarenenkel an. Die Denkschrift des Kosakenoffiziers Alexander A. Bezborodko, des politischen Beraters der Zarin, von 1781 wurde zur Handlungsfolie russischer Politik bis zum Krimkrieg 1853–56, als die Eroberung Konstantinopels durch westliche Intervention endgültig scheiterte.

Rußland hat es nicht notwendig, andere Eroberungen zu wünschen als 1. Očvakov mit dem Gebiete zwischen Bug und Dnjestr, 2. die Halbinsel der Krim, sei es, daß wider Erwarten die dortige Regierung nach dem Tode des jetzigen Khans oder aus anderen unvorhergesehenen Wirren für uns für unvorteilhaft und schädlich angesehen werde, und endlich 3. eine, zwei oder drei Inseln des Archipelagus[12] zum Nutzen und Vorteil des Handels. Dagegen würde der Wiener Hof durch die Rücknahme von Belgrad mit einem Teile Serbiens und Bosniens und vielleicht auch des Banats von Crajova sich in einer vorteilhafteren Lage befinden als wir. Aber man kann ihm diese Erweiterung seiner Grenzen erlauben, wenn er mit uns bezüglich des weiteren Loses des Osmanischen Reiches übereinstimme. Dieses Los kann in folgenden zwei Graden bestimmt werden: 1. wenn beide Mächte, die Fortsetzung des Krieges für sich sehr nachteilig, Eroberungen als aussichtslos ansehend, einen Friedensschluß ohne Vernichtung des türkischen Reiches vorzögen, in einem solchen Falle könnten sie sich außer den gegenseitigen Erwerbungen einigen und bestimmen, daß aus der Moldau, Walachei und Bessarabien unter ihrem alten Namen Dacien ein unabhängiges Gebiet geschaffen werde, als dessen Herrscher eine Persönlichkeit christlichen und dort herrschenden Glaubens, wenn nicht aus dem hiesigen Kaiserhause, so irgend jemand anderer, auf dessen Treue beide Bundesgenossen sich verlassen dürfen, ernannt werden sollte. Diese neue Macht darf aber weder mit Rußland noch mit Österreich vereint werden. 2. Setzen wir aber den Fall, daß einerseits die Hartnäckigkeit der Pforte, andererseits die Erfolge die Mittel zur vollständigen Vernichtung der Türkei und zur Wiedererrichtung des alten griechischen Kaiserreiches für den jüngeren Großfürsten, den Enkel Eurer kaiserlichen Majestät, geben, so wird es auch früher notwendig sein, genaue Grenzen dieses Reiches in den türkischen Besitzungen in Europa am Festland und auf den Insel des Archipelagus, soweit diese nach Befriedigung der anderen übrigbleiben, festzulegen. Dann man muß annehmen, daß der Wiener Hof bei einer solchen Nachgiebigkeit zu unserem Vorteil wünschen werde, für seinen Handel irgendeine Basis im Mittelländischen Meere zu haben, daß England, Frankreich und Spanien auch für sich Erwerbungen verlangen und die Republik Venedig ihre Ansprüche auf Morea[13] anmelden werde, das man ihr aber nicht geben und lieber durch Inseln austauschen soll. Möglicherweise werden Frankreich und Spanien ihre Absichten auf Häfen in Ägypten oder am afrikanischen Ufer richten, worin man ihnen noch weniger Hindernisse in den Weg legen soll.

Quelle: Hans Uebersberger: Russlands Orientpolitik in den letzten zwei Jahrhunderten, Bd. I, Stuttgart 1913, S. 363f.

---

12 Griechische Inseln.

13 Die Peloponnes.

9. „Rocher de bronze“ gegen Napoleon (1812)

Gegen den ganz Europa erobernden Napoleon formulierte Zar Alexander I. in seinem Manifest vom 18. Juli 1812 die (erste) gesamteuropäische Mission Rußlands:

Der Feind hat mit beträchtlichen Kräften die Grenzen Rußlands überschritten. [...] Er kommt, um unser geliebtes Vaterland zu zerstören. [...] Möge das Unglück, das der Feind uns zu bereiten gedenkt, auf sein Haupt fallen und das von der Sklaverei befreite Europa den Namen Rußland preisen! [...]

Quelle: Hans Dollinger: Rußland. 1200 Jahre in Bildern und Dokumenten. Gütersloh 1992, S. 146.

10. Dekabristenaufstand (1825)

Einer der Dekabristen (Aufständische gegen die Autokratie im Dezember 1825), Alexander A. Bestužev, Sohn des Staatsrats Alexander F. Bestužev und berühmter Schriftsteller, formuliert in einem Brief an Zar Nikolaus I. die Unzufriedenheit der jungen, von ihrem Feldzug nach Frankreich zurückgekehrten Offiziere mit der russischen Autokratie:

Die Regierung Kaiser Alexanders schien anfänglich in bezug auf das Wohlergehen Rußlands zu den schönsten Hoffnungen zu berechtigten. Der Adel erholte sich, die Kaufleute klagten nicht über den Kredit, das Heer leistete seinen Dienst ohne Mühe, die Gelehrten lehrten, was sie wollten; alle sprachen aus, was sie dachten, und alle erwarteten, daß auf das Gute noch Besseres folgen werde. Unglücklicherweise haben die Umstände dies nicht gestattet, und all die Hoffnungen blieben unerfüllt. Der unglückliche Krieg 1807 und andere kostspielige Feldzüge brachten die Finanzen in Unordnung, aber damals bemerkte man es noch nicht, da man sich auf den Vaterländischen Krieg vorbereitete. Endlich fiel Napoleon in Rußland ein, und in diesem Augenblick wurde sich das russische Volk erstmals seiner Kraft bewußt; in diesem Augenblick erwachte in den Herzen das Gefühl der Unabhängigkeit, zunächst der politischen, dann auch der nationalen. Das war der Anfang des freiheitlichen Denkens in Rußland. Die Regierung sprach die Worte aus: „Freiheit! Befreiung!“ Sie selbst verbreitete Schriften über den Mißbrauch der uneingeschränkten Macht durch Napoleon, und der Ruf des russischen Monarchen drang bis an die Ufer des Rheins und der Seine. Noch war der Krieg nicht beendet, als heimkehrende Krieger Äußerungen der Unzufriedenheit im Volke verbreiteten. „Wir haben unser Blut vergossen“, sagten sie, „und nun zwingt man uns wieder, beim Frondienst zu schwitzen. Wir haben die Heimat vom Tyrannen befreit, uns aber tyrannisieren die Herren aufs neue.“ Alle Grade der Armee, von den Generälen bis hinunter zu den einfachen Soldaten, redeten nur davon, als sie heimkamen, wie gut das Leben in fremden Ländern eingerichtet sei. Durch den Vergleich mit den Verhältnissen der Heimat stieß man naturgemäß auf die Fragen, warum es denn nicht auch bei uns so sei? Anfänglich, solange man darüber frei reden durfte, ging alles in den Wind, denn die Vernunft ist, wie das Pulver, nur dann gefährlich, wenn sie unter Druck gesetzt wird. Anfänglich gaben sich viele noch der Hoffnung hin, daß der Kaiser eine Verfassung des (polnischen) Sejms angedeutet hatte, und der Versuch einiger Generäle, ihre Sklaven freizulassen, flößte ebenfalls Zuversicht ein. Aber vom Jahre 1817 an veränderte sich alles. Leute, die das Schlechte erkannten und das Bessere wünschten, sahen sich, da die Zahl der Spitzel zunahm, gezwungen, im verborgenen darüber zu sprechen, und das war der Anfang der geheimen Gesellschaften. Die Unterdrückung, die sich verdiente Offiziere seitens der Regierung gefallen lassen mußten, wirkte aufreizend. Die Militärs sagten: „Haben wir also Europa nur befreit, um nun selbst seine Ketten zu tragen? Haben wir Frankreich zu einer Verfassung verholfen, um nun selbst über sie nicht einmal reden zu dürfen, mit unserem Blut den Vorrang unter den Völkern erkauft, um nun zu Hause erniedrigt zu werden?" Die Beseitigung der normalen Schulen und die Unterdrückung aller Aufklärung zwang dazu, in Hoffnungslosigkeit an entscheidende Maßnahmen zu denken. Und da die Unzufriedenheit des Volkes, die durch Erpressung und Mißbräuche der lokalen und staatlichen Behörden verursacht wurde, eine blutige Revolution hervorzurufen drohte, so nahmen die [geheimen] Gesellschaften sich vor, das größere Übel durch ein geringeres abzuwenden, und sie beabsichtigten, ihre Aktion bei der ersten Gelegenheit zu beginnen.

Quelle: V. Gitermann: Geschichte Rußlands, Bd. II, S. 511 f.

11. Rußland in den Augen des Westens (1839)

Der französische Reisende Astophe de Custine schilderte dem westeuropäischen Publikum 1843 in seinem Reisetagebuch „La Russie en 1839" die Zustände in Rußland. Immer wieder betont er den himmelweiten Unterschied zwischen Rußland und dem Westen, versucht, die russische Gesellschaftsordnung aus der Geschichte und den geographischen, religiösen und politischen Gegebenheiten zu erklären. Seine Schrift aus dem Geist des katholischen Traditionalismus war direkter Bezugspunkt für das erste Manifest der Slawophilen.

a) *Abhängigkeit der Bauern*

In vielen Teilen des Reiches glauben die Bauern, sie gehörten zu dem Grund und Boden, ein Zustand, der ihnen ganz natürlich vorkommt, während sie Mühe haben zu glauben, daß Menschen Eigenthum eines andern Menschen sein können. In vielen andern Gegenden glauben die Bauern, der Grund und Boden gehöre ihnen und diese sind die glücklichsten, wenn sie nicht die Unterwürfigsten der Sclaven sind.

Manche, die verkauft werden sollen, schicken weit zu einem Herrn, von dessen Gutherzigkeit sie gehört haben, und lassen ihn bitten, sie mit ihren Ländereien, Kindern und Vieh zu kaufen. Hat dieser Herr, der unter ihnen durch seine Milde berühmt ist (ich sage nicht durch Gerechtigkeit, denn das Rechtsgefühl ist in Rußland ganz unbekannt), hat dieser wünschenswerthe Herr kein Geld, so geben sie ihm die nöthige Summe, um sicher zu sein, daß sie nur ihm angehören werden. Dann kauft sie der gute Herr, um seine neuen Bauern zufrieden zu stellen, für ihr eigenes Geld und nimmt sie als Leibeigene an, läßt sie eine gewisse Anzahl von Jahren von Abgaben frei und entschädigte sie auf diese Weise für das Geld, das sie ihm gaben, damit er sie kaufen könne. So setzt also der reiche Leibeigene den armen Herrn in den Stand, ihn und seine Nachkommen zu besitzen, und schätzt sich glücklich, ihm und den Seinigen anzugehören, und dadurch dem Joche eines unbekannten oder eines bösen Herrn zu entgehen. Sie ersehen daraus, daß der Kreis ihres Ehrgeizes noch nicht sehr groß ist. [...]

Andere Bauern, die minder sanftmüthig, aber schlauer sind, empören sich gegen ihren Herrn blos in der Hoffnung, Leibeigene der Krone zu werden. Das ist das Ziel des Ehrgeizes aller russischen Bauern.

Wollte man solche Menschen mit einem Mal frei geben, so würde man das Land in Feuer und Flammen versetzen. Sobald die von dem Grund und Boden getrennte Leibeigenen sähen, daß man dasselbe ohne sie verkaufte, verpachte, bebaue, würden sie sich in Masse erheben und schreien, man nehme ihnen, was ihnen gehöre. [. . .]

b) Rußland zwischen West und Ost

Als Peter der Große von der Tatarei bis nach Lappland seine Zivilisationsedikte erließ, waren die Schöpfungen des Mittelalters in Europa längst aus der Mode gekommen, und die Russen, selbst die, welche man *groß* nennt, folgten immer nur der Mode.

Diese Nachahmungssucht paßt nicht zu dem Ehrgeize, den wir ihnen zuschreiben, denn das, was man nachahmt, beherrscht man nicht, aber in dem Character dieses oberflächlichen Volkes ist alles Widerspruch und überdies zeichnet es sich durch den Mangel an Erfindungskraft aus. Wenn es erfinden sollte, müßte es frei sein. [. . .] Seine einzige ursprüngliche und eigenthümliche Fähigkeit ist die Gabe, die Erfindungen der Fremden nachzumachen. Es wird in der Geschichte das sein, was in der Literatur ein geschickter Übersetzer ist. Die Russen haben die Aufgabe, die europäische Zivilisation für die Asiaten zu übersetzen. [. . .]

Rußland, das seit vier Jahrhunderten zwischen Europa und Asien schwankt, konnte noch nicht dahin gelangen, durch seine Werke in die Geschichte des menschlichen Geistes mit zu zählen, weil sein Nationalcharakter unter dem Entlehnten sich verwischt.

Obwohl von dem Westen durch seine Anhänglichkeit an das griechische Schisma getrennt, wendet es sich mit der Inconsequenz getäuschter Eitelkeit nach vielen Jahrhunderten dennoch wieder an die durch den Katholizismus gebildeten Nationen, um sich die Civilisation zu holen, von der es durch eine rein politische Religion fern gehalten worden war. Die byzantinische Religion, welche aus einem Palaste hervorgegangen ist, um die Ordnung in einem Feldlager aufrecht zu erhalten, entspricht den höchsten Bedürfnissen der menschlichen Seele nicht; sie unterstützt nur die Polizei in der Täuschung der Nation. [. . .]

Peter I. und Katharina II. haben der Welt eine große und nützliche Lehre gegeben, welche Rußland bezahlen mußte; sie zeigten uns, daß der Despotismus nie mehr zu fürchten ist, als wenn er Gutes schaffen will, denn dann glaubt er seine empörendsten Handlungen durch seine Absichten rechtfertigen zu können, und das Schlechte, das sich als Heilmittel ausgiebt, hat keine Grenze mehr. Das unverhüllte Verbrechen triumphirt nur einen Tag, aber die falschen Tugenden führen den Geist der Völker für immer irre. Die Völker, die sich durch die glänzenden Beigaben des Verbrechens, durch das Großartige gewisser Freveltaten blenden lassen, welche durch die Ereignisse gerechtfertigt wurden, glauben endlich, es gebe zweierlei Sünde und zweierlei Tugend und die Nothwendigkeit, die Staats-Raison, wie man sonst sagte, entschuldige noch die hochgestellten Verbrecher, wenn sie nur ihre Übergriffe mit den Leidenschaften des Landes in Übereinstimmung zu bringen wüßten. [. . .]

Quelle: A. de Custine: Russische Schatten, S. 77–79 und 441–449.

12. Rußland in den Augen eines russischen Anarchisten (1854)

Anders als der konservativ-liberale Westler Custine betont Alexander Herzen, der russische Schriftsteller und Anarchist, das revolutionäre Potential, das er in seinen Landsleuten verkörpert sieht. 1854 stellte Herzen Deutsche und Russen als prototypische Vertreter des westlichen und des östlichen Lebensprinzips einander mit ihren je „historischen" Missionen gegenüber:

Die Deutschen der baltischen Provinzen, die Söhne der alten Zivilisation, haben sich seit Jahrhunderten von der großen historischen Bewegung losgesagt, sie haben ein bestimmtes, unveränderliches Gepräge angenommen, sind geblieben, was sie waren, nichts mehr geworden; in ihre Gedanken und ihre Geschäfte haben sie Ordnung, Maß und Regel gebracht, wovon sie nie abgewichen sind. Es ist klar, daß sie seitdem das Unbestimmte, das Willkürliche und Maßlose, welches nicht nur in den russischen Gesetzen, sondern auch in den russischen Sitten herrscht, verabscheuen müssen.

Wir sind keineswegs zu einer bestimmten Stabilität gelangt, wir *suchen* sie, wir streben nach einer mehr unserer Natur gemäßen sozialen Ordnung und bleiben in einem Provisorium der Willkür, das wir verabscheuen und doch annehmen, uns davon befreien möchten, und es dennoch wider Willen dulden. Sie dagegen sind die wahrhaft Konservativen, sie haben viel verloren und fürchten den Rest zu verlieren. Wir haben nur zu gewinnen, nichts zu verlieren. Wir gehorchen aus Zwang, wir sehen in den Gesetzen, die uns regieren, nur die Verbote, die Fesseln, und wir werden sie zerreißen, sobald wir können, oder sobald wir es wagen; wir kennen keine Skrupel in der Beziehung. Sie dagegen nehmen einen Teil des Gesetzes ernsthaft an; ihn zu überschreiten wäre in ihren eigenen Augen ein Verbrechen. Dieser eine Teil stützt den anderen, dessen Absurdität klar ist. Sie haben eine feste Moralität – wir einen moralischen Instinkt.

Sie haben vor uns den Vorteil bestimmter, ausgearbeiteter Regeln; sie gehören der große europäischen Zivilisation an. Wir haben vor ihnen den Vorzug der rohen Kraft, einer gewissen Elastizität unserer Hoffnungen. Wo sie durch ihr Gewissen beschränkt werden, da hemmt uns ein Gendarm. Wir weichen, weil wir arithmetisch schwach sind; ihre Schwäche ist eine algebraische, sie liegt in der Formel selbst.

[. . .] Bei ihnen endlich wird ein Mensch, der mehr als die Hälfte seiner Einkünfte verzehrt, als verlorener Sohn und Verschwender betrachtet, bei uns gilt ein Mensch, der sich begnügt, seine Einkünfte zu verzehren, für ein Ungeheuer von Geiz.

Diese so bestimmte, wir sagen es selbst, fast unglaubliche Antithese zwischen Rußland und den baltischen Provinzen findet sich, was die Hauptpunkte betrifft, gleichfalls zwischen Europa und der slawischen Welt.

Der Unterschied ist jedoch der: in der slawischen Welt befindet sich ein Element occidentaler Zivilisation auf der Oberfläche, in der europäischen Welt ein vollständig barbarisches Element in der Basis, wogegen die Bauern von Pskow durchaus nichts Zivilisiertes haben, und die Deutschen der baltischen Provinzen keine barbarische und homogene, sondern eine im Verfall begriffene und vollkommen heterogene Bevölkerung überdecken.

Quelle: Alexander Herzen: Rußlands soziale Zustände. Neu hrsg. von Hans Landsberg. Berlin o. J. (1905/06), S. 9–11.

13. Aufhebung der Leibeigenschaft (1861)

Wie von Custine und anderen vorhergesagt, stieß die Abschaffung der Leibeigenschaft 1861 keineswegs überall auf ungeteilte Gegenliebe. Die soziale Gärung, die 1905 und 1917 in die Russischen Revolutionen mündete, zeichnete sich ab. Ein Dorfgeistlicher beschreibt das im Vergleich zum Westen ganz andere Verhältnis der russischen Bauern zur persönlichen Freiheit:

Hier [in einem von mehreren Dörfern] war das gesamte Land mit allen Einkünften unter die Bauern verteilt, welche nur eine geringfügige Obrokzahlung[14] leisten und wohlhabend waren. Anfänglich freuten sie sich über die Freiheit; als ihnen aber erklärt wurde, daß man ihnen nur einen Teil des Landes überlassen werde, daß sie dieses ankaufen, den Rest aber dem Herrn wieder abgeben müßten, wurden sie nachdenklich.

„Was wird denn das für eine Freiheit sein, ohne Land und ohne Wald?"

„Man wird euch einen Teil zuweisen, ohne Land sollt ihr nicht bleiben."

„Ja, wieviel wird man uns anweisen? Jetzt beackern wir das ganze Land, wo sollen wir denn bleiben? Nein, Euer Hochwohlgeboren, möge es lieber beim alten bleiben. Wer die Freiheit haben will, dem gebe man sie; wer sie nicht braucht, der braucht sie eben nicht. Sie hätten uns erst fragen sollen: Wollt ihr die Freiheit oder nicht? Wir hätten geantwortet: Nehme sie wer will, wir bedürfen ihrer nicht!"

„Die Freiheit ist allen herrschaftlichen Bauern erteilt worden. Man wird für euch kein neues Gesetzt machen. Dieser will das, jener etwas anderes; das geht so nicht."

Quelle: V. Gitermann: Geschichte Rußlands, Bd. III, S. 602.

14. Reformdruck (1905)

Am Vorabend der ersten Russischen Revolution 1905–07 drängten Industrielle unter dem Druck der russischen Arbeiterbewegung – vornehmlich aus ökonomischen Gründen – auf politische Reformen.

a) Aus einer Eingabe der Eisenindustriellen, Januar 1905

Wie die ganze russische Gesellschaft, so sind auch die russischen Arbeiter politisch schon so reif, daß man ihnen, im Interesse der industriellen Entwicklung des Reiches, politische Rechte und freiheitliche Institutionen gewähren muß [. . .]. Dieses Urteil der Eisenindustriellen über die Arbeiterfrage stellt unbestreitbar die Stimme jenes nach Hunderten von Millionen Rubel zählenden Kapitals dar, welches in der russischen Eisenindustrie investiert hat.

b) Aus einer Eingabe der Zuckerfabrikanten

Angesichts der Verschärfung, die man in der Arbeiterbewegung beobachten kann, hegen auch die Zuckerfabrikanten dieselben Besorgnisse wie die Vertreter anderer Zweige der Industrie. Die Zuckerfabrikanten sind sogar noch stärker daran interessiert, daß der Kampf zwischen Arbeit und Kapital einen friedlichen Charakter annehmen möge, wie in den fortschrittlichen Ländern des kultivierten Westens.

---

14 Obrok = Zins.

c) Aus einer Eingabe der Moskauer Industriellen

Es unterliegt keinem Zweifel, daß die Entwicklung der Industrie in engstem Zusammenhang steht mit der Stabilität der Rechtsordnung, mit der Gewährung persönlicher Freiheit, persönlicher Initiative, mit der Garantie der wissenschaftlichen Lehr- und Forschungsfreiheit, mit der Aufklärung des Volkes. Denn je größer die Unwissenheit unter den Arbeitskräften ist, desto geringer ist ihre Produktivität.

Durch die Rückständigkeit, eine direkte Folge unserer schwankenden Rechtsordnung, wird Rußlands Position auf dem Weltmarkt erschüttert, und als Industrieland wird es in den Hintergrund geschoben.

Man kann nicht bestreiten, daß die Lage der Industrie wie auch das Wohlergehen der Arbeiterklasse ungünstig beeinflußt wird durch das zerrüttete Finanzwesen unseres Staates, dessen Sanierung nur erreicht werden kann, wenn die öffentliche Meinung an der Beratung des Budgets teilnimmt.

Quelle: V. Gitermann: Geschichte Rußlands, Bd. III, S. 623f.

15. Slawophile und Großrussen (1906)

Die Gruppierung „Russische Einigung" (Ruskoe Sobranie) reagierte 1906 auf Konzessionen an die Nationalitäten im Oktobermanifest von Zar Nikolaus II. (u. a. die Möglichkeit von muttersprachlichem Unterricht in den ersten Jahren) mit einem großrussischen Programm, das für die orthodoxe Religion, den Zaren und die russische Sprache und Kultur eine uneingeschränkte Führungsrolle im Staat forderte.

I. Die Rechtgläubige Kirche soll in Rußland die herrschende Stellung behalten. Ihr soll die Freiheit der Selbstverwaltung und des selbständigen Lebens vorbehalten bleiben. Ihre Stimme soll durch die Gesetzgebende Gewalt in den wesentlichsten staatlichen Angelegenheiten gehört werden. Die Struktur der Gemeinde als rechtsfähige und handlungsfähige kirchlich-öffentliche Gemeinschaft soll dem gesamten künftigen kirchlichen und staatlichen Aufbau zugrunde liegen und als dessen verbindendes Glied dienen.

II. Die zaristische Selbstherrschaft soll sich auf die ständige Einung des Zaren mit dem Volke gründen.

III. Der Zar als Selbstherrscher ist in den Augen des russischen Volkes nicht identisch mit der Regierung; die letztere trägt die Verantwortung für jegliche Politik, die der Rechtgläubigkeit, der zarischen Selbstherrschaft und dem russischen Volke schädlich ist.

IV. Die Selbstherrschaft des Zaren als wesentliches Unterpfand, das Rußland seine universal-christliche Mission erfüllt, bildet zugleich das Unterpfand der äußeren Staatsmacht und der inneren staatlichen Einheit Rußlands.

V. Die Volksbildung in Rußland soll auf den gleichen Grundlagen wachsen und sich befestigen, auf denen die russische Staatlichkeit gewachsen ist; daher soll auch die staatliche Schule, ohne Beeinträchtigung der kulturellen Selbstbestimmung der anderen Völker Rußlands, eine russische Schule sein.

VI. Die russische Sprache ist die Staatssprache, und alle staatlichen Einrichtungen sollen sich der Staatssprache bedienen und unaufhörlich und nachdrücklich zur Einheit der Sprache in allen Teilen des staatlichen Lebens streben. [...]

VIII. Die Stammesfragen in Rußland sollen entsprechend der Bereitschaft der einzelnen Nation, Rußland und dem russischen Volke bei der Erreichung der gesamtstaatlichen Ziele zu dienen, gelöst werden. Ohne Bedrückung des örtlichen Lebens soll die Verwaltung der Grenzgebiete an die erste Stelle die gesamtstaatlichen Interessen und die Unterstützung der legitimen Interessen der russischen Menschen rücken. Alle Versuche aber, Rußland unter irgendeinem Vorwand zu teilen, dürfen nicht zugelassen werden: Rußland ist ein Eines und Unteilbares.

IX. Die jüdische Frage soll durch Gesetze und Verwaltungsmaßnahmen unabhängig von den übrigen Stammesfragen gelöst werden, angesichts der ständigen, elementaren Feindseligkeiten des Judentums gegenüber dem Christentum und den nichtjüdischen Nationalitäten sowie des Strebens der Juden zur Weltherrschaft. [. . .]

XI. Die Wirtschaftspolitik soll als ihr Leitmotiv die Rücksicht auf Rußland als auf ein in erster Linie bäuerliches und agrarisches Land nehmen und soll die Wohlfahrt des Bauernstandes durch Verbesserung der landwirtschaftlichen Kultur, Entwicklung der kleinen Gewerbe und Verkörperung der Fläche des bäuerlichen Landbesitzes zum Ziel haben. Besondere Rücksicht soll auf die Entwicklung der echt-russischen Mitte des Landes gelegt werden.

XII. Die Finanz- und Wirtschaftspolitik soll darauf gerichtet sein, Rußland aus der Abhängigkeit von den ausländischen Börsen und Märkten zu befreien, und die Entstehung russischer Industrieunternehmen fördern sowie der produktiven Arbeit beistehen.

XIII. Auf diese Weise soll oberster Maßstab der Tätigkeit der Staatsverwaltung *unter dem Zaren als Selbstherrscher in seiner Einung mit dem Volke das Wohl des Volkes* sein, wobei der Staat, dem er einen genügend breiten Boden *für die örtliche Selbstverwaltung* schafft, darauf achten soll, daß diese Selbstverwaltung in keiner Weise den russischen nationalen Interessen in religiöser, geistiger, wirtschaftlicher, rechtlicher und politischer Beziehung zum Schaden gereicht. [. . .]

Quelle: Peter Schreiber (Hg.): Die russischen politischen Parteien von 1905 bis 1917. Ein Dokumentationsband. Darmstadt 1972, S. 81–83.

16. Februarrevolution (März 1917)

Nach Abdankung des Zaren Nikolaus II. am 2. (15.) März bildete sich die Provisorische Regierung aus der Duma. Aus ihrer ersten Erklärung spricht die Absicht, aber auch die Schwierigkeit, mitten im Weltkrieg den Sprung von der Autokratie in die Demokratie zu wagen:

Bürger! Das Vollzugskomitee von Mitgliedern der Reichsduma hat nunmehr mit der wohlwollenden Hilfe der Truppen und der hauptstädtischen Bevölkerung eine derartige Überlegenheit über die finsteren Mächte des alten Regimes errungen, daß es an die festere Organisierung der Exekutivgewalt gehen kann. [. . .]

Bei seiner Tätigkeit wird sich das Kabinett von folgenden Prinzipien leiten lassen:

1. Vollständige und sofortige Amnestie aller politischen und religiösen Vergehen einschließlich terroristischer Angriffe, militärischer Revolten, Verbrechen in der Landwirtschaft usw.
2. Freiheit der Rede, der Presse, Vereins-, Versammlungs- und Streikfreiheit und Ausdehnung der politischen Freiheit auf Personen, die im Militärdienst stehen, soweit es die militärische Technik zuläßt.

3. Abschaffung aller benachteiligenden Unterschiede infolge der Zugehörigkeit zu bestimmten Ständen, Religionsgemeinschaften und Nationalitäten.
4. Sofortige Vorbereitung zur Einberufung einer Konstituierenden Versammlung auf der Grundlage des allgemeinen, gleichen, geheimen und direkten Wahlrechts, welche die Verwaltungs- und Verfassungsform des Landes bestimmen soll.
5. Ersetzung der Polizei durch eine Volksmiliz mit gewählter Leitung, die den Organen der lokalen Selbstverwaltung untersteht.
6. Wahlen zu den Organen der lokalen Selbstverwaltung auf der Grundlage allgemeiner, direkter, gleicher und geheimer Wahlen.
7. Die militärischen Einheiten, die an der revolutionären Bewegung teilgenommen haben, nicht zu entwaffnen und aus Petrograd zu entfernen.
8. Unter Aufrechterhaltung strenger militärischer Disziplin an der Front und im Militärdienst Befreiung der Soldaten von allen Beschränkungen allgemeiner Rechte, deren sich die anderen Bürger erfreuen.

Die Provisorische Regierung erachtet es als ihre Pflicht, zu betonen, daß sie nicht beabsichtigt, militärische Umstände zu einer Hinausschiebung der oben angedeuteten Reformen und anderen Maßnahmen auszunützen.

Quelle: Iswestija vom 3. (16.) März 1917, zitiert nach Manfred Hellmann: Die russische Revolution 1917. Von der Abdankung des Zaren bis zum Staatsstreich der Bolschewiki. München [3]1977, S. 152f.

17. Deklaration der Rechte für die Völker Rußlands (Nov. 1917)

Unmittelbar nach der Oktoberrevolution veröffentlichten Lenin als Vorsitzender des Rates der Volkskommissare und Stalin als Volkskommissar für die Angelegenheiten der Nationalitäten die „Deklaration der Rechte für die Völker Rußlands" vom 2./15 November 1917, um die nichtrussischen Völker für die Revolution zu gewinnen: Nach der sozialen Revolution sei die Lösung der nationalen Fragen nur eine Frage der Zeit.

Die Oktoberrevolution der Arbeiter und Bauern begann unter der Fahne der allgemeinen Sklavenbefreiung: Befreiung der Bauern von der Feudalgewalt der Großgrundbesitzer, denn das Eigentumsrecht an Grund und Boden ist nicht mehr vorhanden, es ist abgeschafft; Befreiung der Soldaten und Matrosen von der uneingeschränkten Gewalt der Generäle, denn die Generäle werden wählbar und absetzbar; Befreiung der Arbeiter von den Launen und der Willkür der Kapitalisten, denn eine Aufsicht von seiten der Arbeiter wird fortan in den Werkstätten und Fabriken ausgeübt werden. Jedes menschliche Wesen wird von unerwünschten Ketten befreit. Übrig sind nur noch die Völker Rußlands, die gelitten haben unter dem Joch und der Willkür und die sofort und unwiderruflich befreit werden müssen. In der Zeit des Zarentums sind die Völker Rußlands planmäßig gegeneinander aufgehetzt worden. Die Ergebnisse einer solchen Politik sind bekannt: einerseits Metzeleien und Pogrome, andererseits Versklavung der Völker. Diese Politik der Aufreizung ist beseitigt und ihre Wiederkehr muß für alle Zeiten ausgeschlossen sein. Sie muß fortan durch die Politik der freiwilligen und aufrichtigen Einigung der Völker Rußlands ersetzt werden. Während der imperialistischen Periode, nach der Februarrevolution, als die Macht in die Hände der kadettischen[15] Bürgertums überging, wurde die Politik eines engherzigen Mißtrauens gegen die Völker Rußlands durch die Politik der Ränke und der Herausforderung, die sich hinter tönenden Phrasen wie „Freiheit" und „Gleichheit" der Völker verbarg, ersetzt. Die Ergebnisse einer solchen Politik sind offenkundig: Steigerung des Völkerhasses und gegenseitiges Mißtrauen. Dieser unwürdigen Politik der Lüge und des Mißtrauens, der Streitigkeiten und der Herausforderungen muß ein Ende gemacht werden. Für die Zukunft muß sie durch eine offene und ehrliche Politik ersetzt werden, die vollständiges gegenseitiges Vertrauen zwischen den Völkern Rußlands begründen kann. Nur ein solches Vertrauen wird die aufrichtige und dauerhafte Einigung der Völker Rußlands entstehen lassen können. Und aus einer solchen Einigung wird der mächtige Zusammenschluß der Arbeiter und Bauern der verschiedenen Völker Rußlands hervorgehen, der die einzige revolutionäre Gewalt bilden wird, die allen Anschlägen, die das imperialistische annexionistische Bürgertum noch planen könnte, Widerstand zu leisten vermag. Der Sowjetkongreß des vergangenen Juni hat das Selbstbestimmungsrecht der Völker erklärt. Der 2. Sowjetkongreß im Oktober dieses Jahres hat noch entschlossener und genauer dieses unwandelbare Recht den Völkern Rußlands bestätigt. In seinen Bemühungen, den Willen der genannten Kongresse in die Tat umzusetzen, hat der Rat der Volkskommissare beschlossen, bezüglich der Nationalitätenfrage seine Tätigkeit auf folgenden Grundsätzen aufzubauen:

1. Freiheit und Souveränität der Völker Rußlands;
2. Selbstbestimmungsrecht für alle Völker Rußlands bis zur vollständigen Trennung und Bildung selbständiger Staaten;
3. Aufhebung aller Einschränkungen und aller Vorrechte einzelner Völker und Nationalkirchen;
4. freie Entwicklung für alle nationalen Minderheiten und Volksstämme, die auf russischem Boden wohnen.

Die entsprechenden Erlasse werden sofort nach der Einsetzung der Kommission für Nationalitätenangelegenheiten ausgearbeitet werden.

Quelle: M. Hellmann (Hg.): Die russische Revolution 1917, S. 338f.

18. Gründung der Tscheka (Dez. 1917)

Mit der Gründung der „Außerordentlichen Kommission" (Tscheka) am 7. (20.) Dezember 1917 begann die lange Tradition sowjetischer Geheimdienste, über GPU (Geheimpolizei, 1922) und NKWD (Volkskommissariat für Innere Angelegenheiten, 1934) zum KGB (Komitee für Staatssicherheit).

Es wird eine Allrussische Außerordentliche Kommission zur Bekämpfung der Konterrevolution und Sabotage begründet. Dieses Kommission wird Allrussische Außerordentliche Kommission genannt und dem Rat der Volkskommissare angegliedert [. . .]

Zu den Aufgaben dieser Kommission gehören:

1. Die Verfolgung und Bestrafung aller Akte der Konterrevolution und Sabotage in ganz Rußland ungeachtet ihrer Ursachen.
2. Die Überstellung aller Konterrevolutionäre und Saboteure an das Revolutionstribunal und die Ausarbeitung eines Planes zum Kampf gegen sie.

---

15 Gemeint sind die Konstitutionellen Demokraten.

3. Die Vorbereitung aller Maßnahmen, um sie [d. h. die Konterrevolution] zu zerbrechen. Die Kommission besteht aus folgenden Abteilungen: Informationsabteilung, Organisationsabteilung (beauftragt mit der Organisation des Kampfes gegen die Konterrevolution in ganz Rußland) mit ihren Sektionen, und Kampfabteilung.

Die Kommission wird morgen gebildet werden. [. . .]

Der Vorsitzende des Rats der Volkskommissare:
W. Uljanow (Lenin)

Quelle: M. Hellmann (Hg.): Die russische Revolution 1917, S. 334f.

19. Lenins „Testament" (1922/23)

Schon schwer von zwei Schlaganfällen gezeichnet, versuchte Lenin vom Krankenbett aus in seinem „Testament", einem Brief an den Parteitag vom 24. 12. 1922, bzw. in der „Nachschrift" vom 4. 1. 1923, Stalin als seinen Nachfolger zu verhindern.

Gen. Stalin hat, nachdem er Generalsekretär geworden ist, eine unermeßliche Macht in seinen Händen konzentriert, und ich bin nicht überzeugt, daß er es immer verstehen wird, von dieser Macht vorsichtig genug Gebrauch zu machen. Andererseits zeichnet sich Gen. Trotzki [. . .] nicht nur durch hervorragende Fähigkeiten aus. Persönlich ist er wohl der fähigste Mann im gegenwärtigen ZK, aber auch ein Mensch, der ein Übermaß von Selbstbewußtsein und eine übermäßige Leidenschaft für rein administrative Maßnahmen hat.

Diese zwei Eigenschaften zweier hervorragender Führer des gegenwärtigen ZK können unbeabsichtigt zu einer Spaltung führen, und wenn unsere Partei nicht Maßnahmen ergreift, um das zu verhindern, so kann die Spaltung überraschend kommen.

[In der Nachschrift fügt Lenin hinzu:] Stalin ist zu grob, und dieser Mangel, der in unserer Mitte und im Verkehr zwischen uns Kommunisten durchaus erträglich ist, kann in der Funktion des Generalsekretärs nicht geduldet werden. Deshalb schlage ich den Genossen vor, sich zu überlegen, wie man Stalin ablösen könnte und jemand anderen an diese Stelle zu setzen, der sich in jeder Hinsicht vom Gen. Stalin nur durch einen Vorzug unterscheidet, nämlich dadurch, daß er toleranter, loyaler, höflicher und den Genossen gegenüber aufmerksamer, weniger launenhaft usw. ist.

Quelle: W. I. Lenin: Werke. Bd. 36, Berlin 1971, S. 579f.

20. Hoffnung auf die Weltrevolution (1923)

Nach der Oktoberrevolution erwarteten die Bolschewiki und Kommunisten in ganz Europa, daß der Umsturz in Rußland nur der Auftakt zur Weltrevolution sein werde. Auf dem hochindustrialisierten Deutschland mit der am stärksten organisierten Arbeiterschaft ruhten die größen Hoffnungen. Im Krisenjahr der Weimarer Republik 1923, als die Komintern im Ruhrkampf mit nationalistischen Elementen eine Einheitsfront anstrebte und im „Roten Oktober" in Sachsen und Thüringen gemeinsam mit der SPD die Regierung stellte, schien die Revolution in Deutschland und damit die Weltrevolution ein letztes Mal vor der Tür zu stehen. Eine Woche vor dem Einmarsch der Reichswehr auch in Thüringen (24. 11. 1923) erschien in der „Internationalen Pressekorrespondenz" (INPREKORR) eine Analyse der Situation in Deutschland.

Die Aufmerksamkeit der ganzen Welt wird immer mehr auf die Ereignisse gelenkt, die in Deutschland heranreifen. Nur ganz blinde Menschen sehen nicht, daß in der nächsten Zeit das Schicksal Europas in Deutschland entschieden wird, daß das wichtigste Blatt in der Geschichte der Weltrevolution umgewendet wird, daß Ereignisse herannahen, die das Schicksal der neuesten politischen Geschichte auf Jahrzehnte hinaus bestimmen. [. . .]

Das proletarische Deutschland würde vom ersten Tage seiner Existenz an das engste Bündnis mit Sowjetrußland schließen. Dieses Bündnis könnte unberechenbare Vorteile für die werktätigen Massen Deutschlands wie auch unsres Sowjetverbandes bringen. Sowjetrußland mit seiner vorwiegend ländlichen Wirtschaft und Deutschland mit seiner vorwiegenden Industrie ergänzen einander auf das beste. Das Bündnis zwischen Sowjetdeutschland und Sowjetrußland würde eine gewaltige wirtschaftliche Kraft bilden. Ein solches Bündnis hätte alle wirtschaftlichen Quellen zu seiner Verfügung, die zum Gedeihen sowohl Sowjetdeutschlands wie Sowjetrußlands notwendig sind, angefangen mit jeder Art von Rohstoffen bis zu den modernsten und letzten Industrieerzeugnissen der Industrietechnik. Die Landwirtschaft Sowjetrußlands würde von einem solchen Bündnis ungeheuer profitieren, denn unser Dorf würde unter günstigen Bedingungen die notwendigen landwirtschaftlichen Maschinen, Kunstdünger usw. erhalten. Die Großindustrie Deutschlands würde nicht minder gewinnen, denn sie würde in hohem Grade mit Rohstoffen und Absatzmärkten versorgt.

Quelle: INPREKORR Nr. 46, 17. 11. 1923, S. 1081 f., zitiert nach: Theo Pirker (Hg.): Utopie und Mythos der Weltrevolution. Zur Geschichte des Komintern 1920–1940. dtv-dokumente. München 1964, S. 77 f.

21. Erster Fünfjahresplan (1928–33)

Zum Abschluß des ersten Fünfjahresplans rechtfertigte Stalin in seinem Bericht vor dem ZK der KPdSU vom 7. Januar 1933 das ungeheure Industrialisierungstempo, das dem Land und seinen Menschen viel abverlangte.

Bei der Verwirklichung des Fünfjahresplans und bei der Organisierung des Sieges auf dem Gebiet industriellen Aufbaus hat die Partei die Politik des maximal beschleunigten Tempos der Entwicklung der Industrie durchgeführt. Die Partei hat das Land gleichsam ausgepeitscht, um seinen Vormarsch zu beschleunigen.

Hat die Partei richtig gehandelt, als sie die Politik des maximal beschleunigten Tempos durchführte?

Ja, sie hat unbedingt richtig gehandelt.

Man muß ein Land, das um 100 Jahre zurückgeblieben ist und dem infolge seiner Zurückgebliebenheit eine tödliche Gefahr droht, vorwärtstreiben. Nur auf diese Weise konnte dem Lande die Möglichkeit gegeben werden, in aller Eile auf der Basis der neuen Technik umzurüsten und endlich die breite Heerstraße der Entwicklung zu betreten.

Wir konnten ferner nicht wissen, an welchem Tage die Imperialisten die UdSSR überfallen und unseren Aufbau unterbrechen würden, daß sie uns aber in einem beliebigen Augenblick, unter Ausnutzung der technischen und wirtschaftlichen Schwäche unseres Landes, überfallen konnten, darüber war kein Zweifel möglich.

Die Partei war deshalb gezwungen, das Land auszupeitschen, um keine Zeit zu verlieren, um die Atempause bis zum letzten auszunutzen und in der Sowjetunion rechtzeitig die Grundlagen der Industrialisierung zu schaffen, die die Basis ihrer Macht bilden. Die Partei hatte keine Möglichkeit zu warten und zu manövrieren, und sie mußte die Politik des maximal beschleunigten Tempos durchführen.

Schließlich mußte die Partei in möglichst kurzer Frist der Schwäche des Landes auf dem Gebiete der Landesverteidigung ein Ende setzen. Die gegenwärtige Lage, die Zunahme der Rüstungen in den kapitalistischen Ländern, das Fiasko der Abrüstungsidee, der Haß der internationalen Bourgeoisie gegen die Sowjetunion – all das drängte die Partei dazu, die Stärkung der Wehrhaftigkeit des Landes, dieser Grundlage seiner Unabhängigkeit, zu forcieren [. . .].

Quelle: J. W. Stalin: Werke. Bd. 13, Hamburg 1971, S. 164f.

22. Ökonomie des Staatssozialismus (1938, 1948)

Zentrale Idee des Sozialismus sowjetischer Prägung war der gesellschaftliche Besitz von Produktionsmitteln, zentral verwaltet durch den Staat, um die „Ausbeutung" durch private Kapitalisten und Großgrundbesitzer abzuschaffen. Jeder Staat ist jedoch im Zeitalter globaler Wirtschaftszusammenhänge auf Produktivität und Konkurrenzfähigkeit angewiesen, zumal wenn er Weltmacht sein will. So war die mangelnde Leistungsfähigkeit der sowjetischen Wirtschaft im Vergleich mit westlichen Industrieländern seit 1986 der Hauptansatzpunkt der Gorbatschowschen Perestroika, die schließlich in das vorläufige Ende des Experiments Sozialismus mündete. Schon früh erkannten Partei und Regierung das große Problem, die Motivation, die in privatwirtschaftlichen Zusammenhängen durch Verantwortung, Eigentum, Leistungsprinzip und -lohn geschaffen wird, auch dort herzustellen, wo die ethische Verpflichtung, zum Wohl aller zu arbeiten, nicht ausreichte.

a) In den Fabriken (1938)

In der Sowjetunion arbeiten die Werktätigen nicht für die Kapitalisten, sondern für sich, für ihren sozialistischen Staat, für das Wohl des ganzen Volkes [. . .]. Aber neben den rechtschaffenen und gewissenhaften Arbeitern gibt es noch einzelne wenig bewußte, rückständige und gar nicht gewissenhafte Leute – Zugvögel[16], Faulenzer, Bummelanten und nur auf ihren persönlichen Vorteil bedachte Menschen.

Diese Leute bringen mit ihrer nachlässigen Arbeit, ihrem Schwänzen, ihrem Zuspätkommen zur Arbeit, dem ziellosen Herumgehen im Unternehmen während der Arbeitszeit und anderen Verletzungen der Regel der inneren Arbeitsordnung, darüber hinaus dem häufigen eigenmächtigen Überwechseln von einem Unternehmen zum anderen die Arbeitsdisziplin durcheinander, fügen der Industrie, dem Transport und der gesamten Volkswirtschaft große Verluste zu.

Sie streben danach, dem Staat weniger Arbeit zu geben und sich mehr Geld zu verschaffen [. . .]. Wenn den Zugvögeln und Faulenzern gekündigt wird, beginnen sie rücksichtslos zu prozessieren und erreichen, ohne zu arbeiten, Bezahlungen für ein angeblich erzwungenes Arbeitsversäumnis. Die Entlassung aus dem Unternehmen wegen Verletzung der Arbeitsdisziplin erweist sich in der Regel als keine wirksame Strafe für die

16 Menschen, die häufig den Arbeitsplatz wechselten, um bessere Arbeitsbedingungen und einen höheren Verdienst zu erreichen.

Bummelanten, weil sie in den meisten Fällen sofort in einem anderen Unternehmen Arbeit finden [. . .].

Ein Arbeiter oder Angestellter, der ohne stichhaltigen Grund zu spät kommt oder vorzeitig zum Mittagessen geht oder verspätet vom Mittagessen zurückkehrt oder zu früh das Unternehmen oder die Behörde verläßt oder seine Arbeitszeit mit Nichtstun verbringt, wird von der Verwaltung einer Strafe unterworfen: Rüge oder Verweis mit einer Warnung vor Entlassung; Versetzung zu einer anderen, schlechter bezahlten Arbeit für drei Monate oder Herabstufung auf eine niedrigere Stellung.

Ein Arbeiter oder Angestellter, der sich drei solcher Übertretungen im Laufe eines Monats oder vier Übertretungen im Laufe zweier Monate hintereinander erlaubt hat, wird als Bummelant, als Übertreter des Gesetzes über Arbeit und Arbeitsdisziplin entlassen. [. . .]

Quelle: Beschluß des Rates der Volkskommissare der UdSSR, des ZK der KPdSU und des Zentralrates der Gewerkschaften der UdSSR vom 28. 12. 1938, zitiert nach: Helmut Altrichter/Heiko Haumann (Hg.): Die Sowjetunion. Von der Oktoberrevolution bis zu Stalins Tod. dtv-dokumente. 2 Bde., München 1986/87, Bd. 2, S. 437f.

b) In den Kolchosen (1948)

[. . .] Die grundlegenden Mängel in der Organisation und in der Arbeitsbezahlung der Kolchosbauern bestehen in folgendem:

- Es besteht ein Arbeitssystem bei der Nutzung von Grund und Boden in den Kolchosen, das jeder persönlichen Verantwortung entbehrt; das drückt sich darin aus, daß den Feldwirtschaftsbrigaden nicht immer Landstücke in Feldern mit Fruchtfolge zugeteilt werden, was die Steigerung des Ernteertrages hindert. In vielen Kolchosen ist die Fluktuation des Brigadenbestandes nicht beseitigt, die den Brigaden zugeteilten Produktionsmittel werden oft außerhalb der Brigade, ohne Einverständnis des Brigadiers, genutzt.

Eine derartige Praxis stört die normale Arbeit der Brigade und mindert die Verantwortlichkeit des Brigadiers für den Zustand in der Brigade. In einer Reihe von Kolchosen wird der Versuch mit einem Arbeitsgruppensystem [zveno] bei der Arbeitsorganisation, das sich als richtig erwiesen hat, nicht ausreichend praktiziert;

- es werden veraltete, zu niedrige Produktionsnormen angesetzt, und die Arbeit in den Tagewerken wird zu hoch bewertet. Viele Kolchosen haben die Produktionsnormen im Laufe einiger Jahre nicht überprüft und dadurch das erreichte Wachstum der Arbeitsproduktivität der Kolchosbauern nicht berücksichtigt [. . .];
- es herrscht Gleichmacherei in vielen Kolchosen, wenn die Kolchoseinkünfte unabhängig von den Arbeitsergebnissen der Brigade, Arbeitsgruppen, Farmen und einzelner Kolchosbauern verteilt werden [. . .];
- die Zahlung des Akkordlohnes für Kleingruppen und Einzelpersonen in den Kolchosen ist nicht zufriedenstellend. Statt im Akkord wird die Arbeit oft im Tagelohn bezahlt. Die in der Brigade und Arbeitsgruppe ausgeführte Arbeit wird nicht für jeden Kolchosbauern berechnet, sondern summarisch und zu gleichen Teilen auf die gesamte Anzahl von Kolchosbauern, die an der Arbeit teilgenommen haben, aufgeteilt; dies mindert das Interesse der Kolchosbauern an einer Erhöhung der Produktionsnormen und die Verantwortlichkeit für die Qualität der auszuführenden Arbeit [. . .].

Quelle: Beschluß des Ministerrates der UdSSR über Maßnahmen zur Verbesserung der Organisation, zur Erhöhung der Produktivität und zur Regelung der Arbeitsbezahlung in den Kolchosen vom 19. 4. 1948, zitiert nach: H. Altrichter/H. Haumann (Hg.): Die Sowjetunion, Bd. 2, S. 478f.

23. Hitler-Stalin-Pakt (1939)

Im Nichtangriffspakt vom 23. August 1939 kooperierten mit dem nationalsozialistischen Deutschen Reich und der sozialistischen UdSSR die beiden größten Gegner des Versailler Systems von 1919, obwohl sie mit ihrer politischen Verfassung die beiden Extreme des politischen Spektrums im damaligen Europa stellten. Im Zusatzprotokoll steckten Stalin und Hitler ihre Einflußsphären ab. Nach Kriegsbeginn verwirklichten sie die Teilung: Die UdSSR verleibte sich mit der Annexion der baltischen Staaten (und Bessarabiens) die Teile des Reiches ein, in denen ab 1988 der Zerfall der Sowjetunion begann. 1940 findet sich in einem Lexikon eine Auslegung des Hitler-Stalin-Paktes und der Beteiligung der UdSSR an der erneuten Teilung Polens.

a) Das Geheime Zusatzprotokoll

Aus Anlaß der Unterzeichnung des Nichtangriffsvertrages zwischen dem Deutschen Reich und der Union der Sozialistischen Sowjetrepubliken haben die unterzeichneten Bevollmächtigten der beiden Teile in streng vertraulicher Absprache die Frage der Abgrenzung der beiderseitigen Interessensphären in Osteuropa erörtert. Diese Aussprache hat zu folgendem Ergebnis geführt:

1. Für den Fall einer territorial-politischen Umgestaltung in den zu den baltischen Staaten (Finnland, Estland, Lettland, Litauen) gehörenden Gebieten bildet die nördliche Grenze Litauens zugleich die Grenze der Interessensphären Deutschlands und der UdSSR. Hierbei wird das Interesse Litauens am Wilnaer Gebiet beiderseits anerkannt.
2. Für den Fall einer territorial-politischen Umgestaltung der zum polnischen Staate gehörenden Gebiete werden die Interessenspären Deutschlands und der UdSSR ungefähr durch die Linie der Flüsse Narew, Weichsel und San abgegrenzt. Die Frage, ob die beiderseitigen Interessen die Erhaltung eines unabhängigen polnischen Staates wünschenswert erscheinen lassen und wie dieser Staat abzugrenzen wäre, kann endgültig erst im Laufe der weiteren politischen Entwicklungen geklärt werden. In jedem Fall werden beide Regierungen diese Frage im Wege einer freundschaftlichen Verständigung lösen.
3. Hinsichtlich des Südostens Europas wird von sowjetischer Seite das Interesse an Bessarabien betont. Von deutscher Seite wird das völlige Desinteresse an diesem Gebiet erklärt.
4. Dieses Protokoll wird von beiden Seiten streng geheim behandelt werden.

Quelle: Nach: Otto Böss (Hg.): Russland-Chronik. Salzburg ^{2}1986, S. 271–273.

b) Der ideologische Überbau

In Zusammenhang mit der ernsten Verschlechterung der internationalen Lage im April–August 1939 wurden zwischen der UdSSR einerseits und England und Frankreich andererseits Verhandlungen geführt betreffend der gemeinsamen Maßnahmen, die den europäischen Krieg vereiteln könnten. England und Frankreich, die in Wirklichkeit kein Übereinkommen mit der UdSSR wollten und lediglich bestrebt waren, die UdSSR zu isolieren und den Krieg zwischen der UdSSR und Deutschland zu provozieren, haben diese Verhandlungen zum Scheitern gebracht. Die heimtückischen Pläne der Kriegshetzer wurden demaskiert, und sie haben dank der weisen Politik der sowjetischen Regierung einen Schiffbruch erlitten. Am 23. August 1939 wurde zwischen der UdSSR und Deutschland ein Nichtangriffspakt geschlossen, der der Feindschaft zwischen den beiden Ländern ein Ende gesetzt hat und eine entscheidende Wende in den internationalen Beziehungen im Zeitabschnitt des zweiten imperialistischen Krieges bedeutet. Die sowjetische Regierung unterstützt in ihrer Außenpolitik freundschaftliche Beziehungen mit jenen kapitalistischen Staaten, die bereit sind, an der Gewährleistung des allgemeinen Friedens mitzuwirken. Sie weiß aber genau, daß die Macht der Sowjetunion das sicherste Mittel darstellt, um die konsequente sowjetische Friedenspolitik, die den Interessen der Völker der UdSSR und der ganzen Menschheit entspricht, von ihren Feinden nicht zerstört wird. [...]

Das hat sich mit besonderer Kraft dann bestätigt, als der polnische Staat zusammenstürzte und Polen ein geeignetes Feld für alle möglichen Zufälligkeiten und unerwartete Situationen sein konnte, die eine Gefahr für die UdSSR heraufbeschwören konnten. Um die Möglichkeit solcher Ereignisse zu verhindern und um die Ukrainer und Bjelo-Russen, die gemeinsamen Blutes sind, zu beschützen, hat die Rote Armee auf Weisung der sowjetischen Regierung am 17. September 1939 die polnische Grenze überschritten und hat die Westukraine und das westliche Bjelo-Rußland von dem Joch der polnischen Herren befreit. Einen weiteren leuchtenden Erfolg der sowjetischen Außenpolitik bedeutete der am 28. September 1939 unterzeichnete deutsch-sowjetische Vertrag über Freundschaft und Grenze zwischen der UdSSR und Deutschland. [...]

Im Verhältnis zu dem imperialistischen Krieg, der im Westen vorgeht, hat die sowjetische Regierung zusammen mit der Regierung Deutschlands den Wunsch und die Unerläßlichkeit nach einer möglichst schnellen Liquidierung dieses Blutvergießens geäußert. Aber diese Erklärung hat kein Mitgefühl Englands und Frankreichs gefunden: beide Staaten setzen als offenkundige Kriegshetzer und Aggressoren den Krieg weiter fort.

Quelle: Hans-Joachim Lieber/Karl-Heinz Ruffmann: Der Sowjetkommunismus. Dokumente. 2 Bde. Köln/Berlin 1963/64, Bd. 2, S. 589f.

24. Archipel GULag

Integrierender Bestandteil der Sowjetunion unter Stalin waren Gewalt und Terror gegen die eigene Bevölkerung. Das Lagersystem des Archipel GULag wurde Sinnbild des totalitären Staates. Alexander Solschenizyn, neben Andrej Sacharow der bekannteste sowjetische Dissident, war 1945–53 in verschiedenen Straflagern interniert und lebte bis 1956 in der Verbannung in Mittelasien. Noch vor seiner Ausbürgerung 1974 verfaßte er seine (nur im Westen veröffentlichte) Trilogie über den „Archipel Gulag", die für viele westliche Linksintellektuelle ein Augenöffner über den totalitären Charakter des sowjetischen Systems war. Solschenizyn, der 1976 in die USA emigrierte, kehrte 1994 nach Aufhebung der Anklage wegen Hochverrats nach Rußland zurück.

a) Die Schiffe des Archipel

Von der Beringstraße bis fast zum Bosporus hin liegen die abertausend Inseln des verwunschenen Archipels verstreut. Unsichtbar sind sie, aber vorhanden, und ebenso unsichtbar, doch stetig müssen die unsichtbaren Sklaven befördert werden, jeder ein Leib, ein Volumen, ein Gewicht.

Wohin sie befördern? Womit denn?

Dazu gibt es große Häfen – die Durchgangsgefängnisse, und etwas kleinere – die Lager-Durchgangsstellen. Dazu gibt es stahlbewehrte geschlossene Schiffe, die *Sak-Waggons*, und die werden draußen an der Reede statt von Booten und Kuttern von ebensolchen stählernen, geschlossenen und flinken *Schwarzen Raben* in Empfang genommen. Die Sak-Waggons haben ihren Fahrplan. Und im Bedarfsfall werden ganze Karawanen aus roten Viehwagen angefertigt, und sie rollen, die roten Sonderzüge, von Hafen zu Hafen quer durch den Archipel. [...]

Es geschah in nächster Nähe, in Körpernähe von Ihnen, jedoch unsichtbar für Sie (zumal Sie die Augen schließen konnten). Wo's große Bahnhöfe waren, wurde die trübe Fracht fernab vom Personenbahnsteig gelöscht und expediert; nur den Weichenstellern und Bahnwärtern einsichtbar. In den kleineren Stationen gab es ebenfalls auserkorene Plätzchen, tote Geleise zwischen zwei Lagerhäusern. [...]

b) Die Häfen des Archipel

Beschaffen Sie sich eine weitläufige Karte unserer Heimat und breiten Sie sie auf einem großen Tisch aus. Setzen Sie fette schwarze Tupfen auf alle Gebietszentren, auf alle Eisenbahnknotenpunkte, alle Umschlagplätze, wo ein Streckengeleise an einem Fluß zu Ende geht oder ein Fluß eine Biegung macht und ein Fußpfad seinen Anfang nimmt. Sie trauen ihren Augen nicht? Lauter Pestfliegen sitzen auf dem Papier. Es ist die pompöse Karte des Archipels, was Sie nun in den Händen halten. [...]

Selten ist ein *Sek*[17] zu finden, der nicht drei bis fünf Etappenpunkte kennengelernt hat, viele erinnern sich an ein Dutzend, die Söhne des GULAG zählen ohne Mühe ein halbes Hundert auf. [...]

Seien Sie nicht vorlaut bei solch einem Kenner, hüten Sie sich, ihm zu sagen, Sie wüßten eine Stadt ohne Durchgangsgefängnis. Klipp und klar wird er Ihnen beweisen, daß es derlei Städte nicht gibt – und recht behalten. [...] Ja, versteh doch, Menschenskind, es kann keine Stadt ohne Durchgangsgefängnis geben! Als ob nicht in jeder Stadt Gerichte säßen?! Als ob man die Leute per Luft ins Lager expedieren könnte?! [...]

c) Der Archipel siedelt Metastasen ab[18]

Nein, nicht für sich allein entwickelte sich der Archipel, sondern Wange an Wange mit dem ganzen Land. Solange es im Lande Arbeitslosigkeit gab, scherte man sich herzlich wenig um die Arbeitskraft der Häftlinge, und die Verhaftungen liefen nicht unter der Parole der Arbeitskraftmobilisierung, sondern unter jener der Wegbereitung: Fort mit allem, was uns stört! Als man aber darauf verfiel, die gesamten 180 Millionen wie mit riesigen Schaufeln durcheinanderzumischen, als der Plan der Überindustrialisierung verworfen wurde und statt dessen die Über-Über-Überindustrialisierung durchgepeitscht werden sollte, als bereits die Liquidierung des Kulakentums und das Massenaufgebot für den ersten Fünfjah-

---

17 Häftling.

18 In der Beschreibung des Kanalbaus bezieht sich Solschenizyn auf eine die Leistung des Sowjetsystems an diesem Beispiel rühmenden Prachtband, den er ironisch kommentiert.

resplan ins Auge gefaßt worden war – da änderte sich auch, an der Schwelle des Jahres des Großen Umhiebs[19], die Einstellung *zum* Archipel und alles *im* Archipel.

Am 26. März 1928 beriet der Sownarkom[20] (noch unter dem Vorsitz von Rykow) den Fragenkomplex Strafpolitik sowie den Zustand der Strafverbüßungsorte im Lande. In bezug auf die Strafpolitik wurde die Situation nicht als zufriedenstellend befunden, man faßte den Beschluß, gegenüber den klassenfeindlichen und -fremden Elementen die härtesten Repressionsmaßnahmen zu ergreifen und das Lagerregime zu verschärfen (hingegen bei *soziallabilen* Elementen auf Haftfristen überhaupt zu verzichten); die Zwangsarbeit auf eine Weise zu organisieren, die den Häftlingen keinen Lohn beließ, dem Staat jedoch eine wirtschaftliche Rentabilität garantierte; und schließlich „die *Erweiterung* der *Aufnahmekapazität* von Arbeitskolonien in Angriff zu nehmen". Mit simplen Worten gesagt: möglichst viele Lager für die geplanten umfangreichen Aushebungen bereitzustellen. [. . .]

Wie es kam, daß just der Weißmeer-Kanal zum ersten großen Bauvorhaben des Archipel erkoren wurde? Waren es schnöde wirtschaftliche oder militärische Zwänge, die Stalin dazu bewogen? Wir brauchten nur das Ende der Bauarbeiten abzuwarten, um zu einem dezidierten Nein zu gelangen. [. . .] Stalin brauchte irgendwo eine Baustelle – auf daß die Sträflinge dort zum Einsatz kämen und daß sie viele Arbeitskräfte und viele Menschenleben verschlänge (den Überrest von der Kulakenliquidierung) und eine rechte Knochenmühle würde, aber eine billige, und zugleich: ein gewaltiges Denkmal seiner Herrschaftszeit, von Pyramidenart ein Denkmal. Im sklavenhalterischen, ach so geliebten Orient, bei dem sich Stalin Zeit seines Lebens die meisten Inspirationen holte, war es üblich, große Kanäle zu bauen. [. . .]

„Der Kanal muß in kürzester Frist und mit *billigsten* Mitteln errichtet werden – so lautet die Weisung vom Genossen Stalin!" (Wer damals lebte weiß, was das zu bedeuten hatte: eine WEISUNG DES GENOSSEN STALIN!) *Zwanzig Monate* – gewährte der Große seinen Verbrechern für Kanal und Besserung: vom September 1931 bis zum April 1933. Nicht einmal zwei volle Jahre konnte er hergeben, so groß war die Eile. Zweihundertsechsundzwanzig Kilometer. Felsboden. Sümpfe. Übereinander getürmte Steine. Sieben Schleusen der Powenez-Stufe, zwanzig Schleusen am Abstieg zum Weißen Meer. Und: „Hier haben wir es nicht mit dem Dnjepr-Kraftwerk zu tun, für dessen Bau eine lange Frist und *Devisen* bewilligt wurden. Der Bau des Weißmeer-Kanals ist der OGPU[21] übertragen und an Devisen gibt es *keine Kopeke*!"

Der Plan wird mit jedem Satz klarer: So wichtig ist demnach dieser Kanal für Stalin und das Land, daß es ohne auch nur einen Devisengroschen gehen muß. Hunderttausend Häftlinge sollen gleichzeitig bei euch schuften. Sind sie nicht allerwertvollstes Kapital? Schafft mir in zwanzig Monaten den Kanal herbei und bettelt nicht um Aufschub!

Was Wunder, daß man sich an den Schädlingsingenieuren austobt. Die Ingenieure sagen: Es müssen Betonbauten her. Die Tschekisten antworten: Die Zeit ist knapp. Die Ingenieure sagen: Wir brauchen viel Eisen. Die Tschekisten antworten: Nehmt Holz! Die Ingenieure sagen: Wir brauchen Traktoren, Kräne, Baumaschinen! Die Tschekisten: Darauf wartet ihr umsonst, keine Devisen, keine Maschinen, nehmt Arbeiterhände! [. . .]

---

19 Solschenizyn wandelt hier das Stalin-Wort vom „Jahr der großen Umwälzung" 1929 ab, in dem die Kollektivierung des Dorfes vollzogen wurde.

20 Rat der Volkskommissare.

21 Vereinte staatliche politische Verwaltung: Name der Geheimpolizei 1922–34.

Nein doch, ungerecht wäre es, dieses wunderliche Bauwerk des 20. Jahrhunderts, diesen mit Spaten und Spitzhacken durchs Festland gegrabenen Kanal mit den ägyptischen Pyramiden zu vergleichen, ungerecht, weil falsch: Sehr wohl wurde bei den Pyramiden die dazumal *moderne* Technik genutzt. Und unsere, die lag vierzig Jahrhunderte zurück!

Darin bestand ja die Metzelei. Für Gaskammern hatten wir kein Gas. [...]

Quelle: Alexander Solschenizyn: Der Archipel GULAG. 3 Bde., Bern 1974. Für a) Bd. I, S. 463; für b) ebd., S. 501 f.; für c) Bd. II, S. 67, 82 f., 86.

25. Der Sowjetmensch (1976)

Teil der von Chruschtschow auf dem XXII. Parteitag 1961 verkündeten Definition des Sowjetvolkes war die Illusion von der Schaffung des (neuen) Sowjetmenschen, dem ethnische und religiöse Zugehörigkeiten nichts mehr bedeuten würden. Die DDR-Zeitung „Neues Deutschland" vom 25. Februar 1976 meldete den Vollzug der neuen Kreation.

[...] Und schließlich das wichtigste Ereignis der vergangenen sechzig Jahre, das ist der sowjetische Mensch. Ein Mensch der es verstand, nachdem er die Freiheit erkämpft hatte, sie in schwersten Kämpfen zu verteidigen. Ein Mensch, der die Zukunft erbaute, ohne seine Kräfte zu schonen, und bereit war zu allen Opfern. Ein Mensch, der durch alle Prüfungen gegangen ist, sich selbst von Grund auf verändert hat und ideologische Überzeugtheit mit unbändiger Lebensenergie, Kultur und Wissen mit der Fähigkeit, sie anzuwenden, in sich vereinigt. Das ist ein Mensch, der als flammender Patriot stets ein konsequenter Internationalist war und bleibt.

Quelle: Nach: O. Böss (Hg.): Russland-Chronik, S. 309.

26. Abschließung gegenüber dem Ausland (1984)

Das Land der „Internationalisten" schloß sich bis zuletzt nach außen ab: Ausländer konnten sich nur unter Beachtung strenger Vorschriften und auf bestimmten Wegen in der UdSSR bewegen.

[...]
3. Einreise. Nach ihrer Einreise in die UdSSR haben sich die Ausländer auf dem kürzesten Weg auf der für Ausländer erlaubten Reiseroute an den Ort zu begeben, der in dem Visum zur Einreise in die UdSSR, in der behördlichen Bestätigung (im Telegramm) der Einladung, in der Tourbescheinigung oder in einem anderen das Reiseziel bestätigenden Dokument angegeben ist. Personen, die das Recht auf visafreie Einreise in die UdSSR wahrnehmen, begeben sich an den Ort, den sie den Vertretern der Grenztruppen beim Passieren der Staatsgrenze entsprechend ihrem Reiseziel genannt haben.

Der Ausländer hat innerhalb von 24 Stunden nach Ankunft am festgelegten Ort seine Dokumente nach dem durch diese Regeln festgelegten Verfahren registrieren zu lassen.
[...]

31. Touristenreisen. Reisen von Personen, die in die UdSSR als Touristen eingereist sind, werden entsprechend den bestätigten Touristenreisen durchgeführt. Eine Abweichung von der in der Reisebestätigung genannten Reiseroute ist nur gestattet, wenn eine Erlaubnis der Behörden für Inneres vorliegt, die auf den schriftlichen Antrag der diese Person in der UdSSR betreuenden Touristikorganisation erteilt worden ist.

[...]

36. Pflichten der Bürger der UdSSR. Personen, die Ausländer wegen privater Angelegenheiten in die UdSSR einladen und ihnen Wohnraum zur Verfügung gestellt haben, sind verpflichtet, dafür Sorge zu tragen, daß die Auslandspässe oder Paßersatzdokumente dieser Ausländer rechtzeitig registriert werden und diese Ausländer rechtzeitig an- und abgemeldet werden; weiter sind sie verpflichtet, diesen Ausländern nach Ablauf der für sie festgelegten Aufenthaltsdauer bei der Ausreise aus der UdSSR Hilfe zu leisten.

Diesen Personen ist es verboten, Ausländern Wohnraum und Transportmittel zur Verfügung zu stellen oder ihnen andere Dienste zu leisten, wenn dies zur vorsätzlichen Verletzung dieser Bestimmungen geführt hat. Werden Ausländern Wohnraum oder Transportmittel zur Verfügung gestellt, so sind deren Inhaber verpflichtet, dies den Behörden des Innern binnen 24 Stunden mitzuteilen.

Quelle: Beschluß des Ministerrates der UdSSR vom 10. Mai 1984, zitiert nach: Jahrbuch für Ostrecht XXVI, 1985, S. 431–440.

27. Alltag in der Sowjetunion: das Beispiel „Korruption"

Baku aus der Perspektive des Zentralkomitees

Ilja Zemtsov ist einer der wenigen sowjetischen Emigranten, die als ehemalige Insider verwaltungsinternes Material über die soziale Realität in den Westen bringen konnten. Er war Chef der Informationsabteilung des Zentralkomitees der aserbaidschanischen KP und emigrierte 1973 nach Israel. In seinem Buch, einer statistisch fundierten Sammlung von Unglücksfällen und Verbrechen, beschreibt er die gesellschaftliche Zerrüttung der Republik Aserbaidschan. Es ist kaum anzunehmen, daß sich die Lage seither verbessert hat.

Werden am 24. April 1969 dem ZK-Sekretariat die Ereignisse der vergangenen Nacht mit zwölf Mordfällen, 193 Diebstählen und 92 Vergewaltigungen gemeldet, so gehört das zum Alltag der Republik. Die Behörden hoffen lediglich, daß die Mehrzahl der 92 Frauen die Anklage zurückzieht, dies erspart Umtriebe. Im Jahr 1971 wurden über 600 Tötungsdelikte verübt. In dieser islamischen Republik liefen im gleichen Jahr gegen mehr als 12000 Frauen strafrechtliche Verfahren wegen Prostitution; sieben Bordelle wurden geschlossen. Nach einer Studie des Zentralkomitees machte die Zahl der Alkoholiker zwei Fünftel der Bevölkerung aus. Auf die wachsende Kriminalität reagiert die Bevölkerung mit Resignation. Polizei und Gerichte sind leicht zu bestechen, und selbst nach der Verurteilung verfehlen Schmiergelder ihre Wirkung nicht. Für je 100000 Rubel erreichten z. B. zwei prominente Häftlinge, aus „Alters-" und „Krankheitsgründen" entlassen zu werden. Kein Wunder, die Gefängnisdirektoren leben königlich, und niemand hindert sie, ihre Insassen foltern zu lassen. Ende der siebziger Jahre waren im Westen 18 azerbeidschanische Gefangenenlager mit insgesamt 18 bis 20000 Häftlingen bekannt, darunter auch zwei Arbeitslager für Frauen, die dort teilweise mit ihren Kindern lebten, ferner drei Arbeitslager mit je 500 bis 1000 Kindern und Jugendlichen. Während sich die herrschende Clique auf Bärenjagden per Helikopter amüsierte, erreichte 1971 in drei Vororten von Baku die tägliche Ernährung der Hälfte der Kinder anstatt des Bedarfs von 2000 Kalorien kaum deren 1200. In vier andern Distrikten waren

14 Prozent der Kinder wegen Vitaminmangels fast blind. 1971 bewegten sich die „Eintrittspreise“ für die Aufnahme ohne Aufnahmeprüfung an die Universität zwischen 10000 und 30000 Rubel, am teuersten waren die Fächer Medizin und Ökonomie, die den Zugang zu den – wiederum dank Schmiergeldern – wohldotierten Berufen eröffnen. Dieser Unfug kostete zwar – nachdem er wieder einmal aufflog – einigen Rektoren die Stelle, doch die 29 Prozent aller Studenten, die sich auf diese Weise eingeschreiben hatten, wurden nicht relegiert. Und wie immer nach solchen Aktionen stiegen daraufhin wegen des erhöhten Risikos die „Eintrittspreise“.

Wichtige Kaderpositionen werden wie Pfründe zu einem Preis gehandelt, der sich durch die zu erwartenden Schmiergeldeinnahmen, das soziale Prestige der Stelle und nicht zuletzt durch die Arbeitsbelastung bestimmt. Für Ministersessel in der Republikregierung sind 100000 bis 250000 Rubel bezahlt worden. Der Posten eines Sowchosdirektors ist mit 80000 Rubel teurer als derjenige seines Kollegen in der Kolchose. Industriedirektoren rangieren mit 10000 bis 100000 Rubel. Den Mittelschuldirektor – bis zu 100000 Rubel – locken Prüfungsgelder, doch für die Theaterdirektion – 10000 bis 30000 Rubel – scheint kein sonderlich großes Interesse zu bestehen. Nur verständlich ist angesichts dieser Zustände der Kampfruf „Hart durchgreifen!“, wie er Ende der sechziger Jahre aus dem Kreml ertönte. In einer großangelegten Säuberungsaktion wurden zwischen 1969 und 1972 fast 2000 Kader der azerbeidschanischen Verwaltung und Partei gefeuert und mit KGB-Beamten besetzt, die aus der Verwaltung im Norden abgezogen wurden. Doch fern von der Kaserne gewöhnten sich diese in kurzer Zeit an die lokalen Arbeitsmethoden. Die neuen Köpfe der Hydra wurden bald genauso gierig und gefräßig wie ihre Vorgänger.

Quelle: Tim Guldimann: Moral und Herrschaft in der Sowjetunion. Erlebnis und Theorie. Frankfurt/M. 1984, S. 122f.

28. Gorbatschow – das Perestroikakonzept (1987)

Nehmen wir nur die Struktur der Wirtschaftsführung. Die besondere historische Situation, in der sich die Sowjetunion unter extremen Bedingungen entwickelte, mußte sich in dieser Struktur niederschlagen. Da war zunächst die militärische Bedrohung, dann folgten die blutigsten und verheerendsten Kriege in einer Geschichte, die auch ohne Krieg schon schwierig genug gewesen wäre, und schließlich zwei kräftezehrende Wiederaufbauphasen – das alles hat natürlich einem strikten Zentralismus Vorschub geleistet. Das Resultat war, daß die demokratische Basis unseres Führungssystems schrumpfte.

Aber zurück zu der Frage, wie sich dieser Widerspruch entwickeln konnte. Warum kam es dazu? Als sich das junge Sowjetrußland anschickte, eine neue Gesellschaft zu errichten, stand es völlig allein gegen eine kapitalistische Welt. Vor die Notwendigkeit gestellt, rasch die wirtschaftliche und technische Rückständigkeit zu überwinden, schuf das Land praktisch aus dem Nichts eine moderne Industrie. Dies wurde mit beispiellosem Eifer vollbracht.

Um diese Aufgabe aber lösen zu können, mußten wir den Anteil der Akkumulation am Nationaleinkommen rapide erhöhen. Der Löwenanteil dieser Geldmittel wurde in den Aufbau der Schwerindustrie, inklusive Rüstungsindustrie, gesteckt. Die Frage, welchen Preis wir für das Setzen dieser Priorität bezahlen mußten, wurde nie gestellt oder blieb im besten Fall im Hintergrund. Der Staat scheute keine Kosten, und das Volk war im Interesse des raschen Fortschritts des Landes, um seiner Verteidigungsfähigkeit, Unabhängigkeit und seines sozialistischen Weges willen bereit, Opfer zu bringen.

Das Führungssystem, das sich herausbildete, war darauf ausgerichtet, diese Ziele zu verwirklichen. Es war streng zentralisiert, jede Weisung war bis ins kleinste reglementiert. Es stellte klar umrissende Aufgaben und verteilte die entsprechenden Summen des Staatshaushalts. Und es erfüllte seinen Zweck.

Dennoch läßt sich diese Art der Führung nicht ausschließlich mit objektiven Ursachen erklären. Man ging von falschen Voraussetzungen aus, und es wurden subjektivistische Entscheidungen getroffen. Und dies dürfen wir nicht vergessen, wenn wir über die Probleme von heute nachdenken. Aber wie auch immer: Das Führungssystem, das in den dreißiger und vierziger Jahren geschaffen worden war, entfernte sich immer mehr von den Erfordernissen und Bedingungen der ökonomischen Entwicklung. Seine positiven Möglichkeiten waren ausgeschöpft. Es entpuppte sich zunehmend als Hindernis und verursachte den Bremsmechanismus, der uns später so zu schaffen machen sollte. Noch immer bediente man sich der Methoden, die auf Extremsituationen zugeschnitten waren.

Der Dogmatismus stimulierte die Entwicklung einer „extensiven" Wirtschaft, die an Boden gewann und bis Mitte der achtziger Jahre durchgehalten wurde. In ihr liegen die Wurzeln der berüchtigten „Methode des Bruttoausstoßes", die bis in die jüngste Zeit hinein unsere Wirtschaft beherrschte.

Unter diesen Bedigungen entwickelten sich die Vorurteile gegen die Rolle der Ware-Geld-Beziehungen und gegen die Wirkung des Wertgesetzes im Sozialismus, die in der Folge oft als dem Sozialismus widersprechend und wesensfremd hingestellt wurden. Dazu kam eine Unterschätzung der wirtschaftlichen Rechnungsführung. All das verursachte Unordnung bei der Preisbildung und Vernachlässigung der Geldzirkulation.

Die schmale demokratische Basis wirkte sich unter den neuen Bedingungen des etablierten Führungssystems höchst negativ aus. Für Lenins Vorstellung einer Selbstbestimmung der Werktätigen blieb nur noch wenig Raum. Das Volkseigentum wurde schrittweise von seinen wahren Eigentümern, den Werktätigen, abgetrennt. Diesem Eigentum wurde nicht selten durch Ressortdenken und Lokalpatriotismus Schaden zugefügt, es wurde herrenlos und kostenlos und hatte keinen realen Besitzer mehr. Die Folge war zunehmende Entfremdung der Menschen vom Kollektiveigentum; das gesellschaftliche Interesse und das individuelle Interesse des Werktätigen waren mangelhaft aufeinander abgestimmt. Darin lag die Hauptursache für das, was dann eintrat: statt die Entwicklung in der neuen Phase zu stimulieren, verwandelte sich das alte System der Wirtschaftsführung in einen Bremsfaktor, der den sozialistischen Fortschritt aufhielt.

Quelle: Michail Gorbatschow: Perestroika. Die zweite russische Revolution. Eine neue Politik für Europa und die Welt. München 1989 (zuerst 1987).

29. Streit um Glasnost und Perestroika 1988

„Ich kann meine Prinzipien nicht preisgeben" –
Brief der Leningrader Dozentin Nina Andrejewa in „Sowjetskaja Rossija" vom 13. März 1988

Ich habe mich zu diesem Brief erst nach längerem Überlegen entschlossen. Ich bin Chemikerin und lehre am Leningrader Technologischen Institut „Lensowjet". Wie viele andere betreue ich eine Seminargruppe. Die Studenten nehmen jetzt, nach der Periode gesellschaftlicher Apathie und geistiger Unselbständigkeit, intensiv die Energie der revolutionären Veränderungen auf. Natürlich entwickeln sich Diskussionen über die Wege der Umgestaltung und über deren ökonomische und ideologische Aspekte. Transparenz, Offenheit, das Verschwinden von Tabuzonen für Kritik und die gewachsene Emotionalität im Bewußtsein der Öffentlichkeit und besonders unter der Jugend äußern sich nicht selten auch darin, daß Probleme aufgeworfen werden, die ihnen in dem einen oder anderen Maße von westlichen Sendern oder von denjenigen unserer Landsleute „vorgegeben" wurden, die keinen gefestigten Standpunkt zum Wesen des Sozialismus haben. Worüber wird nicht alles geredet! Über Mehrparteiensystem, Freiheit der Religionspropaganda, Übersiedlung ins Ausland, Recht auf ausgiebige Erörterung sexueller Fragen in der Presse, Notwendigkeit einer Dezentralisierung der Leitung der Kultur, Abschaffung der Wehrpflicht etc. Besonders viele Dispute gibt es unter den Studenten über die Vergangenheit unseres Landes. [. . .]

Wieder und wieder lese ich die Artikel, die in aller Munde sind, und ich frage mich: Was außer Desorientierung können zum Beispiel die Offenbarungen über die „Konterrevolution in der UdSSR in den 30er Jahren" oder über die „Schuld" Stalins an der Machtergreifung des Faschismus und Hitlers in Deutschland für die Jugend bringen? Oder die öffentliche „Zählung" der „Stalinisten" unter den Angehörigen der verschiedenen Generationen und sozialen Gruppen. [. . .]

Nehmen wir den Platz J. W. Stalins in der Geschichte unseres Landes. [. . .] In den Begriff „Personenkult" werden mit Gewalt auch die Industrialisierung, die Kollektivierung und die kulturelle Revolution hineingezwängt, die unser Land eine Weltmacht werden ließen. Jetzt wird das alles in Zweifel gezogen. Es ist so weit gekommen, daß von den „Stalinisten" (und zu ihnen kann man zählen, wen man will) „Reue" verlangt wird. Ich teile den Zorn und die Empörung aller sowjetischen Menschen über die von der damaligen Partei- und Staatsführung verschuldeten Massenrepressalien der 30er Jahre und 40er Jahre. Aber mein gesunder Menschenverstand wehrt sich energisch gegen die einseitige Darstellung jener widerspruchsvollen Ereignisse, die jetzt in manchen unserer Presseorgane überhandnehmen. [. . .]

Aus langen, offenen Gesprächen mit jungen Leuten ziehen wir den Schluß, daß die Angriffe auf den Staat der Diktatur des Proletariats und die damaligen führenden Personen unseres Landes nicht nur politische, ideologische und ethische Ursachen, sondern auch sozialen Nährboden haben. Es gibt nicht wenige, die Interesse daran haben, den Brückenkopf für diese Attacken zu vergrößern, und zwar nicht nur jenseits unserer Grenzen. [. . .]

Viele der jetzigen Diskussionen drehen sich, wie ich es sehe, um die Frage, welche Klasse oder Schicht der Gesellschaft bei uns die führende und mobilisierende Kraft der Umgestaltung ist.

Prochanow ging davon aus, daß das Spezifische im heutigen Zustand des gesellschaftlichen Bewußtseins das Vorhandensein von zwei ideologischen Strömungen sei, zweier „alternativer Türme", wie er es nennt, die von zwei Richtungen aus versuchen, den „in Kämpfen erbauten Sozialismus" in unserem Land zu überwinden.

Die erste und auch größere dieser ideologischen Strömungen, die sich im Verlauf der Umgestaltung schon hervorgetan hat, verficht das Modell einer Art von linksliberalem Intelligenzlersozialismus, der Träger des reinsten und von der Klassenschichtung „freien" Humanismus sei. Seine Anhänger stellen dem proletarischen Kollektivismus den „Selbstwert der Persönlichkeit" entgegen – mit modernistischen Etüden in der Kultur, Tendenzen von Gottessucherei, technokratischen Idolen, dem Anpreisen der „demokratischen" Attraktionen des modernen Kapitalismus und Kniefällen vor seinen wirklichen und seinen angeblichen Erfolgen. [. . .]

Gerade die Anhänger des „linksliberalen Sozialismus" entwickeln die Tendenz der Fälschung der Geschichte des Sozialismus. Sie wollen uns einreden, daß in der Vergangenheit unseres Landes nur die Fehler und Verbrechen Realität sind, und verschweigen dabei die großartigen Errungenschaften der Vergangenheit und Gegenwart.

Während sich die „Neoliberalen" auf den Westen orientieren, ist ein anderer „alternativer Turm", um bei Prochanow zu bleiben, die „Beschützer und Traditionalisten", bestrebt, „den Sozialismus durch Rückwärtsbewegungen zu überwinden". Anders ausgedrückt, man will zu den gesellschaftlichen Formen des vorsozialistischen Rußlands zurückkehren.

Die Erziehung der Jugend ist auch deshalb komplizierter geworden, weil im Fahrwasser der Ideen der „Neoliberalen" und „Neoslawophilen" informelle Organisationen und Vereinigungen gegründet wurden. Es kommt vor, daß in deren Führung extremistische, zu Provokationen fähige Elemente die Oberhand gewinnen. In letzter Zeit ist eine Politisierung dieser informellen Organsationen zu beobachten, die auf einem bei weitem nicht sozialistischen Pluralismus fußt.

Dies alles erlaubt meiner Meinung nach den Schluß, daß die Hauptfrage unserer gegenwärtigen Diskussionen darauf hinausläuft, ob man die führende Rolle der Partei und der Arbeiterklasse beim sozialistischen Aufbau, also auch bei der Umgestaltung, anerkennt oder nicht anerkennt. [. . .]

Antwort der Prawda

[. . .] Anscheinend verstehen bei uns bei weitem noch nicht alle die Dramatik der Situation, mit der unser Land bis April 1985 konfrontiert war und die wir zu Recht als vorkrisenhafte Situation bezeichnen. Anscheinend sind sich auch noch nicht alle vollkommen darüber im klaren, daß die administrativen Kommandomethoden überlebt sind. Alle, die noch Hoffnungen in diese Methoden oder deren Modifizierung setzen, sollten endlich verstehen, daß es dies alles bereits schon einmal gab, wiederholt gab, und nicht die gewünschten Ergebnisse erbrachte. Die Vorstellung, daß diese Methoden einfach und wirksam wären, ist nichts weiter als eine Illusion, die keine historische Rechtfertigung besitzt.

Wie also sollte man den Sozialismus „retten"?

Etwa durch Beibehaltung autoritärer Methoden sowie der Praxis der bedingungslosen Ausführung von Anordnungen und der Unterdrückung von Initiativen? Durch die Aufrechterhaltung einer Ordnung, in der Bürokratie, fehlende Kontrolle, Korruption und kleinbürgerliche Auswüchse üppig aufblühten?

Oder durch die Rückkehr zu den Leninschen Prinzipien, deren Kernpunkte Demokratie, soziale Gerechtigkeit, wirtschaftliche Rechnungsführung sowie Achtung gegenüber dem Ansehen, dem Leben und der Würde der Persönlichkeit sind? Haben wir das Recht, angesichts der realen Schwierigkeiten und der unbefriedigten Bedürfnisse des Volkes, an jenen Verfahrensweisen festzuhalten, die in den dreißiger und vierziger Jahre gang und gäbe waren? Ist es nicht an der Zeit, eine klare Unterscheidung zwischen dem Wesen des Sozialismus und den historisch begrenzten Formen seiner Verwirklichung zu treffen? Ist es nicht an der Zeit, sich vom wissenschaftlich-kritischen Standpunkt aus unserer Geschichte zu nähern, vor allem deshalb, um die Welt zu verändern, in der wir leben, und ernsthafte Lehren für die Zukunft zu ziehen?

Der erste Weg wird praktisch von der Veröffentlichung in „Sowjetskaja Rossija" verfochten. Den zweiten Weg diktiert das Leben, das auch die Umgestaltung gefordert hat.

Gerade unsere ideologischen Gegner setzen doch ihre Hoffnungen darauf, das Wesen des Sozialismus mit dem alten Denken, mit den autoritären Methoden und mit dem Abweichen von den Prinzipien des Sozialismus gleichzusetzen. Und liegt nicht deutlich auf der Hand, daß auch hier die Positionen der hausgemachten „Sozialismus-Klageweiber" mit den Positionen der ausländischen Gegner zusammentreffen? Setzen wir denn nicht dadurch, daß wir die Werte, Ideale und Prinzipien des Sozialismus vom Rost der Bürokratie befreien und alles Unmenschliche ausmerzen, gleichzeitig die besten, schöpferischen Kräfte zum Kampf für den Sozialismus, für unsere Werte und unsere Ideale frei? Ist nicht dieser Kampf gegen das konservative Denken, gegen den Dogmatismus ein Kampf für diese Ideale, gegen deren Entstellung, und gleichzeitig auch gegen die ideologische Prinzipienlosigkeit und den Nihilimus?

Denn gerade ein blinder, entstirniger, niemals zweifelnder Dogmatiker, dessen Nervensystem gewohnheitsmäßig einzig und allein nach dem Prinzip „alles oder nichts, entweder alles harmonisch und gut oder alles zerrüttet und schlecht" funktioniert, kann in Verwirrung und Hysterie verfallen. Gerade wer es nicht vermag, den „Spannungen der Widersprüche" standzuhalten, wird bei einem Verlust des gewohnten materiellen und geistigen Komforts auch eher als andere zu einem eingefleischten Nihilisten. [...]

Quelle: H.-J. Fichtner u. a. (Hg.): Die UdSSR im Umbruch. Hannover 1990, S. 62f.

30. Zwei Fragenkataloge A. N. Jakowlews (1987, 1990)

1987

Nach dem einschneidenden Übergang zur *Glasnost* hielt A. N. Jakowlew, der inzwischen zum Vollmitglied des Politbüros geworden ist, am 17. April 1987 vor der Akademie der Wissenschaften ein langes Referat über die Sozialwissenschaften. Er versuchte darin, die Diskussion zu erweitern und ihr zugleich gewisse Grenzen zu setzen. Er wandte sich gegen „Bemühungen, die Aktivität des vorrevolutionären Rußland zu beschönigen", und gegen die „Verherrlichung des Reaktionären in der Kultur der Vergangenheit", und er attackierte gewisse Bemühungen, die nationale Gesinnung *(narodnost)* gegen die parteiliche Gesinnung *(partijnost)* auszuspielen. In diesem Referat prangerte Jakowlew auch die Bestrebungen an, das Christentum als die „Mutter der russischen Kultur" darzustellen.

Was die sowjetische Periode betrifft, forderte er jedoch größere Offenheit, und er verurteilte „die Verletzung des Prinzips des Historismus, die Entpersönlichung des historischen Prozesses, das Aussparen ganzer Zeitabschnitte, den Schematismus und die farblose Darstellung". Er forderte, „an viele wichtige und komplizierte Perioden der Geschichte der Partei mit einem neuen Erklärungsansatz heranzugehen und aus jeder von ihnen die notwendigen Lehren zu ziehen", und er zählte etliche Probleme auf: „Nehmen wir zum Beispiel die sowjetischen Erfahrungen mit dem wirtschaftlichen Aufbau. Wann und in Folge welcher Entscheidungen und aus welchen Gründen ging man in den zwanziger Jahren von der Neuen Ökonomischen Politik ab? Wie kam es, daß die administrativ-bürokratischen Leitungsmethoden sich einbürgerten und erstarkten? Gab es Alternativen dazu, und wenn ja, warum wurden sie nicht realisiert?" Was die historische Forschung insgesamt betrifft, verurteilte er scharf diejenigen, die sich darauf spezialisierten, bürgerliche Historiker zu entlarven, ohne selbst ernsthafte historische Forschung zu betreiben, und er forderte einen Dialog mit fortschrittlichen Historikern des Auslands[22].

1990

Von Jakowlew, der praktisch für die Arbeit der von Gorbatschow geleiteten Kommission zur Parteigeschichte verantwortlich war, erschien während des Parteitags in der Parteizeitschrift ‚Kommunist' ein einführender Artikel über die in Kürze erscheinenden mehrbändigen ‚Essays zur Geschichte der KPdSU' (‚Otscherki istorii KPSS'). Darin faßte er den Stand der Debatte in nachdenklichen Parteikreisen zusammen; die gezielten Fragen, die er stellte, verdienen ausführlich wiedergegeben zu werden:

„Wie groß war die Bedeutung des Marxismus im 19. Jahrhundert wirklich, und hat sich am Ende des 20. Jahrhunderts daran etwas geändert? Beruhte die historische Spaltung der sozialistischen Bewegung in Sozialdemokratie und Kommunismus auf der ‚Unversöhnlichkeit' Lenins oder auf dem ‚Renegatentum' Plechanows und Kautskys, und ist der Kommunismus nicht zu sozialdemokratischen Positionen zurückgekehrt? Gab es in der Auffassung von Marx und Engels theoretische ‚Schwachpunkte', und haben diese Schwachpunkte sich schädlich ausgewirkt bei der Entstehung des historischen Phänomens, das wir ‚Staatssozialismus' nennen? Enthielt das administrative Kommandosystem etwas von der Theorie und Praxis des Leninismus und Trotzkismus, besonders aus der Zeit des ‚Kriegskommunismus' von 1918 bis 1920? War es nicht ein verhängnisvoller Fehler, ein Einparteiensystem zu schaffen statt eines Zweiparteiensystems, das eine natürliche gegenseitige Kontrolle ermöglicht hätte? Warum haben Lenins Mitstreiter sein ‚Politisches Testament' mißachtet?

Was war das für eine historische Formation, die durch die Stalinsche ‚Revolution von oben' errichtet wurde? Wie kam es zur Verschmelzung von Partei- und Staatsapparat? Setzten nach dem Zweiten Weltkrieg Prozesse ein, die der Marxismus nicht vorhergesehen hatte und die auf die ‚Konvergenz' zweier gegensätzlicher Gesellschaftssysteme hinausliefen? Wich die sozialistische Praxis nicht von allgemein menschlichen sittlichen Normen ab, als sie die Gewalt als Hebamme der Geschichte anerkannte? Wann und warum gingen diese Normen verloren?

Komplizierte allgemeine Fragen der Theorie ‚untermauern' inzwischen spezifische, aber ebenfalls äußerst wichtige Fragen. Was hat die ‚Stolypinsche Reform' Rußland in der Praxis gebracht, und haben die Bolschewiki sie vergeblich bekämpft? Wäre es nicht vernünftiger gewesen, im Februar 1917 mit seinen ‚Freiheiten' haltzumachen, statt das Land in den Oktober mit seiner ‚Diktatur des Proletariats' zu treiben? Hätte man die

---

22 *Wjestnik Akademii Nauk SSSR,* Nr. 6, 1987, S. 61 und S. 68ff.

‚Stalinsche Kollektivierung' vermeiden können? Hat Stalin sie wirklich nach dem ‚trotzkistischen Modell' eingeführt? Woher rührten die schrecklichen Tragödien, die von den Behörden bewußt angezettelt wurden? Wie kam es, daß sich im Land und in der Partei eine Dauerkrise der politischen und staatlichen Führung entwickelte? Und so weiter und so weiter."[23]

Quelle: Robert W. Davies: Perestroika und Geschichte. Die Wende in der sowjetischen Historiographie. Aus dem Englischen übersetzt von Friedrich Griese. München 1991, S. 161 f. und S. 273 f.

31. Wie denkt der Sowjetbürger 1990 über die KPdSU?

Die KPdSU, von Lenin einstmals emphatisch als „Geist, Ehre und Gewissen unserer Epoche" gefeiert, hat in den Augen der Sowjetbürger an politischer Überzeugungskraft, an Führungsstärke, vor allem aber als moralisch glaubwürdige Institution schon in den letzten eineinhalb Jahren vor dem Putsch beträchtliche Vertrauenseinbußen hinnehmen müssen. Das läßt sich auch durch Umfragen belegen. Die Partei wurde zwar immer noch als eine Macht, aber zunehmend als eine undurchschaubare Macht wahrgenommen. Nach den Ergebnissen repräsentativer Umfragen waren über 80 Prozent der Sowjetbürger Mitte 1990 der Ansicht, die „Autorität" der KPdSU habe in den letzten Jahren abgenommen. Nur noch für jeden zehnten Sowjetbürger war die Partei eine „ideelle und organisatorische Einheit", viel mehr sahen in ihr „Spaltungstendenzen, Erschöpfung und Zerfall" (74 Prozent) wirksam werden. Durchaus folgerichtig forderte über die Hälfte (60 Prozent), den Artikel 6 der sowjetischen Verfassung über die „führende Rolle" der KPdSU abzuschaffen, was inzwischen geschehen ist. Andererseits: Nur ein Fünftel der wahlberechtigten Sowjetbürger plädierte damals für eine Auflösung der KPdSU, während etwas mehr als die Hälfte dieser Auffassung explizit widersprach. Parteimitglieder, die zu Volksdeputierten gewählt worden waren, wollten aber die meisten Sowjetbürger schon zu dieser Zeit nicht mehr der KPdSU, ihrem Programm und den Entscheidungen ihrer Führungsorgange verpflichtet sehen (dafür traten nur weniger als 10 Prozent der Wähler ein). Kommunistische Volksdeputierte sollten vielmehr nach ihren Vorstellungen in erster Linie den Willen ihrer Wähler ausführen (59 Prozent) oder ausschließlich nach ihrem Gewissen entscheiden (35 Prozent).

Urteile über die historische Rolle der KPdSU fallen bei den Sowjetbürgern zwiespältig aus: Einerseits vertritt jeder vierte uneingeschränkt und 38 Prozent mit gewissen Vorbehalten die Auffassung, „daß unser Land ohne die KPdSU seine jetzige Bedeutung als Großmacht nicht erreicht hätte". Andererseits machen fast 60 Prozent (voll und ganz) und 32 Prozent (mit gewissen Einschränkungen) die „Fehler" der gleichen Partei dafür verantwortlich, daß der „gesellschaftlichen Fortschritt unseres Landes gebremst" wurde. Daß die Partei schon seit ihrem Bestehen das „ganze Land auf einen falschen Weg geführt" habe, glauben zwar nur 18 Prozent uneingeschränkt, aber immerhin 44 Prozent halten dies für einigermaßen wahrscheinlich. Entscheidend zum Vertrauensverlust der KPdSU trug ihre offensichtliche Unfähigkeit bei, auf die großen Probleme der UdSSR adäquat zu reagieren. Jeder zweite Sowjetbürger sieht die Partei heute „ohne Initiativen", sie lasse eine „unkontrollierte Entwicklung der Ereignisse" zu. Ein Jahr bevor Boris

23 *Kommunist,* Nr. 10, 1990, S. 7 f.

Jelzin, der gewählte Präsident der Russischen Föderation, für seine Republik die Aktivitäten der offiziellen Parteikomitees in Betrieben, Behörden und gesellschaftlichen Organisationen verbieten ließ, waren noch 39 Prozent der Wähler in der Sowjetunion der Meinung, solche betrieblichen Parteiorganisationen seien „nötig“, 43 Prozent waren der gegenteiligen Auffassung, und 18 Prozent ließen diese Frage offen. Daß die betrieblichen Parteikomitees freilich die „Interessen der einfachen Mitglieder vertreten“ würden, glaubten schon damals nur noch 6 Prozent, für jeweils rund 40 Prozent war es ausgemacht, daß sie primär die „Interessen der Behörden und/oder Betriebe“ vertreten bzw. nur die „Entscheidungen höherer Parteiorgane ausführten“. Parteimitglieder gelten an ihrem Arbeitsplatz als „privilegiert“ gegenüber Parteilosen, sie bekommen „mehr Vergünstigungen“ (26 Prozent), und sie haben „bessere Aussichten auf Beförderung“ (33 Prozent). Daß von ihnen im Arbeitsleben auch „mehr gefordert werde“ meinen nur wenige (12 Prozent), und daß Kommunisten im Betrieb „besser arbeiteten“ glaubt so gut wie niemand (3 Prozent).

Quelle: Barbara Dietz/Werner Sörgel: Mehr Sorgen als Hoffnungen. Meinungsumfragen in der Sowjetunion. In: Eduard Schewardnadse u. a.: Revolution in Moskau. Der Putsch und das Ende der Sowjetunion. Reinbek 1991, S. 235 f.

32. Das andere System – sowjetisches Erbe in Alltagswahrnehmung und Mentalität (1992)

Rußland als „anderes System“, wenigstens in der sowjetischen Spätzeit wahrgenommen, war: die Monotonie der amtlichen Verlaubarung; die Eindeutigkeit der Relation von oben und unten; das abgehörte Telefon; die Regelhaftigkeit im öffentlichen Verhalten; die marginale Gesellschaft in den Küchen; die Monotonie der materiellen und geistigen Produktion; die Reduzierung aller Gegensätze auf den von oben und unten, von Pro und Contra; die Abwesenheit der Differenz, zumindest der Verzicht auf ihre Selbstdarstellung; die Ritualisierung des öffentlichen Lebens; die Gleichförmigkeit der Zeit und deren unerhörte Langsamkeit; die Restriktion der Bewegungsmöglichkeiten und die damit zusammenhängende Restriktion des Gesichtskreises auf einen ausgewählten Ausschnitt; die Sicherheit des morgigen Tages als die Verlängerung des gegenwärigen; der Geist des Sichschickens in die Unabänderlichkeit des Gangs der Dinge; der Mangel an Attraktionen und Sensationen; die Sicherheit vor Überraschungen und die Einstellung des ganzen Lebens auf Regeln, die dem gesunden Menschenverstand nicht einleuchteten, die aber dennoch funktionieren; die Abwesenheit offener Konkurrenz und Rivalität, der Verzicht auf den Austrag von Differenz und Konflikt; die Leere dort, wo im Westen alles ausgefüllt ist von Zerstreuung, greller Selbstdarstellung, Kampf um die Köpfe und Gefühle; das Empfinden von Stillstand; das Hinnehmen von verbotenen Zonen als zum Leben gehörig; die Polizität von allem und jedem; der Verlust und die Diskreditierung von Formen – sowohl im ästhetischen wie im Umgang von Menschen; die Bedeutungslosigkeit von Zeit; die Desinteressiertheit und Undiszipliniertheit; die Hinnahme der radikalen Scheidung von offizieller Sphäre und privater; die Uniformität der Menschen; die Mühelosigkeit zwischen-nationaler Kommunikation. Und so fort.

Diese sowjetische Welt zerfällt, ist zerfallen. Durch die Risse der sowjetischen Welt schimmert etwas anderes: Spontan erinnert es uns an Erscheinungen, die Besucher aus der Dritten Welt oder aus Amerika berichten, dann auch wieder an Rußland. Die sowjetische Welt zerfällt in ihre Bestandteile, d. h., es wird etwas sichtbar, was bisher in einer Welt integriert war. Das nachsowjetische Moskau setzt Elemente frei, die uns als Hinweis dienen können für eine erneute Ortsbestimmung sowohl im Raum wie in der Zeit.

Doch nun ist das Doppelgesicht wieder sichtbar

Cardin präsentiert seine Modelle in den granitgesäumten Schaufenstern der späten 30er Jahre am Ende der *Twerskaja*; die Moskauer *Meschotschniki*, die wie in der Zeit des Bürgerkriegs auf der Jagd nach Lebensmitteln ins Umland fahren, passieren auf dem Weg zum *Pawelzker Bahnhof* die *Stockman-Filiale*, das teuerste Geschäft Europas; auf die amerikanische Show im Fernsehen folgt die Unterweisung des Patriarchen in vollem Ornat; die Flüge von *Scheremetewo* nach *Miami* gehen sicher, die nach *Jekaterinburg* vielleicht nicht; es gibt nichts zu essen, aber die Farben von *Benetton* beginnen zu leuchten; aus der Stalinschen *WDNCh* ist eine Börse, eine Messe, ein Pressezentrum geworden; die Vorzimmerdame, die einen nach alter Gewohnheit abwimmelt, arbeitet neben dem Faxgerät, das Moskau erobert hat; aus dem Fenster des *Metropol*, in dem man nur mit Scheckkarte bezahlen kann, blickt man auf die tausendköpfige Menge vor *Detski Mir*, die zum Naturaltausch mitten in Moskau zusammengeströmt ist; die aufregendsten Bücher, die Orientierung für die Zukunft geben sollen, sind Reprints aus der Zeit vor 1917; für die Partys auf den Dampfern des *Wolga-Moskwa-Kanals* werden Austern aus Paris eingeflogen, während die *Transall-Frachter* der Bundeswehr Lebensmittel nach Moskau fliegen; die Produktion kommt zum Stillstand, aber der Import von PCs führt zu einer ersten Sättigung des vaterländischen Marktes; *Joint-ventures* haben sich in Gebäuden niedergelassen, auf deren Fluren sie sich mit der alten *Nomenklatura* treffen; der Videosalon hat die Theater niederkonkurriert; aufgeklärte Leute kommen inmitten eines sachlichen Gesprächs auf den verhängnisvollen Einfluß von Freimaurern und Juden in Rußland zu sprechen; das Taxi fährt nur noch nach den Regeln des *Bakschisch*, aber das Mitglied der Akademie bekommt endlich die Möglichkeit, nach Florenz oder Palo Alto zu gehen; man fährt nicht mehr auf die Krim, die Ausland geworden ist, aber verdient als Ziehharmonikaspieler sein Geld auf dem Kurfürstendamm; man braucht türkische Firmen zur Renovierung der alten Moskauer Hotels, während die russischen Dollars in die Schweiz oder Luxemburg transferiert werden; Tausende weichen vor dem drohenden Bürgerkrieg in den kaukasischen und zentralasiatischen Republiken nach Rußland zurück, während Konstantinopel eine neue russische Gemeinde sammelt.

Was ist der Sinn dieser nicht ganz beliebigen Aufzählung? Das zerklüftete, nachsowjetische Rußland ist Europa wieder näher gerückt – *Moskau* ist in mancher Hinsicht *Berlin* näher als *Woronesch*. Das nachsowjetische Rußland hat auch seine Nähe zu Asien wiederentdeckt, die Moskauer Bilder kennen wir aus den Metropolen der Dritten Welt – die Basarlandschaft von *Kusnetzkij Most* ist nur eine Station auf der Kette von Russenmärkten, die von der polnischen bis zur chinesischen Grenze reichen. Rußland lebt in verschiedenen Zeitaltern – dem der *Deschurnaja*, des Telefaxgeräts und des CNN-Programms. So war es vielleicht immer, nur daß die Differenz, das Gefälle der Zeit und der Zivilisationen nicht mehr geleugnet oder krampfhaft synthetisiert werden, sondern jetzt, da die Kraft der herrschaftlichen Synthese sich erschöpft hat, zugelassen, anerkannt, ausgelebt werden und bewältigt werden müssen.

Mit dem Ende der sowjetischen Zeit bricht der Dualismus wieder hervor, das Doppelgesicht wird wieder sichtbar.

Quelle: Karl Schlögel: Ein Sonderweg Rußlands? Die sowjetische Periode als die russische Antwort auf die Moderne. In: H. Förster u. a.: Die Gemeinschaft Unabhängiger Staaten (GUS). Entstehung – Entwicklung – Probleme. Stuttgart/Berlin/Köln 1992, S. 37–49, hier S. 39f.

33. In Rußland verschärft sich die Wirtschaftskrise von Tag zu Tag (1993)

Ein Beitrag aus der Frankfurter Allgemeinen Zeitung vom 21. 4. 1993

esl. MOSKAU, 20. April. Der Rückgang der Industrieproduktion der russischen Wirtschaft hat sich weiter beschleunigt. Wie das Staatskomitee für Statistik mitteilt, hat sich die Industrieproduktion im ersten Quartal dieses Jahres im Vergleich zu 1992 um 19 Prozent verringert. Das produzierte Nationaleinkommen Rußlands sank 1992 um 22 Prozent.

Nicht gestoppt werden konnte in diesem Jahr die Hyperinflation: einem Bericht des Wirtschaftausschusses des russischen Parlaments zufolge betrug die Inflationsrate 1992 insgesamt 2600 Prozent, im ersten Quartal dieses Jahres lag sie bereits bei 1200 Prozent.

Wie der Wirtschaftswissenschaftler Grigorij Jawlinskij kürzlich gegenüber der Nachrichtenagentur Itar-Tass erklärte, betrug die Geldemission in Rußland für den vergangenen Februar 350 Milliarden Rubel und übertraf damit die Summe des in der früheren Sowjetunion im Zeitraum von dreißig Jahren (1961–91) gedruckten Geldes. Angaben des staatlichen Statistikkomitees zufolge hat die russische Zentralbank in der Zeit von Januar bis März 1993 mit 833 Milliarden Rubel zehn Prozent mehr Geld in Umlauf gesetzt als im gleichen Zeitraum 1992.

Die Preise für Lebensmittel und Konsumgüter hätten sich seit Beginn der Preisfreigabe wesentlich kräftiger erhöht, als die Löhne und Gehälter der Bevölkerung gestiegen seien, erläuterte der russische Vizepräsident Alexander Rutzkoj vor kurzem vor dem Parlament. Dieses Mißverhältnis hat dazu geführt, daß immer breitere Schichten der russischen Bevölkerung – verschiedenen Angaben zufolge zwischen sechzig und achtzig Prozent – jenseits der Armutsgrenze leben.

Das statistische Existenzminimum lag im Februar in Rußland bei 6800 Rubeln, im März bei 8000 Rubeln. Das russische Parlament beschloß dieser Tage, die Minimalrenten von dem ersten Mai an von 4275 auf 8122 Rubel zu heraufzusetzen. Die Mindestlöhne und Stipendien liegen derzeit in Rußland bei 4500 Rubel im Monat.

Wegen der hohen Preise für Nahrungsmittel hat die Mehrheit der Bevölkerung ihre Ernährungsgewohnheiten geändert. Der Pro-Kopf-Verbrauch von immer noch relativ billigem Brot und preisgünstigen Teigwaren sowie Kartoffeln stieg an, während der von Fleisch- und Milchprodukten, von Butter, Fisch, Obst und Gemüse seit 1991 erheblich zurückgegangen ist.

Verschärft hat sich auch die Zahlungskrise in der Wirtschaft: bis zum ersten März 1993 konnten Gehälter in Höhe von 52,2 Milliarden (Februar: 43,4 Milliarden) Rubel nicht ausgezahlt werden. Industriearbeiter erhielten lediglich den halben Lohn, Bauarbeiter 74 Prozent und Landarbeiter 80 Prozent.

Die gegenseitigen Schulden der Staatsbetriebe wuchsen einem Bericht des Wirtschaftsausschusses des Parlaments zufolge seit Beginn dieses Jahres bis zum ersten Februar auf 3,1 Billionen Rubel. Jeder fünfte Staatsbetrieb in Rußland schrieb in der laufenden Produktion Ende Januar rote Zahlen.

Die Kapitalinvestitionen in die Industrieproduktion gingen 1992 gegenüber dem Vorjahr um die Hälfte zurück. Der Wohnungsbau sank, so der Ausschußbericht, im vergangenen Jahr auf das Niveau von 1956. Seit zwei Jahren ist die Zahl der Arbeitslosen zwar langsam, aber dafür kontinuierlich gestiegen. Am ersten März 1993 sind eine Million Erwerbslose gezählt worden, davon erhielten 700000 den Arbeitslosenstatus zuerkannt.

Die chronische Wirtschaftskrise hat inzwischen zu einer Verschlechterung der demographischen Lage in Rußland geführt. Die Geburtenrate sank 1992 um elf Prozent. Erstmals seit Ende des Zweiten Weltkrieges übertraf die Sterberate die Geburten (12 Prozent).

Eine von den nahezu identischen Angaben von Regierung und Parlament zur Wirtschaftsentwicklung in Rußland abweichende alarmierende Schilderung der ökonomischen Lage in Rußland gab Vizepräsident Rutzkoj kürzlich dem Parlament. Laut Rutzkoj ist die Wirtschaft allgemein seit Anfang 1992 in der Entwicklung um dreißig bis vierzig Jahre zurückgefallen.

Regierungsmitgliedern warf der Vizepräsident, der sich offen in Opposition zu Präsiden Jelzin stellte, vor, sie seien korrupt und hätten einen Ausverkauf strategischer Rohstoffe, Energieträger und Goldreserven zugelassen oder gedeckt. In einem Streitgespräch mit Rutzkoj in der Nacht zum Dienstag wies der frühere Regierungschef Jegor Gaidar die von Rutzkoj genannten Zahlen als falsch zurück.

Quelle: Frankfurter Allgemeine Zeitung vom 21. 4. 1993.

34. Im Blickpunkt: Rußlands Verfassung vom Dezember 1993

Demokratischer Rechtsstaat: Gestern stimmten die Wähler in der Russischen Föderation über eine neue Verfassung ab. Die Frankfurter Rundschau dokumentiert im folgenden in einer nichtamtlichen Übersetzung die wesentlichen Punkte des Entwurfs, der insgesamt 137 Artikel umfaßt.

Grundsätze: (Artikel 1 bis 16)

„Rußland ist ein föderativer demokratischer Rechtsstaat, eine Republik."
„Der höchste Ausdruck des Volkswillens sind die Volksabstimmung und freie Wahlen."
„Rußland ist ein einheitlicher Wirtschaftsraum, der freie Warenverkehr (...) und die wirtschaftliche Freiheit sind gewährleistet."
„Grund und Boden sowie andere natürliche Ressourcen können sich in privatem, staatlichem oder anderem Besitz sowie im Besitz der Gemeindekörperschaft befinden."

Der Präsident (Artikel 80 bis 93)

Wahl: Der Präsident wird „auf vier Jahre durch allgemeine und geheime Wahlen (...) bestimmt und kann höchstens zwei Mandate nacheinander ausüben".

Interim: „Das Amt des Staatschefs wird übergangsweise vom Vorsitzenden des Ministerrats ausgeübt. Dieser hat nicht das Recht, die Duma (Abgeordnetenkammer) aufzulösen, eine Volksabstimmung einzuberufen oder die Verfassung zu ändern."

Absetzung: Die Absetzung des Präsidenten muß „von einer Zweidrittelmehrheit jeder

der beiden Kammern beschlossen werden. (...) Die Entscheidung des Föderationsrates (Regionalkammer) muß spätestens drei Monate nach dem Antrag zur Absetzung (durch mindestens ein Drittel der Duma-Abgeordneten) erfolgen." Wenn dies nicht der Fall ist, „wird die Anklage gegen den Präsidenten hinfällig".

Kompetenzen: Der Präsident „ernennt den Vorsitzenden des Ministerrats und löst die Regierung auf, (...) schlägt den Präsidenten der Zentralbank, die Richter des Verfassungsgerichtes, des Obersten Gerichtshofs und der Schlichtungsstelle vor". Er „ernennt und entläßt die oberste Führung der Armee und die Diplomaten der Russischen Föderation". Er „beruft Volksabstimmungen ein, bringt Gesetzentwürfe ein, unterschreibt und veröffentlicht die Bundesgesetze. Die Dekrete und Anweisungen des Präsidenten gelten auf dem gesamten Territorium der Russischen Föderation."

Sonderrechte: Der Präsident kann „in Übereinstimmung mit den von der Verfassung dafür vorgesehenen Fällen und dem dafür vorgesehenen Verfahren" die Duma auflösen. Bei der dritten Weigerung der Duma, einer Ernennung des Vorsitzenden des Ministerrates zuzustimmen, „wird dieser direkt ernannt und die Duma aufgelöst". Der Präsident „hat das Recht, Entscheidungen der Exekutivorgane der 89 Republiken und Gebiete Rußlands aufzuheben". Er kann „im Falle eines Angriffs oder einer Bedrohung von außen auf dem gesamten Territorium oder in einigen Regionen" den Kriegzustand erklären (...) und entsprechend der Lage im Inneren (...) den Ausnahmezustand verhängen.

Die Föderationsversammlung (Artikel 94 bis 109)

Die beiden Kammern werden im Prinzip auf vier Jahre gewählt, aber eine Zusatzklausel über „provisorische Regelungen" sieht vor, daß die erste Föderationsversammlung nur für zwei Jahre gewählt wird.

„Der Föderationsrat besteht aus je zwei Repräsentanten von jeder der Republiken und Gebiete des Bundesstaates. Die Duma besteht aus 450 Abgeordneten. Der Föderationsrat und die Duma treten 13 Tage nach den Wahlen zusammen." Die beiden Kammern „tagen getrennt".

Der Präsident ist „verpflichtet, ein Gesetz zu unterzeichnen, wenn er dieses an jede der beiden Kammern zurückverwiesen hat und in jeder Kammer zwei Drittel der Abgeordneten noch einmal für den gleichen Text stimmen".

Der Föderationsrat

„bestätigt Änderungen der Grenzen zwischen den einzelnen Republiken und Gebieten der Russischen Föderation, die Dekrete des Präsidenten zur Verhängung des Kriegs- und Ausnahmezustandes, entscheidet über die Entsendung russischer Truppen außerhalb der Grenzen". Er „beruft die Präsidentenwahl ein, trifft die letzte Entscheidung über die Absetzung des Präsidenten".

Die Duma

„spricht der Regierung das Vertrauen aus, verabschiedet den Haushalt, die föderalen Steuergesetze, die Zollbestimmungen, die Emission von Geld, (sie) ratifiziert und kündigt internationale Abkommen, spricht sich über Krieg und Frieden aus, beschließt Amnestien und leitet das Verfahren zur Absetzung des Präsidenten ein". (AFP)

Quelle: Frankfurter Rundschau, 13. 12. 1993

35. Ergebnisse der Parlamentwahl vom Dezember 1993

a)

Quelle: Der Spiegel 51/1993, S. 113.

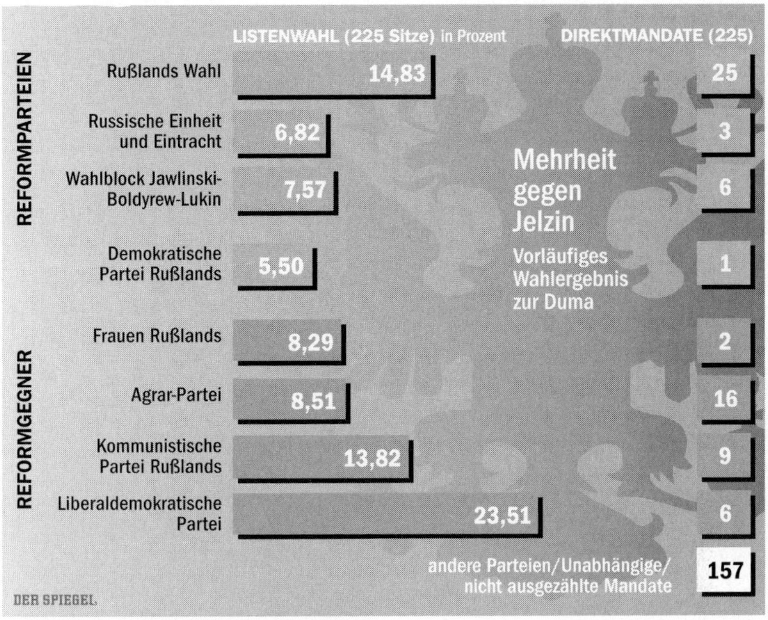

b)

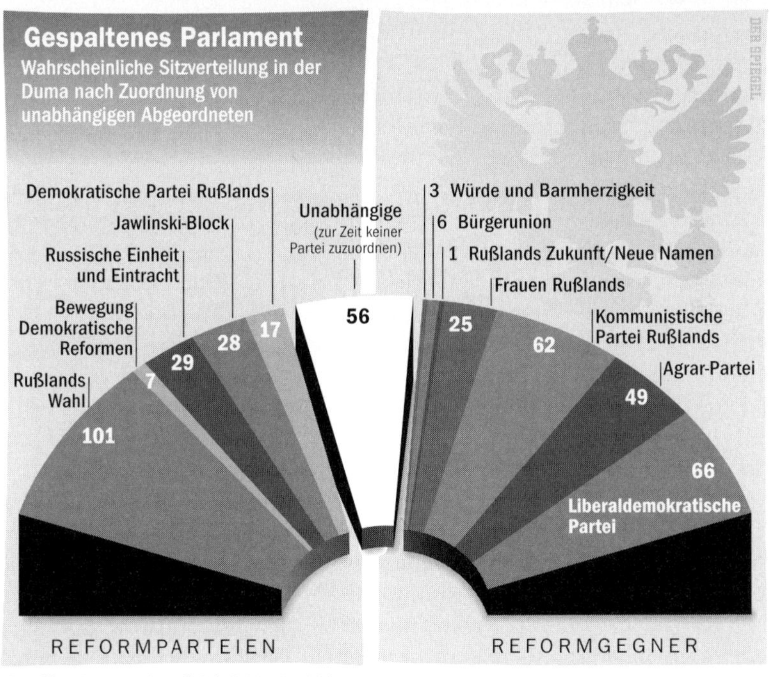

Quelle: Der Spiegel 2/1994, S. 109.

36. Vytautas Landsbergis: Rede auf dem Sajudis-Meeting am 11. 1. 1990 in Vilnius, Kathedralplatz

Bürger und Freunde Litauens!
Wir haben uns hier versammelt, um angesichts der großen Veränderungen in der Welt unsere Gemeinschaft zu spüren, um zu erklären, daß wir unser Schicksal selbst bestimmen wollen, um das gemeinsame Ziel des litauischen Volkes zu verkünden:

Freiheit und Unabhängigkeit!

In diesen Tagen kommen viele zu uns, die uns belehren wollen: Apostel und Reformatoren aus dem Osten und Ratgeber aus dem Westen, die wir so zahlreich nicht erwartet haben. Einige sagen immer noch: Wartet, fordert nicht alles auf einmal. Immer Stück für Stück. Ihnen könnte man antworten: Lebt ihr erst einmal in enger Nachbarschaft der Sowjetunion, tretet „freiwillig" dem Verband der Sowjetrepubliken bei, seid Moskau zu Diensten und belehrt uns dann über föderative Integration und darüber, daß man historisch entstandene politische Stabilität nicht verletzt.

Unserer Ansicht nach wurde 1940 die politische Stabilität der Region verletzt. Wir wollen sie wiederherstellen – für uns und für Europa, in das wir als unabhängiger Staat zurückkehren wollen, was unser gutes Recht ist.

Man kann es in einem Satz ausdrücken: Was gestohlen wurde, muß zurückgegeben werden. Selbst wenn der Dieb, von rotem Marmor umgeben, auf einem Ehrenfriedhof läge, müßten die Erben des Raubzugs Litauen die staatliche Unabhängigkeit zurückgeben. Diese Erben wollen heute ehrenhaft erscheinen vor der Welt, ehrlich und friedlich. Glauben wir ihnen, daß sie uns nicht betrügen, daß sie es aufrichtig meinen. Hier haben sie die Möglichkeit, der Welt zu zeigen, daß die Sowjetunion kein Räuber und kein Aggressor ist, kein Imperium der Gewalt, der Ungerechtigkeit und anderer übler Dinge.

Nachdem man zugegeben hat, gegenüber Afghanistan, der Tschechoslowakei und Ungarn als Aggressor aufgetreten zu sein, ist der Tag nicht mehr fern, an dem man auch die Aggression gegen die baltischen Staaten zugibt.

Die Zeit kommt. Vielleicht wird man die Sache anders bezeichnen, ohne Bedauern und Schuldbekenntnis einfach einen Beschluß fassen. Vielleicht stimmt man einer prinzipiellen Unabhängigkeitserklärung zu und verkündet wie zu Lenins Zeiten noch einmal, daß Rußland und die Sowjetunion auf alle Gebietsansprüche gegenüber Litauen verzichten, und schafft reale Bedingungen zur Wiederherstellung der Unabhängigkeit. Verschiedene Wege sind möglich, aber darüber muß verhandelt werden zwischen der Sowjetunion und Litauen.

Solche Verhandlungen finden tatsächlich bereits statt. Vorläufig erst einmal auf der Ebene von Erklärungen und dem Austausch von Meinungen. Heute jedoch ist es zum Durchbruch gekommen. Wie der alte Marx, den vielleicht der eine oder der andere nicht mag, sagte: Quantität schlägt um in Qualität.

Bereits im vergangenen Winter haben wir in Moskau 1800000 Unterschriften übergeben, die zum Ausdruck bringen, daß wir die Gesetze und die Verfassung der Sowjetunion nicht anerkennen, ebensowenig wie das geplante „Aufsichtsgesetz", das über den Gesetzen in den Republiken stehen soll. Man hat getan, als höre man uns nicht. Vor kurzem hat man, den vereinten Protest der drei baltischen Staaten ignorierend, dieses Gesetz angenommen, um den Völkern und Republiken, die bereits eine neue Ordnung errichtet haben, zwangsweise sämtliche Rechte abzuerkennen. Wir haben 1500000 Unterschriften gesammelt, mit denen wir fordern, daß die Resultate des verbrecherischen Molotow-Ribbentrop-Paktes für Litauen beseitigt werden müssen – bis jetzt haben wir darauf keine Antwort erhalten. Wir haben den Deputierten ein Memorandum übergeben, daß es an der Zeit ist, mit Litauen Verhandlungen über die Wiederherstellung seiner Unabhängigkeit aufzunehmen – seit einem halben Jahr keine Antwort. Darum erklären und bezeugen wir vor aller Welt: Von unserer Seite ist nun alles gesagt worden. Moskau kann sich nicht weiterhin taub stellen. Es muß antworten.

Eine Antwort wird kommen, nicht nur wir warten darauf, sondern auch die Weltöffentlichkeit, und deshalb muß es eine politische oder, anders gesagt, eine kluge Antwort sein, diktiert vom Gang der internationalen Ereignisse.

Michail Gorbatschow ist ein kluger Mann; obwohl es in seiner Nähe nicht an Faustkämpfern mangelt, glauben wir an seinen guten Willen und an den gesunden Menschenverstand, glauben wir an die Möglichkeit friedlicher politischer Veränderungen. Von Anfang an hieß es in der Satzung von Sajudis: Wir wollen friedliche, aber grundlegende Veränderungen, geistige Wiedergeburt und geistige Unabhängigkeit, die allein auf politischem Wege zur staatlichen Unabhängigkeit führen.

Wir hielten gestern und halten auch heute noch einen Besuch Michail Gorbatschows hier für möglich. Wir würden ihn mit Freundschaft und Ehrerbietung empfangen. Er ist der fähige und gefährliche Führer unseres östlichen Nachbarstaates, das Symbol seiner neuen Politik. Mit diesem Staat wollen wir freundschaftliche und gute wirtschaftliche Beziehungen pflegen, auf der Grundlage beiderseitiger Achtung und zu beiderseitigem Nutzen. Michail Gorbatschow gebührt Achtung, denn er hat begonnen, die übermenschliche Last der Umgestaltung dieses unmenschlichen Systems auf sich zu nehmen. Die mit seinem Namen verbundene Öffnung in den Medien und in der Demokratie haben geholfen, Litauen aus seinen Nöten und Zwängen zu führen, haben dazu beigetragen, daß es nun laut seine Stimme erheben kann.

Sollte Michail Gorbatschow nicht zu uns kommen, wissen wir, daß er woanders stark in Anspruch genommen ist. Was wir sagen, wurde ja bereits gesagt und vernommen.

Nicht nur vor ihm, sondern auch vor all seinen Republiken, vor der Welt und vor uns verkünden wir: Wir stehen hier, im Herzen Litauens, und wir werden nicht weichen. Wenn wir uns nach Hause begeben, wissen wir, unser Schicksal bleibt an diesem heiligen Ort. Auf dem Platz und in der Geschichte haben wir dann Spuren hinterlassen. Jedem von uns bleibt in der Erinnerung und im Bewußtsein: Ich war hier, ich bin nicht umsonst gekommen, ich, ein litauischer Bürger, habe eine Pflicht. Dieses unser Gefühl wird uns einigen, und die Gerechtigkeit wird siegen!

Quelle: Ruth Kibelka (Hg.): Auch wir sind Europa. Berlin 1991, S. 126–129.

37. Deportationserlaß des Präsidiums des Obersten Sowjets der UdSSR vom 28. August 1941

Über die Übersiedlung der Deutschen, die in den Wolgarayons wohnen

Laut genauen Angaben, die die Militärbehörden erhalten haben, befinden sich unter der in den Wolgarayons wohnenden deutschen Bevölkerung Tausende und aber Tausende Diversanten und Spione, die nach dem aus Deutschland gegebenen Signal Explosionen in den von den Wolgadeutschen besiedelten Rayons hervorrufen sollen. Über das Vorhandensein einer solch großen Anzahl von Diversanten und Spionen unter den Wolgadeutschen hat keiner der Deutschen, die in den Wolgarayons wohnen, die Sowjetbehörden in Kenntnis gesetzt, folglich verheimlicht die deutsche Bevölkerung der Wolgarayons die Anwesenheit in ihrer Mitte der Feinde des Sowjetvolkes und der Sowjetmacht.

Falls aber auf Anweisung aus Deutschland die deutschen Diversanten und Spione in der Republik der Wolgadeutschen oder in den angrenzenden Rayons Diversionsakte ausführen werden und Blut vergossen wird, wird die Sowjetregierung laut den Gesetzen der Kriegszeit vor die Notwendigkeit gestellt, Strafmaßnahmen gegenüber der gesamten deutschen Wolgabevölkerung zu ergreifen.

Zwecks Vorbeugung dieser unerwünschten Erscheinungen und um kein ernstes Blutvergießen zuzulassen, hat das Präsidium des Obersten Sowjets der UdSSR es für notwendig gefunden, die gesamte deutsche in den Wolgarayons wohnende Bevölkerung in andere Rayons zu übersiedeln, wobei den Überzusiedelnden Land zuzuteilen und eine staatliche Hilfe für die Einrichtung in den neuen Rayons zu erweisen ist. Zwecks Ansiedlung sind die an Ackerland reichen Rayons des Nowosibirsker und Omsker Gebiets, des Altaigaus, Kasachstans und andere Nachbarortschaften bestimmt.

In Übereinstimmung mit diesem wurde dem Staatlichen Komitee für Landesverteidigung vorgeschlagen, die Übersiedlung der gesamten Wolgadeutschen unverzüglich auszuführen und die überzusiedelnden Wolgadeutschen mit Land und Nutzländereien in den neuen Rayons sicherzustellen.

Vorsitzender des Präsidiums des Obersten Sowjets der UdSSR M. KALININ.
Sekretär des Präsidiums des Obersten Sowjets der UdSSR A. GORKIN.
Moskau, Kreml, 28. August 1941.

Quelle: Nachrichten, Nr. 204 vom 30. 8. 1941.

38. Erlaß des Präsidiums des Obersten Sowjets der UdSSR über die Teilrehabilitierung vom 29. August 1964

Erlaß des Präsidiums des Obersten Sowjets der UdSSR
Betreffs Änderungen am Erlaß des Präsidiums des Obersten Sowjets der UdSSR vom 28. August 1941 „Über die Umsiedlung der Deutschen, die im Wolgagebiet leben".

Im Erlaß des Präsidiums des Obersten Sowjets der UdSSR vom 28. August 1941 „Über die Umsiedlung der Deutschen, die im Wolgagebiet leben" wurden große Gruppen von deutschen Sowjetbürgern beschuldigt, den faschistischen deutschen Landräubern aktive Hilfe und Vorschub geleistet zu haben.

Das Leben hat gezeigt, daß diese wahllos erhobenen Anschuldigungen unbegründet und ein Ausdruck der Willkür unter den Bedingungen des Kults der Person Stalins waren. In Wirklichkeit hat die überwältigende Mehrheit der sowjetdeutschen Bevölkerung in den Jahren des Großen Vaterländischen Krieges zusammen mit dem ganzen Sowjetvolk durch ihre Arbeit zum Sieg der Sowjetunion über das faschistische Deutschland beigetragen, und in den Nachkriegsjahren beteiligt sie sich aktiv am kommunistischen Aufbau.

Dank der großen Hilfe der Kommunistischen Partei und des Sowjetstaates hat die deutsche Bevölkerung in den vergangenen Jahren an den neuen Wohnorten festen Fuß gefaßt und genießt alle Rechte von Bürgern der UdSSR. Die Sowjetbürger deutscher Nationalität arbeiten gewissenhaft in den Betrieben, Sowchosen, Kolchosen und Ämtern, beteiligten sich aktiv am gesellschaftlichen und politischen Leben. Viele von ihnen sind Deputierte der Obersten Sowjets und der örtlichen Sowjets der Werktätigendeputierten in der RSFSR, der Ukrainischen, der Kasachischen, der Usbekischen, der Kirgisischen und anderen Unionsrepubliken, befinden sich auf leitenden Posten in der Industrie und Landwirtschaft, im Apparat der Sowjets und der Partei. Tausende deutsche Sowjetbürger sind für Erfolge in der Arbeit mit Orden und Medaillen der UdSSR und Ehrentiteln der Unionsrepubliken ausgezeichnet. In den Rayons einer Reihe von Gebieten, Regionen und Republiken mit deutscher Bevölkerung gibt es Mittel- und Grundschulen, in denen der Unterricht in deutscher Sprache erfolgt bzw. das deutsche Sprachstudium für die Schulkinder organisiert ist, dort finden regelmäßig Rundfunksendungen in deutscher Sprache statt, werden Zeitungen in deutscher Sprache herausgegeben und andere kulturelle Veranstaltungen für die deutsche Bevölkerung durchgeführt.

Das Präsidium des Obersten Sowjets der UdSSR beschließt:

1. Der Erlaß des Präsidiums des Obersten Sowjets der UdSSR vom 28. August 1941 „Über die Umsiedlung der Deutschen, die im Wolgagebiet leben“ (Protokoll der Sitzung des Präsidiums des Obersten Sowjets der UdSSR, 1941, Nr. 9, Artikel 256) ist in dem Teil aufgehoben, der wahllos erhobene Anschuldigungen gegen die deutsche Bevölkerung enthält, die im Wolgagebiet lebte.

2. In Anbetracht dessen, daß die deutsche Bevölkerung an ihrem neuen Wohnort auf dem Territorium einer Reihe von Republiken, Regionen und Gebieten des Landes festen Fuß gefaßt hat, während die Gegenden ihres früheren Wohnorts besiedelt sind, werden die Ministerräte der Unionsrepubliken zwecks weiterer Entwicklung der Rayons mit deutscher Bevölkerung beauftragt, der deutschen Bevölkerung, die auf dem Territorium der jeweiligen Republik lebt, auch künftig Hilfe und Beistand beim wirtschaftlichen und kulturellen Aufbau unter Berücksichtigung ihrer nationalen Besonderheiten und Interessen zu leisten.

Vorsitzender des Präsidiums des Obersten Sowjets der UdSSR A. MIKOJAN
Sekretär des Präsidiums des Obersten Sowjets der UdSSR M. GEORGADSE
Moskau, Kreml, 29. August 1964

Quelle: Otto Benecke Stiftung e. V. (Hg.): Versöhnung über Grenzen. Rußlanddeutsche: Geschichte und heutige Wege, Bonn 1991, S. 57.

Chronologie

862	Gründung des Fürstentums Nowgorod durch den Waräger Rurik.
882	Oleg, Warägerfürst von Nowgorod, erobert Kiew und errichtet Kiewer Rus: Nowgorod wird tributpflichtig.
971–980	Bürgerkrieg nach dem Tod Swatoslaws unter dessen Söhnen.
988	Christianisierung durch Byzanz.
	Wladimir der Große nimmt den Großfürstentitel an.
1054	Tod Jaroslaws: Seniorat soll Nachfolge in der Kiewer Rus regeln.
um 1116	Abfassung der Nestor-Chronik im Höhlenkloster zu Kiew.
1147	Gründung von Moskau als peripheres Fürstentum auf finnischem Kolonialboden.
1156	Vollendung des „Kleinen Kreml" in Moskau.
1169	Wladimir löst Kiew als Zentrum der russischen Fürstentümer ab.
1223	Niederlage der Russen gegen Mongolen unter Dschingis-Khan an der Kalka.
1237–40	Eroberung der russischen Fürstentümer Rjasan, Wladimir, Susdal und Kiew durch die Mongolen: Rußland unter der Tributsoberherrschaft der Tataren (bis 1480).
1240	Nowgorod unter Alexander Newski besiegt Schweden an der Newa.
1241	Nowgorod unterwirft sich den Mongolen, ohne erobert worden zu sein.
1242	Nowgorod besiegt den Deutschen Orden in der Schlacht auf dem Peipussee.
1252	Alexander Newski von Nowgorod wird Großfürst von Wladimir.
1260	„Goldene Horde" konstituiert sich als selbständiger Staat.
1326	Moskau wird Sitz des Metropoliten.
1328	Moskau erhält unter Iwan I. Kalita (1328–41) vom Khan der Goldenen Horde die Großfürstenwürde und wird Tributeintreiber für die Tataren.
1329	Anfänge des Kreml in Moskau (zunächst aus Holz).
1353	Die Große Pest erreicht Rußland.
1371	Moskau verweigert den Tataren erstmals den Tribut.
1380	Moskau unter Dmitri Donskoi besiegt die Tataren auf dem Schnepfenfeld.
1382	Zerstörung Moskaus durch die Tataren als Rache für die Niederlage von 1380.
1385–95	Die Kriegszüge Timur Lenks schwächen Goldene Horde entscheidend: Auflösung in die Khanate Krim (1430–1783), Kasan (1452–1552) und Astrachan (1466–1556).
1453	Fall Konstantinopels: Moskau bleibt einziges Zentrum des orthodoxen Glaubens und stilisiert sich später als „Drittes Rom".
1462	Iwan III. (Großfürst von Moskau bis 1505) nennt sich „Selbstherrscher von ganz Rußland" und beginnt mit der „Sammlung der russischen Erde".
1463	Iwan III. unterwirft Jaroslaw.
1472	Heirat Iwans III. mit der byzantinischen Prinzessin Sophia (Zoë) Palaiolog: Rußland nimmt den byzantinischen Doppeladler in sein Wappen auf.
1478	Iwan III. unterwirft Nowgorod.
1480	Moskau weigert sich endgültig, den Krimtataren Tribut zu zahlen, und wird souverän.
1485	Iwan III. unterwirft Twer.
1502	Iwan III. erobert gegen die Reste der „Goldenen Horde" das obere Dnjepr-, Oka- und Desnabecken.
1510	Wassili III. erobert Pskow.
1514	Erstmalige Annexion von Smolensk.

1521	Wassili III. unterwirft Rjasan.
1547	Iwan IV. nimmt Zarentitel an und führt byzantinisches Hofzeremoniell ein.
1552	Moskau erobert das Tatarenkhanat Kasan.
1556	Moskau erobert Astrachan.
1558–82	Livländischer Krieg: Iwan IV. kann keinen Zugang zur Ostsee erobern.
1565–72	Gründung der Opritschnina durch Iwan IV. als „Sondergebiet" des Zaren: Terror gegen Bojarenadel.
1574	Iwan IV. gewährt den Stroganows Privilegien zur Einrichtung von Stützpunkten in Sibirien.
1582	Beginn der Eroberung Sibiriens durch Kosaken für die Stroganows.
1589	Als Regent erhebt Boris Godunow den Moskauer Metropoliten zum Patriarchen: Russische Kirche wird unabhängig von Konstantinopel.
1597	Die Rückführung flüchtiger Bauern wird per Ukas angeordnet.
1598–1613	Nach dem Aussterben der Dynastie der Rurikiden: „Zeit der Wirren" (Smuta).
1613	Die Wahl Michael Romanows beendet die Zeit der Wirren und begründet die Dynastie der Romanows (bis 1917).
1648	Abschluß der Eroberung Sibiriens.
1649	Verbannung nach Sibirien wird im neuen Gesetzbuch (Uloženie) als Strafe für Kriminalvergehen eingeführt.
1654	Nach dem Ende des Kosakenaufstands gegen Polen kommt die Ukraine zu Rußland.
1658	Eroberung der Amur-Region.
1667	Friede von Andrussowo: Annexion von Smolensk.
1689	Vertrag von Nertschinsk mit China bestimmt den Amur als gemeinsame Grenze.
1696	Peter I. erobert mit Asow einen Zugang zum Schwarzen Meer (endgültig seit 1739/74).
	Anfänge einer russischen Flotte durch Bau von Kriegsschiffen in Woronesch.
1697/98	Erste Europareise Peters I. (des Großen).
1698	Hinrichtung der Eliteeinheit der Strelitzen.
1699	Peter I. führt Bartsteuer ein.
1700	Einführung des Julianischen Kalenders; Kleiderordnung nach westlichem Muster.
1700–21	Großer Nordischer Krieg.
1703	Eroberung der baltischen Provinzen Estland und Livland: Rußland erhält Zugang zur Ostsee.
	Gründung von St. Petersburg in den Sümpfen der Newa als „Fenster nach Europa".
1710/11	Erster von acht russisch-türkischen Kriegen: Rußland dringt zum Pruth vor und beansprucht die Schutzherrschaft über Bessarabien.
1713	Peter I. (der Große) verlegt seine Hauptstadt von Moskau nach St. Petersburg.
1716/17	Zweite Europareise Peters des Großen.
1721	Frieden von Nystad beendet Großen Nordischen Krieg mit Territorialgewinnen (Livland, Estland, Ingermanland, Teile Kareliens): Aufstieg Rußlands zur Großmacht.
	Peter I. nimmt als „Kaiser aller Reußen" den Titel „Imperator" an.
	Kirchenreform Peters I. schafft das Patriarchat von Moskau ab und übergibt die Kirchenleitung dem neugegründeten Allerheiligsten Synod, einer Kollegialbehörde, dem der Zar selbst vorsitzt und dessen Mitglieder er ernennt.
1722	Rangtabelle mit 14 militärischen und zivilen Rängen zur Gliederung des staatlichen Ämterwesens: Einführung der zivilen Staatsverwaltung.
1756–63	Rußland rettet im Siebenjährigen Krieg Preußen vor seiner Vernichtung und gewinnt Einfluß in Preußen (bis 1871).
1762	„Manifest über die Befreiung des russischen Adels" entbindet den Adel von jeglicher Dienstpflicht.

1772–95	Mit den drei Teilungen Polens gewinnt Rußland Weißrußland, Wolhynien, Podolien, Minsk, Litauen und Kurland. Erstmals kommen Juden unter russische Herrschaft.
1773/74	Niederschlagung eines Bauern- und Kosakenaufstands unter Emeljan Pugatschow.
1774	Friede von Kütschük-Kainardschie beendet 3. russisch-türkischen Krieg (seit 1768): Rußland beansprucht Schutzherrschaft über Orthodoxe im Osmanischen Reich.
1779	Bündnis Katharinas II. mit Joseph II. von Österreich gegen das Osmanische Reich.
1781	„Griechisches Projekt" Katharinas II. zur Eroberung Konstantinopels und Wiedererrichtung des byzantinischen Reichs als russischer Klientelstaat.
1783	Annexion des Krimkhanats: Erschließung der südukrainischen Steppe unter Potemkin.
1785	Katharina II. erläßt „Gnadenbrief für Adel und Städte", der die Dienstgüter zu erblichen Gütern erklärt und den Städten Autonomie gewährt: Weitere Verschärfung der Leibeigenschaft.
1806–12	Rußland gewinnt im 5. russisch-türkischen Krieg Bessarabien.
1809	Finnland kommt zu Rußland, mit Autonomie als Großherzogtum (bis 1917/18).
1812	Rußland behauptet sich gegen Napoleons „Große Armee": Moskau wird von den Russen niedergebrannt.
1814	In Verfolgung der französischen Truppen kommen russische Soldaten bis nach Paris.
1815	Rußland erhält auf dem Wiener Kongreß die Oberherrschaft über ein autonomes Kongreß-Polen.
1825	Dekabristen-Aufstand liberaler Offiziere und der Intelligenzija für Verfassung und Reformen wird von Nikolaus I. niedergeschlagen.
	Unter Nikolaus I. (1825–1855) wird Rußland der *Rocher de bronze* gegen die Revolution im Westen.
1853–56	Rußland scheitert im Krimkrieg nach Eroberung des Donaudeltas kurz vor Konstantinopel an England und Frankreich.
1855–81	Reformperiode unter Alexander II.
1857	Gründung des „Slawischen Komitees" eröffnet Agitation für den Panslawismus.
1860	Gründung von Wladiwostok.
1861	Aufhebung der Leibeigenschaft.
1863	Autonomie für Universitäten.
1864	Justizreform führt Unabhängigkeit der Richter und öffentliche Verfahren ein.
	Selbstverwaltung für Gouvernements und Kreise (Semstwo-Wesen).
1866	Erstes Attentat auf Zar Alexander II. scheitert.
1868	Eroberung Samarkands und Bucharas: Rußland forciert Expansion nach Zentralasien.
1874	Allgemeine Wehrpflicht anstelle der 15jährigen Dienstpflicht für Bauernsöhne.
1877/78	Rußland steht im 8. russisch-türkischen Krieg vor der Eroberung Konstantinopels. Wird auf Berliner Kongreß von den übrigen Großmächten zurückgedrängt.
1881	Alexander II. wird nach zwei Attentatsversuchen (1866, 1879) von revolutionären Kräften (Narodnaja Volja) ermordet: Alexander III. (bis 1894) regiert reaktionär.
1892/94	Rußland schließt Zweibund mit Frankreich.
1892–1903	Als Verkehrs- und Finanzminister betreibt Sergei Witte die Industrialisierung (u. a. Bau der Transsibirischen Eisenbahn).
1898	Gründung der Sozialdemokratischen Partei in Rußland.
1903	Spaltung der russischen Sozialdemokraten in Bolschewiki und Menschewiki auf Exilparteitag in London.
1904/05	Niederlage Rußlands gegen Japan bereitet Russische Revolution vor.
1905–07	Erste Russische Revolution: Bildung von Arbeitersowjets in Petrograd.
1906	(Jul.) Erste Duma, nach drei Monaten als zu radikal aufgelöst.
1907	Zweite und dritte Duma (bis 1912).

1910	Agrarreformen unter Ministerpräsident Stolypin.
1911	Ermordung Stolypins.
1917	(2. 3./15. 3.) Februarrevolution: Bildung der Provisorischen Regierung – Nikolaus II. dankt ab.
	(3. 4./16. 4.) Lenin kehrt aus dem Exil zurück.
	(25. 10./7. 11) Oktoberrevolution: Sturz der Regierung Kerenski durch Bolschewiki.
	(26. 10./8. 11.) Rat der Volkskommissare übernimmt die Regierung; „Dekret über den Frieden", „Dekret über den Grund und Boden".
	(7. 12.) Gründung der Geheimpolizei Tscheka.
1918	(6. 1./19. 1.) Bolschewiki sprengen Verfassunggebende Versammlung: Diktatur.
	(1. 2./14. 2.) Einführung des Gregorianischen Kalenders.
	(23. 2.) Bildung der Roten Armee.
	(3. 3.) Friede von Brest-Litowsk.
	(10. 3.) Verlegung der Hauptstadt nach Moskau.
	(17. 7.) Ermordung der Zarenfamilie.
1918	(Apr.) Russischer Bürgerkrieg (bis 1922): Kriegskommunismus mit völliger Verstaatlichung der Wirtschaft, Getreidebeschlagnahmungen und Handelsverboten.
	(Jun.) Erste Konzentrationslager werden eingerichtet.
	(10. 8.) Lenin wird durch Attentat von Sozialrevolutionärin schwer verwundet.
1919	(4. 3.) 3. Internationale (Kommunistische Internationale = Komintern) (bis 1943).
1920	(Feb.–Aug.) Sowjetrußland erkennt Unabhängigkeit von Estland, Litauen und Lettland an.
	(April–Okt.) Sowjetisch-polnischer Krieg führt Rote Armee in Abwehr des polnischen Angriffs bis vor Warschau: Rückschlag durch polnisches „Wunder an der Weichsel" wird zum Trauma.
1921	(2.–18. 3.) Kronstädter Matrosenaufstand wird blutig niedergeschlagen.
	(15. 3.) Neue Ökonomische Politik (NEP, bis 1927) nimmt als unausgesprochenes Zugeständnis an die Aufständischen Maßnahmen des Kriegskommunimus zurück, läßt Privatwirtschaft teilweise wieder zu: Beitrag zur ökonomischen Erholung.
	(18. 3.) Friede von Riga beendet den sowjetisch-polnischen Krieg: Der Westen Weißrußlands und der Ukraine fallen an Polen. Eroberung Georgiens beendet Sowjetisierung des Kaukasus.
1922	(3. 4.) Stalin wird Generalsekrtär der KPdSU.
	(16. 4.) Rapallo-Vertrag mit Deutschland über wirtschaftliche und (geheime) militärische Zusammenarbeit.
	(Mai/Dez.) Lenin nach zwei Schlaganfällen handlungsunfähig.
	(Dez.) Gründung der Union der Sozialistischen Sowjetrepubliken (UdSSR).
1924	(21. 1.) Tod Lenins: Herrschaft Stalins, zunächst in Troika mit Sinowjew und Kamenew (bis 1927).
1925	Trotzki wird aus allen Ämtern ausgeschaltet.
1926	(24. 4.) Im Berliner Vertrag sichern sich Deutschland und UdSSR als Reaktion auf den Locarno-Pakt Neutralität zu.
	(26. 6.) Nichtangriffspakt mit Litauen.
	(23. 10.) Ausschluß Trotzkis, Sinowjews, Kamenews u. a. aus zentralen Parteigremien (Zentralkomitee, Politbüro, Komintern).
1927	(15. 3.) Baubeginn des Wasserkraftwerks bei Zaporoje an den Dnjepr-Stromschnellen (Eröffnung 1932).
	(Dez.) Parteiausschluß von Trotzki, Sinowjew, Kamenew, Radek u. a.
1928	(Jul.) Komintern verurteilt sozialistische Parteien als Sozialfaschisten.
1929	(18. Jan.) Ausweisung Trotzkis aus der UdSSR.

	(Apr.) 1. Fünfjahresplan (bis 1933): Zwangskollektivierung, forcierte Industrialisierung; Kollektivierung der Landwirtschaft mit „Kulakenliquidierung“.
1931/32	Große Hungersnot in den Agrargebieten.
1932	(Jan.–Jul.) Nichtangriffspakte mit Finnland, Lettland, Estland und Polen sichern UdSSR im Westen ab.
	(29. 11.) Sowjetisch-französischer Nichtangriffspakt.
1933	Hungersnot fordert Millionen Tote, besonders in der „Kornkammer“ Ukraine.
	Nach 20monatiger Bauzeit mit GULag-Häftlingen Weißmeer-Ostsee-Kanal eröffnet.
1933–37	2. Fünfjahresplan.
1934	(26. 1.–10. 2.) XVII. Parteitag der KPdSU („Parteitag der Sieger“): Bestätigung des Stalinschen Wirtschaftsprogramms, aber Gegenstimmen bei seiner Wiederwahl.
	(1. 12.) Ermordung des Leningrader Parteisekretärs Sergei Kirow: Auftakt zu den „Großen Säuberungen“ (bis 1938).
1935	(15.–17. 1.) Hochverratsprozesse gegen „rechte Opposition“ um Kamenew und Sinowjew.
	(2. 5.) Sowjetisch-französischer Beistandspakt.
	(16. 5.) Sowjetisch-tschechoslowakischer Beistandspakt.
	(22. 9.) Wiedereinführung der Dienstgrade in Roter Armee (seit 1917 abgeschafft).
1936	(19.–24. 8.) Erster Moskauer Schauprozeß gegen 16 führende Altbolschewiki (u. a. Kamenew, Sinowjew) endet mit Todesurteilen.
	(4. 10.) Stalin sagt Unterstützung der Kommunisten im Spanischen Bürgerkrieg zu (bis 1939).
	(5. 12.) Neue Verfassung (Stalin-Verfassung) (bis 1977): Formale Demokratisierung und stärkere Föderalisierung.
1937	(23.–30. 1.) Zweiter Moskauer Schauprozeß (u. a. gegen angebliche Trotzkisten, z. B. Karl Radek).
	(10. 5.) Politische Kommissare in Roter Armee wieder eingeführt: (11. 6.) Verhaftung führender Militärs im Zuge der Säuberungen der Armee (u. a. Tuchatschewski zum Tode verurteilt und hingerichtet); Säuberungen der Akademie der Wissenschaften.
1938	(März) Dritter Moskauer Schauprozeß: Hinrichtung von Bucharin, Rakovski, Rykow u. a.
	(Nov.) Stalins „Kurzer Lehrgang“ zur „Geschichte der Kommunistischen Partei der Sowjetunion (Bolschewiki)“ gilt fortan als offizielle Lehre.
1939	(Aug.) Scheitern der Verhandlungen mit Frankreich und Großbritannien über Zusammenschluß gegen Hitler-Deutschland.
	(23. 8.) Hitler-Stalin-Pakt, unterzeichnet von den Außenministern Ribbentrop und Molotow, schafft mit geheimem Zusatzprotokoll die Grundlage zur Aufteilung Osteuropas nach Kriegsbeginn.
	(17. 9.) Besetzung Ostpolens bis zur im Hitler-Stalin-Pakt festgelegten Demarkationslinie vollendet die Zerschlagung Polens durch Deutschland und die UdSSR.
	(28. 9.–10. 10.) In Beistandspakten mit Estland, Lettland und Litauen erhält die UdSSR das Recht, in diesen Ländern Truppenstützpunkte einzurichten. Verhandlungen mit Finnland scheitern.
	(30. 11.) Sowjetisch-finnischer Krieg („Winterkrieg“) beginnt mit Angriff auf Helsinki: Gebietsgewinne (Karelien, einige Inseln im Finnischen Meerbusen).
1940	(8.–11. 4.) NKWD ermordet 15 000 polnischen Offiziere in Katyn.
	(Jun.–Aug.) Annexion Litauens, Estlands, Lettlands, Bessarabiens und der Nordbukowina.
	(20. 8.) Trotzki durch sowjetischen Agenten im mexikanischen Exil ermordet.
1941	(22. 6.) Deutscher Angriff auf die UdSSR ohne Kriegserklärung: Beginn des „Großen Vaterländischen Krieges“ an der Seite der Alliierten.

1942 (Nov.) Beginn des Kampfes um Stalingrad (bis Feb. 1943).
(27. 12.) Bildung einer „Russischen Befreiungsarmee“ unter General Wlassow in Deutschland.
1943 (2. 2.) Kriegswende durch Zerschlagung des Kessels von Stalingrad.
(15. 5.) Auflösung der Komintern.
(Nov./Dez.) Deportation von Karatschaiern und Kalmücken in den Osten der UdSSR.
1944 (Feb.–Mai) Deportation von Tschetschenen, Inguschen und Krimtataren in den Osten bzw. nach Zentralasien.
(6. 6.) Alliierte Landung in der Normandie: Zweite Front gegen NS-Deutschland.
1944–50 Nach Aufstand gegen die Sowjetherrschaft in der Ukraine und dem östlichen Weißrußland werden 300000 Ukrainer und Weißrussen deportiert.
1945–49 Nach dem Ende des Zweiten Weltkriegs schafft sich die UdSSR in Osteuropa im Kalten Krieg mit dem „Ostblock“ ein Glacis von Satellitenstaaten, organisiert im Rat für gegenseitige Wirtschaftshilfe (RGW, seit 1949) und im Warschauer Pakt (seit 1955).
1947 (30. 9.) Gründung des Kominform (Informationsbüro der kommunistischen und Arbeiterparteien, bis 1956).
1949 (25. 1.) Rat für Gegenseitige Wirtschaftshilfe (RGW oder engl. Comecon, bis 1990).
1953 (5. 3.) Tod Stalins: Georgi M. Malenkow, Wjatscheslaw M. Molotow und Lawrenti P. Berija übernehmen kollektiv die Staatsführung („Troika“): „Tauwetter“.
(17. 6.) Aufstand in der DDR wird durch sowjetische Truppen unterdrückt.
(9. 7.) Ausschluß Berijas aus Staatsführung: Troika von Malenkow, Molotow und Nikita S. Chruschtschow.
(7. 9.) Erste Rehabilitation von Opfern des Stalin-Terrors.
1955 (14. 5.) Warschauer Pakt (bis 1990).
1956 (16. 2.) Geheimrede Chruschtschows auf dem XX. Parteitag der KPdSU, in der er mit dem Stalinismus abrechnet und die Entstalinisierung einleitet.
(17. 4.) Auflösung der Kominform.
(26. 10.–11. 11.) Sowjetarmee wirft Ungarnaufstand nieder.
1957 (4. 7.) Malenkow und Molotow werden ihrer Parteiämter enthoben: Chruschtschow beerbt die Troika allein.
(4. 10.) Erster sowjetischer Satellit im All: „Sputnik“-Schock im Westen.
1961 (13. 8.) Bau der Berliner Mauer verschärft Kalten Krieg.
1962 (Okt.) Raketenkrise auf Kuba: Nach sowjetischen Raketenstationierungen wurde Konfrontation zwischen USA und UdSSR durch Rückzug der Sowjets nur knapp verhindert.
1964 (14. 10.) Nach Sturz Chruschtschows wird Leonid Brechschnew Erster Parteisekretär (seit 1966 Generalsekretär) der KPdSU (bis 1982): Ära der Stagnation.
1968 (21. 8.) Niederwerfung des Prager Frühlings durch Truppen des Warschauer Pakts.
1970 (Okt.) Alexander Solschenizyn erhält Literaturnobelpreis.
1972 (Mai) USA und UdSSR unterzeichnen Rüstungsbegrenzungsvertrag SALT I.
1975 (1. 8.) Konferenz für Sicherheit und Zusammenarbeit (KSZE) in Helsinki: Moskau erkennt mit anderen Ostblockstaaten die Menschenrechte („Korb 3“) an.
(Okt.) Andrei Sacharow erhält Friedensnobelpreis.
1977 (16. 6.) Breschnew wird als Nachfolger Podgornys auch Präsident des Obersten Sowjets: Staatsoberhaupt und Parteivorsitzender in einer Person.
(7. 10.) Neue Verfassung der UdSSR.
1979 (18. 4.) Abkommen über Getreidelieferungen der USA.
(15.–18. 6.) Unterzeichnung des SALT-II-Abkommens durch Breschnew und US-Präsident Jimmy Carter.

	(12. 12.) NATO-Doppelbeschluß gegen sowjetische Stationierung von SS-20-Mittelstreckenraketen.
	(27. 12.) Sowjetischer Einmarsch in Afghanistan (bis 1988): Provoziert westliche Sanktionen (u. a. Boykott der Olympischen Sommerspiele in Moskau).
1980	(22. 1.) Der Atomphysiker und Regimekritiker Andrei Sacharow wird aus Moskau nach Gorki verbannt (bis 1986).
1981	Polenkrise wird wieder virulent: Kriegszustand in VR Polen (bis 1983).
1982	(10. 11.) Breschnew stirbt: Nachfolger wird der 69jährige Juri Andropow.
1984	(13. 2.) Andropow stirbt: Nachfolger wird der 73jährige Konstantin Tschernenko.
	In Reaktion auf den westlichen Boykott der Olympischen Spiele in Moskau 1980 boykottieren die UdSSR die Spiele in Los Angeles.
1985	(10. 3.) Tod Tschernenkos: Michail Gorbatschow wird neuer Generalsekretär der UdSSR: Fordert „Beschleunigung“ (uskorenie) und besetzt wesentliche Führungskader neu.
	(8. 4.) UdSSR verkünden einseitiges Moratorium bei Aufstellung von Mittelstreckenraketen westlich des Ural.
	(2. 7.) Außenminister Gromyko (seit 1957) wird Vorsitzender des Obersten Sowjet; Nachfolger als Außenminister wird Eduard Schewardnadse.
1986	(26. 4.) Reaktorkatastrophe von Tschernobyl.
	Einleitung von Glasnost („Offenheit“) und Perestroika („Umgestaltung“), um verkrustete Sowjetstruktur zu reformieren.
	(18. 12.) Unruhen in Alma Ata (Kasachstan) offenbaren Nationalitätenprobleme.
	(19. 12.) Sacharow kann aus Verbannung (seit 1980) nach Moskau zurückkehren.
	(25. 12.) Das Politbüro schafft die gesetzlichen Voraussetzungen für Joint-ventures.
1988	Rückzug der UdSSR aus Afghanistan.
1989/90	Gorbatschow nimmt Einigung Deutschlands hin.
1991	(12. 6.) Boris Jelzin wird in freier Volkswahl zum Präsidenten Rußlands gewählt.
	(19.–21. 8.) Putschversuch altkommunistischer Kräfte gegen Gorbatschow wird vom Militär unter Führung Jelzins niedergeschlagen.
	(23./24. 8.) Tätigkeitsverbot für die KPdSU.
	(21. 12.) 11 der 15 Sowjetrepubliken (es fehlten die baltischen Staaten und Georgien) gründen in Alma Ata (Kasachstan) die „Gemeinschaft Unabhängiger Staaten“ (GUS).
	(25. 12.) Rücktritt Gorbatschows als Präsident der Sowjetunion.
	(31. 12.) Auflösung der UdSSR.
1993	Beitritt Georgiens zur GUS.
	(Okt.) Putschversuch gegen Jelzin in Rußland wird von loyalen Truppen niedergeschlagen.
	(12. 12.) Erste Dumawahlen: Demokraten und Reformer in der Minderheit.
1994	(Dez.) Militärintervention, um Unabhängigkeit Tschetscheniens rückgängig zu machen: Schwere Krise in Rußland.
1995	Massenhafte Geiselnahme in Budjonnowsk erzwingt Verhandlungen zur Beendigung des Tschetschenienkrieges: Innerrussische Krise verschärft.

Herrschertafel

Zeit der Einzelfürstentümer

Rurikiden (862–1598)

Fürstentum Nowgorod

Rurik	862–879
Oleg der Weise	879–912

Kiewer Rus (Fürstentum, seit 988 Großfürstentum)

Oleg der Weise	882–912
Igor	912–945
Swjatoslaw	945–973
Jaropolk	973–978
Wladimir der Große	978–1015
Swjatopolk	1015–1016
Jaroslaw	1016–1017
Swjatopolk (2. Mal)	1017–1019
Jaroslaw (2. Mal)	1019–1054
Izjaslaw	1054–1073
Swjatoslaw	1073–1076
Wsewolod	1076–1077
Izjaslaw (2. Mal)	1077–1078
Wsewolod (2. Mal)	1078–1093
Swjatopolk	1093–1113
Wladimir Monomach	1113–1125
Msitislaw der Große	1125–1132
Jaropolk	1132–1139
Wsewolod	1139–1145
Igor	1146
Izjaslaw	1146–1149
Juri	1149–1150
Izjaslaw (2. Mal)	1150
Juri (2. Mal)	1150–1151
Izjaslaw (3. Mal)	1151–1154
Juri (3. Mal)	1154–1157
Izjaslaw	1157–1158
Rostislaw	1158–1167
Msitislaw	1167–1169

Wladimir (seit 1169) Großfürstentum

Andrei Bogoljubski	1160–1175
Michail	1175–1176
Wsewolod	1176–1212
Juri	1212–1216
Konstantin	1216–1218
Juri (2. Mal)	1218–1238
Jaroslaw	1238–1246
Swjatoslaw	1246–1249
Andrei	1249–1252
Alexander Newski	1252–1263
Jaroslaw	1263–1271
Wassili	1271 bis 1276/77
Dimitri	1277–1281
Andrei	1281–1283
Dimitri (2. Mal)	1283–1293
Andrei (2. Mal)	1293–1304
Michail (Großfürst von Twer seit 1294)	1304–1318
Juri (Fürst von Moskau seit 1303)	1317–1322
Dimitri	1322–1325
Alexander	1325–1328

Moskau (seit 1328 Großfürstentum)

Iwan I. Kalita	1328–1341
Simeon	1341–1353
Iwan II.	1353–1359
Dimitri	1359–1362
Dimitri Donskoi	1359/62 bis 1389
Wassili I.	1389–1425
Wassili II.	1425–1462
Iwan III.	1462–1505
Wassili III.	1505–1533
Iwan IV.	1533–(vgl. unten)

Zarenreich (1547–1917)

Rurikiden

Iwan IV. (der Schreckliche)	1547–1584
Fedor I.	1584–1598

Godunow

Boris Godunow	1598–1605
Feodor II.	1605 (Apr. bis Juni)

Zeit der Wirren (Smuta)

Grigori Otrjopjew (Pseudo-Demetrius)	1605–1606
Wassili Schuski	1606–1610

Romanow (1613–1762)

Michail Romanow	1613–1645
Alexei	1645–1676
Feodor III.	1676–1682
Iwan V.	1682–1696
Peter I. (der Große)	1696–1725
Katharina I.	1725–1727
Peter II.	1727–1730
Anna	1730–1740
Iwan VI.	1740–1741
Elisabeth	1741–1762

Romanow-Holstein-Gottrop (1762–1917)

Peter III.	1762 (Jan. bis Juli)
Katharina II. (die Große)	1762–1796
Paul I.	1796–1801
Alexander I.	1801–1825
Nikolaus I.	1825–1855
Alexander II.	1855–1881
Alexander III.	1881–1894
Nikolaus II.	1894–1917

Sowjetrußland/UdSSR (1917–1991)

Parteichefs

Wladimir Iljitsch Lenin	1917–1922
Josif Wissarionowitsch Stalin	1922–1953
Georgi Malenkow	1953 (März bis Sept.)
Nikita Sergejewitsch Chruschtschow	1953–1964
Leonid Breschnew	1964–1982
Juri Andropow	1983–1984
Konstantin Tschernenko	1984–1985
Michail Gorbatschow	1985–1991

Postkommunistisches Rußland

Boris Jelzin	seit 1991

Bibliographie

a) Allgemeine Darstellung zur russischen und sowjetischen Geschichte

Altrichter, Helmut: Kleine Geschichte der Sowjetunion 1917–1991. München 1993.

Donnert, Erich: Das russische Zarenreich. München/Leipzig 1992.

Franz, Otmar (Hg.): Europa und Rußland – Das Europäische Haus? Göttingen 1993.

Geyer, Dietrich: Der russische Imperialismus. Göttingen 1977.

Ders.: Die russische Revolution. Göttingen ^{3}1980.

Gitermann, Valentin: Geschichte Russlands. 3 Bde., Neuaufl. Göttingen 1987.

Goehrke, Carsten u. a.: Rußland (Fischer Weltgeschichte Bd. 31). Frankfurt/Main 1972.

Heller, Michel/Nekrich, Alexander: Geschichte der Sowjetunion. Aus dem Russischen. 2 Bde., Neuausgabe Frankfurt/Main 1985.

Hellmann, Manfred/Schramm, Gottfried/Zernack, Klaus (Hg.): Handbuch der Geschichte Rußlands. 3 Bde., Stuttgart 1981 ff.

Hildermeier, Manfred: Die Russische Revolution 1905–1921. Frankfurt 1989.

Kessler, Wolfgang: Rußlands-Ploetz. Russische und sowjetische Geschichte zum Nachschlagen. Freiburg/Würzburg ^{3}1991.

Medwedew, Roy: Das Urteil der Geschichte. Stalin und Stalinismus. 3 Bde., Berlin 1992.

Neander, Irene: Russische Geschichte in Grundzügen. Darmstadt ^{4}1988.

Nolte, Hans-Heinrich: Rußland/UdSSR. Geschichte – Politik – Wirtschaft. Hannover 1991.

Osteuropa-Handbuch. Sowjetunion. 3 Bde., Köln 1965–76.

Pipes, Richard: Rußland vor der Revolution. Staat und Revolution im Zarenreich. München 1984.

Pipes, Richard: Die Russische Revolution. Bisher 2 Bde., Berlin 1992.

Rauch, Georg von: Geschichte der Sowjetunion. Stuttgart ^{8}1990.

Raupach, Hans: Wirtschaft und Gesellschaft Sowjetrußlands 1917–1977. Wiesbaden 1977.

Rimscha, Hans von: Geschichte Rußlands. Darmstadt ^{3}1972.

Ruffmann, Karl Heinz: Sowjetrußland 1917–1977. Struktur und Entfaltung einer Großmacht. dtv-Weltgeschichte des 20. Jahrhunderts. München ^{20}1984.

Rühl, Lothar: Aufstieg und Niedergang des Russischen Reiches. Der Weg eines tausendjährigen Staates. Stuttgart 1992.

Stadelmaier, Franz: Die Sowjetunion 1917 bis 1991. Zwei Revolutionen verändern die Welt. Ein geschichtlicher Überblick. Bonn, Berlin 1991.

Stökl, Günther: Russische Geschichte. Von den Anfängen bis zur Gegenwart. Stuttgart ^{5}1990.

Zernack, Klaus: Polen und Rußland. Zwei Wege in der europäischen Geschichte. Berlin 1994.

b) Chroniken und Lexika

Böss, Otto (Hg.): Russland-Chronik. Salzburg ^{2}1986.

Dollinger, Hans: Rußland. 1200 Jahre in Bildern und Dokumenten. Gütersloh 1992.

Götz, Roland/Halbach, Uwe: Politisches Lexikon GUS. München ^{2}1993.

Hösch, Edgar/Grabmüller, Hans Jürgen: Daten der russischen Geschichte. Von den Anfängen bis 1917. München 1981.

Dies.: Daten der sowjetischen Geschichte. Von 1917 bis zur Gegenwart. München 1981.

Mowbrey, Stephen A. de: Key Facts in Soviet History. Vol. 1: 1917 – 22. June 1941. Boston (Mass.) 1980.

Torke, Hans-Joachim (Hg.): Lexikon zur Geschichte Rußlands. Von den Anfängen bis zur Oktoberrevolution. München 1985.

c) Quellen, Dokumente, Anthologien

Altrichter, Helmut/Haumann, Heiko (Hg.): Die Sowjetunion. Von der Oktoberrevolution bis zu Stalins Tod. dtv-Dokumente, 2 Bde., München 1986/87.

Altrussische Dichtung aus dem 11.–18. Jahrhundert. Aus dem Russ. hrsg. von Helmut Grasshoff. Leipzig 1971.

Baldajew, Dancik Sergejewitsch: GULag-Zeichnungen. Frankfurt/Main 1993.

Custine, Astophe de: Russische Schatten. Prophetische Briefe aus dem Jahre 1839. Nördlingen 1985.

Hauptmann, Peter/Stricker, Gerd (Hg.): Die Orthodoxe Kirche in Rußland. Dokumente ihrer Geschichte (860–1980). Göttingen 1988.

Hellmann, Manfred (Hg.): Die russische Revolution 1917. Von der Abdankung des Zaren bis zum Staatsstreich der Bolschewiki. München [3]1977.

Lieber, Hans-Joachim/Ruffmann, Karl-Heinz: Der Sowjetkommunismus. Dokumente. 2 Bde., Köln/Berlin 1963/64.

Mögenburg, Harm: Rußland im Umbruch: Zarische Despotie, bolschewistische Diktatur, Demokratie-Versuche (1861 bis heute). [Geschichte und Politik: Unterrichtsmaterialien.] Frankfurt/Main 1992.

Solschenizyn, Alexander: Der Archipel GULAG. 3 Bde., Bern 1974.

Staat zwischen Revolution und Reform. Die innere Entwicklung der Sowjetunion 1922–1990. [Tempora: Quellen zur Geschichte und Politik.] Stuttgart 1991.

Zenkovsky, Serge A. (Hg.): Aus dem Alten Russland. Epen, Chroniken und Geschichten. Darmstadt 1968.

d) Nationalitätenprobleme und Untergang der Sowjetunion

Beckherrn, Eberhard: Pulverfaß Sowjetunion. Der Nationalitätenkonflikt und seine Ursachen. Knaur 4815. München 1990.

Carrère d'Encausse, Hélène: Risse im Roten Imperium. Das Nationalitätenproblem in der Sowjetunion. Wien u. a. 1979.

Druwe, Ulrich: Das Ende der Sowjetunion. Krise und Auflösung einer Weltmacht. Weinheim, Basel 1991.

Geyer, Dietrich (Hg.): Die Umwertung der sowjetischen Geschichte (Geschichte und Gesellschaft, Sonderheft 14). Göttingen 1991.

Grobe-Hagel, Karl: Rußlands „Dritte Welt“. Nationalitätenkonflikte und das Ende der Sowjetunion. Frankfurt 1992.

Halbach, Uwe: Das sowjetische Vielvölkerimperium. Nationalitätenpolitik und nationale Fragen (Meyers Forum Bd. 3). Mannheim 1992.

Hertzfeld, Lothar (Hg.): Die Sowjetunion. Zerfall eines Imperiums. Frankfurt/Main 1992.

Kappeler, Andreas (Hg.): Die Russen. Ihr Nationalbewußtsein in Geschichte und Gegenwart. Köln 1990.

Ders.: Russland als Vielvölkerreich. Entstehung – Geschichte – Zerfall. München 1992.

Simon, Gerhard und Nadja: Verfall und Untergang des sowjetischen Imperiums. Mit zahlreichen Dokumenten. München 1993.

Trutanow, Igor: Zwischen Koran und Coca Cola. Berlin 1994.

Urdze, Andrejs (Hg.): Das Ende des Sowjetkolonialismus. Der baltische Weg. rororo aktuell 12897. Reinbek b. Hamburg 1991.

Wassmund, Hans: Die gescheiterte Utopie. Aufstieg und Fall der UdSSR. München 1993.

Zaslavsk, Victor: Das russische Imperium unter Gorbatschow. Seine ethnische Struktur und ihre Zukunft. Berlin 1991.

987 654 321